戦後道徳教育を築いた人々と
21世紀の課題

行安　茂・廣川正昭　編

刊行に寄せて

　洋の東西を問わず，また，古今を通じて，道徳教育はいずれの国においても教育の中心課題であった。それは単に教育内容としてのみならず，教育目的の中核をなしている。

　それは教育が人間形成とそれを通しての国家形成の要諦であるからである。各国はそれぞれに理想的人間像を措定しその育成に尽力している。このことはわが国においても同様であるし，またそうでなければならない。

　道徳教育をいかに行うかについては，国ごとの歴史と事情によって異なる。しかし，これを大別すれば二つになる。一つは，道徳教育のための時間をカリキュラム内に設定する国であり，もう一つは特にそのための時間を設定しないで教育活動の全面で行おうとする国である。ドイツのように宗教教育を以て道徳教育を行ってきた国においても，教会離れが進み，学校における道徳の時間を設定する州が増え，世界の趨勢としては前者が多くなっている。

　わが国は近代の教育制度を構築するにあたって，範をフランスに求めたこともあって，明治以来，教科としてカリキュラムに位置づけてきた。しかし，昭和20（1945）年の敗戦の後，わが国の学校における道徳教育は，教育課程上の位置づけが明確に定まらない状態が続いた。昭和33（1958）年になってようやく道徳の時間が教育課程に位置づけられた。こうして現在のように道徳の時間を要とし，かつ学校の教育活動全体でも道徳教育を行うということになった。

　ところが，その後も13年間の空白が尾を引き，またその間にイデオロギーの対立に巻き込まれ，純粋に教育の問題として論議されることも少なく，これがために，学校における道徳教育は低調なまま推移してきた。しかし，この間にもあるべき道徳教育を模索し，真摯にこれに取り組んできた学者や，多くの教師がいたことも事実である。この人々こそ「戦後の道徳教育を築いた人々」である。多くの教育史家はこれらの人々に目を向けることなく，戦後の道徳教育

i

史を上梓している。本書はこの誤りを正し，新しい道徳教育構築に心血を注いだ人々を顕彰する意味からも貴重なものである。温故知新とは言い古された言葉であるが，現在及びこれからの道徳教育を考える上でも本書の意義は大きいといわねばならない。

　さて，本書発刊の発端となったのは，日本道徳教育学会の会報に「戦後の道徳教育を築き上げた人々」が連載されるようになったことである。これは本学会の広報委員長であり，本書の編著者の一人である廣川正昭氏の発案によるものである。そこには道徳教育の振興に力を尽くした学者や教師を毎回一人ずつ選んでその生涯や理論の大筋を紹介している。しかし，会報では一人の人物を描くには紙幅が足りず，また質的にも理論の詳述が困難であること。しかも，他方ではこうした人物と直接交わりをもった人々が老齢化してきており，今をおいてその時はないという事情もある。さらに積極的な意味では，戦後の新しい道徳教育草創期を振り返るに足る時間が経過したということである。またせっかくの廣川の発案も会報というものではその性格上散逸しやすいということもある。これらを勘案して，もう一人の編著者である本学会の副会長，行安茂氏が中心となって刊行に至ったのである。

　もちろん，本書の名のもとに取り上げられるべき先達はこれに尽きるものではない。この他にも，取り上げるべき学者はもとより，各都道府県には多くの熱意ある教職員がいる。その中には小・中学校の先生方もあれば，都道府県の教育行政官もいる。また目を社会教育にも転ずれば，さらに多くの人々を取り上げなければならない。その意味では本書はこれでもって完結するのではなく，今後も改定・増補を必要とするものである。

　最近の道徳教育への関心の高まりは，一方では，高等学校における道徳の時間設定の動きとなって現れたり，都道府県単位での教材（読み物資料）の作成となっている。他方では，教員養成段階，初任者研修など研修のもち方，授業研究のもち方などの問題点を浮き彫りにしつつある。

　特に，教員養成段階での教科との差はあまりにも大きく，わずか2単位，す

なわち15回の講義を受けることで道徳の授業をするに足れりとしている免許法の不備は一日も早く正されなければならないであろう。現場の教員が道徳の時間の指導を苦手としているのは，現行の仕組みにあるといえる。例えば中学校の場合，先に述べたような養成段階の不備の他に，教科に比べると著しく経験授業時数が少ないのである。仮に学習指導要領に定められている通りに年間35回の授業をしたとしても，10年たっても350回の授業経験しか積めない。これに対して教科は1年間に400〜500回の授業経験を積むことになっている。また教科の場合には，教員養成段階で教材に関わる単位を40単位近く修得する，さらに一つの教材を1週間のうちに4回も5回も教えることになっている。ところが道徳の場合，一つの教材は1年に一度扱えるだけであり，学年をもち上がっていった場合にはその教材を次に使えるのは中学校の場合3年後になる。小学校ではさらにこの期間が長くなる。これでは道徳の授業を苦手とするのは当然であるといえよう。

　学校現場で道徳の授業の必要性を強く感じている教師が増加している今こそ，こうした問題を洗い出し，抜本的に改善策が取られなければならない。

　わが学会は今後もこうした問題を明らかにして，世に問うていくべきだと考えている。

日本道徳教育学会会長　横山利弘

まえがき

　本書は戦後の道徳教育を築いた人々の貢献を再検証し，彼らの残した知的遺産が現在においてどのように継承されているかを検討することによって，21世紀の道徳教育の課題を明らかにすることを目的とする。戦後の日本においては，道徳教育について積極的に意見を述べることは当時の置かれた日本の政治的社会的状況下において非常に勇気を要することであった。

　第一の理由としては，戦後の日本は衣食住が極度に不足し，「ヤミ」をしてでも生きなければならない状況であった。特に，都市においてはそうであった。しかし，そうではあっても生きるために互いに助け合い，励まし合う気持ちは広く行き渡っていた。第二の理由として思想的混乱があったことである。終戦とともに，日本の伝統思想はすべて軍国主義につながるものとして見られ，アメリカから入ってきた民主主義を唱えておれば進歩的な人として見られた。道徳は封建遺制として否定的に考えられた。しかし，民主主義の道徳が何であるかを明確に説明することのできる人は多くはいなかった。第三の理由は，昭和25年6月，朝鮮戦争が勃発し，米ソの対立が深まってきたことである。日本経済は「特需」により活気を呈し始めたが，他方において講和条約をめぐって「単独講和」か「全面講和」かという議論が台頭してきた。そこには日本の独立と安全保障とをいかにして確保するかという問題があった。第四の理由は，こうした政治的状況下において日本が独立国家として世界の中で再出発するためには，何よりも道徳教育の充実と推進とが不可欠であるという認識が次第に拡大してきたことである。昭和25年5月，天野貞祐が吉田茂内閣総理大臣からの要請によって文部大臣に就任したのは，天野に対する道徳教育の推進と方策に期待があったからである。第五の理由は，戦後の日本においては自由主義と共産主義との二つの思想的対立があり，これは個人の自由と階級闘争との矛盾をもたらした。当時，小泉信三の『共産主義批判の常識』がベストセラーにな

ったのは，真の民主主義とは何かが求められていたからである。

　以上のような政治的社会的混乱の中にあって，これからの日本が独立国家として再出発するためには何よりも重要視されなければならないことは，道徳教育であった。日本は新憲法の精神（平和の希求と戦争放棄）に従って文化国家の建設に向かって進むことが内外から求められた。文化国家とは道義を重んじ，文化を新しく創造する国家である。天野文部大臣は日本の将来を考え，道徳教育振興の方策を打ち出した。彼以後の歴代の文部大臣も天野の道徳教育の基本方針を継承し，これが学校教育において具体化するように進めてきた。天野は昭和25年10月，「修身科－國民實踐要領」を表明したが，世論の厳しい批判を受け，同27年8月，文部大臣を辞職した。しかし，後任の岡野文部大臣は「修，地，歴」の重視を表明した。「修身」や「歴史」を再評価する岡野の文教政策が打ち出されたのは，同27年9月，日本がサンフランシスコにおいて「講和条約」（全権吉田茂）及び「平和条約」，「日米安全保障条約」に調印し，主権国家としてスタートした歴史的背景があったからである。

　本書は，以上のような政治的社会的状況下においてどのように道徳教育が具体化されてきたかを再検討することを目的とする。第1章は「道徳教育を方向づけた人々」として天野貞祐，高山岩男，高坂正顕，廣池千九郎を取り上げる。廣池は戦前の人であるが，彼が主張したモラロジーは戦後の日本社会において再評価され，また海外からも注目され，道徳教育の普及に貢献してきた。高山及び高坂は西田幾多郎の門下生である。高山は昭和27年に『道徳の危機と新倫理』を公刊し，独立国家としての日本が進むべき道を新しい倫理の観点から体系的に説明し，世間から注目された。さらに「文化国家の理念」を説いたのも高山であった。高坂は天野の道徳教育論を継承し，「期待される人間像」の原案を作成した。彼は日本道徳教育学会第13回全国道徳教育研究大会（昭和41年6月19日）で「期待される人間像」を中心とした講演をした。天野，高山，高坂は戦後の道徳教育を方向づけ，廣池は道徳の科学的研究を方向づけた点において再検討に価する人々である。

　第2章は日本道徳教育学会を設立した人々を取り上げる。その前身である

「道徳教育研究会」の6年間の歩みを長屋喜一と古川哲史を中心にして歴史的に検討する。そしてそれが「日本道徳教育学会」の結成へと進んだ経緯と学会の初期の活動とを明らかにする。第2章は古川哲史と山田孝雄を中心として学会がどのように発展していったかを再検討するが，勝部真長，佐藤俊夫，徳久鉄郎，長屋喜一，和辻夏彦の役割と活動をも紹介する。

　第3章は関西道徳教育研究会が平野武夫によって昭和25年秋に設立されて以来，どのように発展していったかを再検討し，日本の道徳教育に果たした貢献を検証する。平野が関西道徳教育研究会を設立したのは，天野文部大臣の道徳教育振興政策の声明によって勇気づけられたからであるが，その他に彼を支持する現場の教師ならびに関西を中心とする大学教授が西日本において活躍していたからであった。日本道徳教育学会と関西道徳教育研究会とは戦後の日本における道徳教育を強力に推進してきたが，それらがどのようにして発展したかについては今では必ずしも十分認識されてはいない。第2章と第3章とを設定した理由は以上の歴史的過程を明らかにすることにある。

　第4章は，戦後の道徳教育がどのように発展し，充実してきたかを主として文部省・文部科学省の立場から全国的視野を展望しつつ明らかにする。昭和33年度から実施されてきた「道徳の時間」は決して順風を受けてのスタートではなかったことは，本学会の『道徳と教育』誌上の「座談会」や論文のみならず，その他の雑誌上の道徳教育論争を見るならば，明らかである。本章は戦後から現在に至るまでの道徳教育の問題点が何であったかを歴史的に概観する。こうした歴史的知識は，現在直面している道徳教育の問題を解決する多くの示唆を与え，明日の道徳教育の推進に向かって役立つであろうと確信している。

編者　行安　茂

目　次

刊行に寄せて

まえがき

第1章　戦後の道徳教育を方向づけた人々
はじめに …………………………………………………………………… 2
1．天野貞祐
　　──戦後教育改革と道徳教育の振興── ……………………………… 5
2．高山岩男
　　──戦後道徳の危機と文化国家の理念── …………………………… 15
3．高坂正顕
　　──高度経済成長と「期待される人間像」── ……………………… 25
4．モラロジーの再評価と道徳教育の普及
　　──廣池千九郎の業績とその今日的意義── ………………………… 35

第2章　日本道徳教育学会の設立と指導者たち
はじめに …………………………………………………………………… 46
1．日本道徳教育学会設立の経緯と指導者たち
　　──古川哲史と山田孝雄を中心として── …………………………… 49
2．山田孝雄
　　──代表理事としての使命感とJ.ベンサム功利説の研究── ……… 64
3．片山清一
　　──代表理事としての学会運営と道徳教育の推進── ……………… 74
4．勝部真長
　　──日本の伝統思想と道徳教育との接点── ………………………… 85

vii

5．霞 信三郎
　　——新しい愛国心と民主主義—— ……………………………… 93
6．間瀬正次
　　——戦後の道徳教育とコールバーグ—— ……………………… 103
7．日本道徳教育学会を支えた指導者たち ……………………………… 115

第3章　関西道徳教育研究会と指導者たち
はじめに ……………………………………………………………… 128
1．平野武夫(1)
　　——関西道徳教育研究会の設立とその影響—— ……………… 132
2．平野武夫(2)
　　——新しい道徳教育の方法と価値葛藤論—— ………………… 140
3．宮田丈夫
　　——実践教育学と道徳教育の新しい提唱—— ………………… 149
4．杉谷雅文
　　——道徳教育と教師の条件—— ………………………………… 159
5．森 昭
　　——道徳教育と人間形成原論—— ……………………………… 169
6．竹ノ内一郎
　　——道徳授業の創造と道徳的実践力の育成—— ……………… 179
7．山本政夫
　　——道徳教育における知と実践のズレ—— …………………… 189
8．関西道徳教育研究会を支えた指導者たち …………………………… 199

第4章　戦後道徳教育の推移と21世紀の課題
はじめに ……………………………………………………………… 212
1．戦後の教育改革と道徳教育の空白 ………………………………… 217

2．道徳教育の論争
　　——特設「道徳」をめぐって—— ……………………………… 228
3．学習指導要領が描く道徳教育 ……………………………… 242
4．資料中心の道徳教育
　　——「資料を」か「資料で」か—— ……………………………… 252
5．人間としての生き方の自覚と道徳の時間 ……………………… 263
6．生きる力を培う道徳授業と生徒指導 …………………………… 273
7．心理教育と道徳授業 ………………………………………… 283
8．学校の全面で取り組む道徳教育
　　——「道徳教育推進教師」の役割と指導体制づくり—— ……… 294
9．道徳教育と地域社会の連携
　　——保護者への対応を中心として—— ………………………… 304
10．生命に対する畏敬の念をどう指導するか
　　——他の諸価値との関連をどう考えるか—— ………………… 314

あ と が き

関連・参考図書

編者・執筆者一覧

第 1 章

戦後の道徳教育を方向づけた人々

はじめに

　第1章は戦後の道徳教育を方向づけた人々として天野貞祐，高山岩男，高坂正顕，廣池千九郎を取り上げ，その思想を再検討する。道徳教育に世論の注意を喚起したのは，昭和25年5月に文部大臣に就任した天野貞祐の道徳教育への積極的発言であった。天野は戦前において『道理の感覚』(昭和12年) や『学生に与ふる書』(昭和14年) によってすでに名声を博していた。昭和25年，吉田茂内閣総理大臣は，道徳教育の必要を訴え，天野を文部大臣に任命した。彼は同年10月，「修身科─國民實踐要領」の制定を表明した。これは同28年1月の雑誌『心』に発表された。その「要領」は四つの章から構成される。第一章は「個人」である。個人は16の徳目 (人格の尊厳，自由，責任等) からなる。第二章は「家族」である。家族は6の徳目 (和合，夫婦，親子等) からなる。第三章は「社會」である。社会は10の徳目 (公徳心，相互扶助，規律等) からなる。第四章は「國家」である。国家は9の徳目 (国家，国家と個人，伝統と創造等) からなる。これらの徳目は修身科の徳と似ている部分もあるが，新憲法や教育基本法の精神に従って民主主義の時代にふさわしい人間のあり方を示したものである。

　高山岩男は高坂正顕よりも年齢の上では後輩であるが，天野の道徳教育方策に偶然にも呼応するかのように，昭和27年，『道徳の危機と新倫理』を刊行し，新しい道徳がいかにして形成されるかを主張した。彼によれば，道徳の危機は自由民主主義と社会主義との対立に根ざすが，この対立はいずれかを是とし，いずれかを非とする独善によっては克服されない。彼はこれらの対立を総合する契機によって克服されると考える。彼は新しい倫理は既成の道徳観念によって生まれるのではなくて，相対立する「世界的苦闘」の中から生まれるという。この方法論はヘーゲルの弁証法から影響された知見であると見ることができる。高山の道徳教育論において注目されるもう一点は彼の教師論である。道徳教育

は，自己の弱さや欠陥を棚に上げ，完全な教育者によってなされるところに成立するのではなくて，不完全な人格によってなされるところにその本質があるという点である。

　高坂正顕は高山と同じく，京都帝国大学において西田幾多郎を師として学んだカント哲学の研究者である。戦後，彼は京都大学教育学部に移り，その後，同教育学部長を勤めた。彼はカント哲学を踏まえて道徳教育論を展開し，京大を定年退官後は東京学芸大学学長に就任する。昭和41年10月，「期待される人間像」が中央教育審議会から発表された。彼はこの原案作成に関わった責任者であった。「期待される人間像」の第一部は「日本人の課題」である。この課題は二つに分けられる。第一の課題は日本の歴史及び日本人の国民性の再評価である。第二の課題は，民主主義の理解において「自主的な個人の尊厳から出発して民主主義を考えようとするものと階級闘争的な立場から出発して民主主義を考えようとするものとの対立」からくる混乱である。第二部の第一章は自由と責任を中心とする内容であり，第二章は家族の一員として親が子どもを愛し，育てることの大切さを示す内容である。第三章は社会人としての人間のあり方についての内容（公共心と公共物を大切にすることの社会道徳）である。第四章は正しい愛国心，「象徴に敬愛の念をもつこと」，すぐれた国民性を伸ばすことの三点が主な内容である。これらの内容は天野の「修身科―國民實踐要領」の内容の発展的検討の成果であると見ることができよう。

　廣池千九郎が説く「最高道徳」は昭和3年12月25日に刊行された『道徳科学の論文』の根本原理である。彼は昭和13年6月4日に死亡したが，戦後，彼の「モラロジー」は再評価され，教師の間においてのみならず，一般の家族及び中小の商工業者の間においても受容された。廣池の最高道徳は，釈迦，孔子，ソクラテス，イエス・キリストが実行した道徳の系統と日本の皇室に伝わる道徳系統に一貫する道徳原理である。彼はこれらの道徳を学者として研究するにとどまらず，これらの教えを忠実に実行した人でもあった。最高道徳は，彼が一度ならず体験した大患の中にあっても，誠の心をもって人々の救済を神にひたすら祈願する実践によって確証されたものであった。モラロジーは戦後荒廃

した日本人の心の中に浸透し，道徳教育に熱心な教師や家庭の保護者から高く評価され，現在に至っている。
　本章は以上の四人の先覚者の思想と実践とを再検討し，彼らが残した知的遺産の今日的意義を明らかにすることを目指す。　　　　　　　　　（行安　茂）

1．天野貞祐
――戦後教育改革と道徳教育の振興――

(1) 天野の道徳教育論と『道理の感覚』

① 天野にとっての「道理」の意味

　戦後の道徳教育の歴史は，天野を抜きにして論じることができない。特に，天野が文部大臣として就任した後に行った，いわゆる「修身科」復活と「国民実践要領」の制定をめぐる発言は，戦後の道徳教育のあり方についての根本的な問題を提起したものであった。

　天野貞祐は，明治17年に神奈川県津久井郡島屋村に生れた。京都帝国大学を卒業後，第七高等学校教授，学習院教授を経て，大正15年に京都帝国大学の文学部助教授に就任した天野は，カントの『純粋理性批判』の翻訳に全精力を傾け，昭和5年に全6巻の翻訳を完成した。さらに，昭和6年にはカントの形而上学的解釈を主論文にまとめ，文学博士の学位を取得して教授となった。京都帝国大学退官後は，甲南高等学校長，第一高等学校長を歴任した後，昭和25年5月に吉田茂首相の強い招請によって第三次吉田内閣の文部大臣に就任した。昭和27年の文部大臣退任後も獨協大学学長，自由学園理事長などを歴任する一方，中央教育審議会会長として戦後の教育行政を牽引した。

　天野の道徳教育論を理解するためには，天野が「命をかけた書」と位置づけた『道理の感覚』（岩波書店，昭和12年）の内容を検討しておく必要がある。書名が示すように，天野の道徳教育論の中心的なキーワードは「道理」である。天野はこの「道理」を物事の一切の秩序を意味し，道徳的秩序だけでなく理論的及び美的秩序を含む道徳的道であり，物事の筋道であると定義している。天野は，人間を純粋に歴史における道理の支配を信じ，道理の感覚者であり媒介者

であると同時に，その実現者でもあると理解しており，この道理を媒介し実現することに人間存在の意味を見ていた。また，「道理を信じ，道理に仕え，道理の実現のために力を尽し，道理の媒介者となることに人生の意味を認める」というのが，天野の信念とした生き方でもあった。

② 天野の修身科批判と道徳と「知育」

『道理の感覚』には，天野の道徳教育論の骨格が表現されている。以下では，文部大臣時代の問題提起の意味を考察するために，特に修身科批判の観点と道徳の「知育」のとらえ方について整理しておきたい。

『道理の感覚』の中で天野が指摘した修身科に対する問題点は3点である。すなわち，1）修身科が道徳教育の方法を教えるに過ぎず，「模範的行為にしても多くは特別の場合におけるもので日常性に乏しい」こと，2）「生徒が修身教科書を通じて様々な徳目，様々な有徳的言行を限りなく学ぶことは，生徒の道徳的感覚を鈍らす」危険があること，3）道徳教育が，修身科を担当する教師だけの役割だと理解され，「他の学科の担当者をして修身は全然自己と無関係のごとく思わせる」ことである。

しかし天野は，道徳的知識を教えることに対する修身科の役割を否定していたわけではない。それどころか天野は，この道徳教育における「知育」の役割を特に重視していた。天野は，子どもの道徳性の育成を直接の目的とすることによって，道徳教育が達成されるとは考えていなかった。むしろ，道徳的行為とは，徳目（道徳的価値）を直接に求めた結果ではなく，生命倫理などの様々な価値に媒介された道徳的感化の結果であると述べる。したがって，天野にとっては，「教師が生徒の知識を向上せしめんとして我を忘れて他へ没入努力することは知育であると同時に徳育である」ということになり，「自己を忘れて他人の生命，生活等のために尽力することが道徳的行為であると同じく生徒の知識を高めんとする努力も道徳的である」[1]と理解されている。

また天野は，「徳育の根幹は生徒をして道徳的秩序の実在を確信」させることであると述べながら，道徳と「知育」の関係を次のように指摘する[2]。

> 　知識の修得は道徳的信念を培い育成する。知育はこの関係においても徳育性を具有する。知育偏重を排して徳育尊重を主張すというが如きは知育をも徳育をも理会せざる妄説といわざるをえない。徳の構造が知育の徳育性を証明すると同時に，知識の修得は直接に道徳性の心髄を涵養する。知育は偽善を伴う危険な徳育なのである。それゆえに知育は単なる知育ではない。知育をまって始めて徳育が完成される。

　天野はまた，「道徳教育は被教育者の道徳性を開発育成する活動である」と述べ，道徳性の核心をなすものは善意志（善い意志）であり，善意志なくしては，道徳性はありえないとする。しかし，善意志さえあればそれで十分かといえばそうではない。たとえ自分が善いと信じて行動しても，その行為が必ずしも善いというわけではないからである。また，動機と目的が善くても，必ずしも善い行為は成り立つわけではなく，天野は，ここに思慮（道徳的判断力）が必要であると主張する。つまり，「善行為の成り立つためには善意志に思慮が伴わねばならぬ」のであり，「道徳性は善意志と思慮とを要求する」というのが天野の道徳教育論の根幹であった[3]。

(2) 戦後教育改革と道徳教育振興の提唱

① 「修身科」復活問題とその論議

　敗戦後の戦後教育改革では，修身科と教育勅語について十分な議論が尽くされたわけではなかった。そのため，道徳教育を担う教科を設置することの是非と道徳教育の基準を設定することの是非の問題は，道徳教育の根本的な課題として残されていた。その点で，いわゆる「修身科」復活と「国民実践要領」の制定をめぐる天野発言は，敗戦後の教育改革の中で積み残されてきた課題を的確にとらえたものであった。

　まず天野は，昭和25年11月7日の全国都道府県教育長協議会において，「わたしはもとの修身といったような教科は不必要だと考えていたが，最近各学校の実情をみると，これが必要ではないかと考えるようになった。（中略）そこで，

教育の基礎として口先でとなえるものではなく，みんなが心から守れる修身を，教育要綱といったかたちでつくりたい」と発言した。この発言を契機として，その後の道徳教育をめぐる活発な論議が展開されることになり，いわゆる「修身科」復活をめぐる論議は，それから約1年間にわたって教育界の関心の中心となり，「世論」を巻き込んだ活発な論議が展開された。

この「修身科」復活をめぐる天野発言は，同年8月に来日した第二次米国教育使節団の報告書の内容とも連動していた。『第二次米国教育使節団報告書』では，「われわれは日本に来てから，新しい日本における新教育は，国民に対して，その円満な発達に肝要な道徳的および精神的支柱を与えることができなかったということをたびたび聞かされた」と述べ，「道徳教育は，ただ社会科だけからくるものだと考えるのはまったく無意味である。道徳教育は，全教育課程を通じて，力説されなければならない」と勧告したからである。

もっとも，天野の「修身科」とは，戦前までの修身科をそのまま復活させることを意図したわけではなかった。天野のいう「修身科」は，先述した『道理の感覚』で指摘した修身科の問題点を踏まえながら，社会科との関係も視野に入れた上での「新しい意味の道徳教育を考える」ことを意味していた。

ところが，実際の議論ではこうした天野の趣旨が必ずしも十分に理解されていたわけではなく，また，戦後の教育史研究の多くも「修身科」復活をめぐる天野の問題提起が「世論」の「四面楚歌のような反撃」[4]の中で挫折したと評価してきた。しかし，当時の天野発言に対する「世論」は必ずしも決して天野に否定的なわけではなかった。例えば，毎日，読売，東京，日本経済新聞の各紙は社説でこの問題を取り上げて論じたが，天野発言に対する反対の立場を明確にしたのは読売新聞のみであり，他の新聞社説はむしろ天野発言に理解を示していた。さらに，読売新聞が行った「修身科復活是か否か」と題する紙上討論形式の世論調査（昭和25年12月8日）の結果は，「修身科」の復活に約64％が賛成であった。

② 「国民実践要領」制定の趣旨

「修身科」復活に続いて，天野は昭和26年に「国民実践要領」の制定を提起

した。これは，「教育勅語が一般に通用しなくなった結果，そこに示されている徳目までもが不妥当ではないかという疑問をもつ青少年も少なくない」という状況の中で，「一方には歴史の過去，現在，未来の関係においても，他方には個人・国家・世界の関係についても，中正の見地に立つ世界観を背景として今日に生きる日本人の生きゆく道しるべを編纂する」ことの意義を天野が強く認識していたことの表明でもあった。

「国民実践要領」の内容は，「個人」「家」「社会」「国家」の4章から構成されていた。なかでも，後述する第4章の国家論や愛国心に関わる項目と並んで，「天皇」の項目は大きな議論の対象となった。ここでは，「われわれは独自の国柄として天皇をいただき，天皇は国民統合の象徴である。それゆえわれわれは天皇を親愛し，国柄を尊ばねばならない」とし，天皇の位置は専制的な政治権力に基づいたものではなく，「天皇への親愛は盲目的な信仰やしいられた隷属とは別である」と述べられた。

「修身科」復活問題と同じく，「国民実践要領」に対する支持も決して少なくはなかった。例えば，昭和26年11月26日に開催された参議院文部委員会の公聴会においては，9人の参考人のほとんどが「国民実践要領」を提示する方法には問題点を指摘したものの，その趣旨には4人の参考人が原則的な賛意を示していた。しかし，「国民実践要領」の刊行は，結局は天野の文部大臣在任中に実現することはなく，昭和28年に天野は自らこれを刊行した。「国民は，高山岩男，鈴木成高，西山啓治とともに，高坂正顕によって執筆され，全体を天野がまとめたものであり，昭和41年の中央教育審議会答申の別記「期待される人間像」の内容に連続したものであった。

(3) 天野の国家論と「愛国心」

① 天野の国家論と「静かなる愛国心」

文部大臣となった天野は，昭和25年10月17日に記者会見を行って，「文化の日その他国民の行事についての談話」を発表した。その趣旨は，文化の日その

他の国民の祝日は国民自らが定めたものであり，学生，生徒・児童に対してこれらの祝日の意義を徹底させ，国家及び社会の形成者としての自覚を深くさせることは必要なことである。このため各学校の行事の際には，国旗を掲揚し，国歌を斉唱することが望ましいというものであった。この談話の内容は，同年10月17日付で地方教育委員会，都道府県知事，国公私立大学長などに通達された。また天野は，昭和26年2月7日の衆議院予算委員会において，井出一太郎の質問に答えて次のように述べた。

> 愛国心といえば，従来何か戦場に出てはなばなしいことをやるとか，そういう異常な普通でないことが，愛国心であるような考えが，今まで支配的であった。けれども愛国心というものは，そういうものでなくして，ほんとうにこの国土が，この日本が，自分たちの基盤なのである，自分たちはこの国土を離れてないのであって，またこの国土は自分たちを離れてもないのである。そういう自分たちの実体であり，国家の実体がまた自分たちである。そういう精神をどうか植えつけたい。いいかえれば，激越的な愛国心ではなくして，むしろ，静かな，ほんとうにこの国を自分の国と考える，自分がこの国であるという自覚を，どうかしてさせたいということを強く考えておるものでありまして，そういうことをさまざまの方法をもって講じようと努めておるわけでございます。

天野自身が「静かなる愛国心」と表現したその内容は，「国民実践要領」の中で詳しく述べられることになる。まず天野は「国家を自己存在の母胎であり，倫理的，文化的な生活共同体である」と位置づけた上で，「国家は個人の人格と幸福を重んじ，個人は国家を母胎として認識し，これを愛するというところに国家と個人との倫理が成立する」と論じた。

「国家はわれわれの存在の母胎であり，倫理的，文化的な生活共同体である」という定義を基軸とする天野の国家論は，ここで国家と個人との関係についても詳しく説明していく。天野は，「国家生活は個人が国家のためにつくし国家が個人のためにつくすところに成りたつ。ゆえに国家は個人の人格や幸福を軽んずべきではなく，個人は国家を愛する心を失なってはならない」としながら，「国家は個人が利益のために寄り集まってできた組織ではない。国家は

個人のための手段とみなされてはならない。しかし国家は個人を没却した全体でもない。個人は国家のための手段とみなされてはならない。そこに国家と個人の倫理がある」と述べた。

② 天野における「愛国心」の意味

天野によれば，国家の健全なる発展は，国民の「強靭な精神的結合」を基盤としなければならず，それは「国の歴史と文化の伝統」の上に立脚しなければならない。また，国民の生命力が創造的であるためには，広く世界に向かって目を開き，常に他の長所を取り入れる必要がある。なぜなら，伝統にとらわれ独善に陥れば，「闊達なる進取の気象をはばみ」，自らを忘れて他の模倣追随に専念すれば，「自主独立の精神を弱め」ることで国家に害を及ぼすからである。

さらに，天野にあっては，普遍性と個性，あるいは世界性と日本性とは矛盾することなく一致していた。つまり，世界的な視野をもった日本人を育成するためには，日本的教養を身につけた日本人を育てることが大切であり，天野にとっては，「国家のために尽くすことは，世界人類のために尽くす」ことを意味していた。つまり，国家は「固有なる民族文化」の発展を通じて，独自の価値と個性を発揮しなければならないが，その個性は排他的で狭いものであってはならず，その民族文化は，「世界文化の一貫たるにふさわしいものでなければならない」と述べた。そして天野は，「愛国心」を次のように定義した。

> 国家の盛衰興亡は国民における愛国心の有無にかかる。われわれは祖先から国を伝え受け，子孫へそれを手渡して行くものとして国を危からしめない責任をもつ。国を愛する者は，その責任を満たして，国を盛んならしめ，且つ世界人類に貢献するところ多き国家たらしめるものである。真の愛国心は人類愛と一致する。

言い換えれば，天野の「愛国心」とは，「自己を国家の一契機として，国家を自己の言わば母胎として，自己において国家活動の一契機を認め，国家活動において自己を見るという静かな落ちついた心情と認識」[5]を意味していたのである。

(3) 戦後道徳教育史における天野貞祐の役割

　天野の文部大臣在任中の発言を契機とした，いわゆる「修身科」の復活と「国民実践要領」の制定は結局は実現しかった。その直接の要因は，「修身科」復活問題については，教育課程審議会が，昭和26年1月4日に出した「道徳教育振興に関する答申」において，「道徳振興の方策として，道徳教育を主体とする教科あるいは科目を設けることは望ましくない」と述べ，天野の教科構想を明確に否定したことにあった。

　また文部省は，昭和26年2月8日に「道徳教育振興方策」を出し，「道徳教育振興に関する答申」の内容を肯定するとともに，同年4月から5月にかけて発表した『道徳教育のための手引書要綱—児童・生徒が道徳的に成長するためにはどんな指導が必要であるか—』によってさらにこの方針を具体化していった。特に後者では，「道徳教育を主とした教科を設けることの可否は，学校の段階によりいちがいにいうことはできない」と述べて，将来の新しい教科の設置の可能性には一応の留保はしたものの，「もしとくに教科を設けるということをした場合には，道徳教育に関する指導を教育の一部面のみにかぎる傾向を，ふたたびひきおこすおそれがすくなくないといわなくてはならない」と述べた。そして，「道徳教育は，学校教育の全面においておこなうのが適当」であり，「社会科をはじめとする各教科の学習や特別教育活動が，それぞれどのような意味でまたどのような面で道徳教育に寄与することができるかを明らかにすることがたいせつである」と続けた。

　後に文部省で「道徳教育振興に関する答申」をまとめた上田薫は，天野にとって「答申—方策—手引書要綱という文部省の線には明らかに不本意の面があったに相違ない」[6]と述べているが，このことは，道徳に関する教科を設けることについて，天野と文部省との間には大きな方針の相違があったことを物語っている。

　もっとも，天野の問題提起が実現しなかった背景には，天野発言の内容が具

体性を欠いたものであったことは看過できない。例えば天野は,「国民実践要領」の性格を,国民の「道徳的基準」「国民の道しるべ」「教育基本法,学校教育法の解説,注釈」などと述べたが,それが具体的にいかなる内容をもつのかについては,その論議の過程で明確にされることはなかった。

こうした天野発言での具体性の欠如は,朝鮮戦争を契機とした再軍備問題が高度に政治問題化し,いわゆる「逆コース」的風潮への批判が高まりを見せる当時の状況においては,本来の天野の趣旨とは違う文脈の中で展開させる要因となっていった。つまり,天野の発言は,再軍備などの政治的課題と呼応し,これを補強するものである,という政治的文脈でとらえることを余儀なくされたのである。たしかに,天野の問題提起は,敗戦から積み残されてきた道徳教育の課題を的確に指摘したことは間違いない。しかし,結果的に,天野発言は,戦後の道徳教育の課題を克服するよりも,むしろ道徳教育問題をさらなる混迷へと導いてしまう役割を果たしてしまったのである。

もっともこのことによって,戦後道徳教育史における天野の位置づけを過少に評価することも適切ではない。繰り返し述べるように,天野が道徳教育の課題を的確に指摘したことは事実であり,「国民実践要領」の内容が,昭和41年の中央教育審議会答申の別記「期待される人間像」の内容へと連続し,さらにこれがその後の学習指導要の内容にも影響を与えていることは無視されるべきではない。また,道徳の「教科化」が論議の対象となっている今日,『道理の感覚』の中で天野が展開した修身科批判や道徳と「知育」との関係をめぐる理解が,改めて検討される必要がある。戦後道徳教育史をどのように評価するかという問題は,ここに天野の道徳教育論をいかに位置づけるかという課題と不可分である。

(貝塚茂樹)

(註)
1) 天野貞祐(1971)『道理の感覚(天野貞祐全集第1巻)』栗田出版会 p.165
2) 同上,pp.166〜167
3) 天野貞祐「道徳教科書の問題」(『心』1963年9月号)p.2
4) 船山謙次(1981)『戦後道徳教育論史 上』青木書店 p.127

5) 天野貞祐（1970）『今日に生きる倫理（天野貞祐全集４）』栗田出版会 p.64
6) 上田薫（1959）「戦後道徳教育における改革と反改革」『世界教育史体系第39巻　道徳教育史』所収，講談社 p.297

2．高山岩男
――戦後道徳の危機と文化国家の理念――

---

(1) 人とその倫理・道徳教育思想の特色

① 生涯と倫理・道徳教育領域における業績と活動

　哲学者・高山岩男（明治38年～平成5年）の人と学の特色は，「京都学派のなかでも際立った体系家」（廣松渉氏評）と評されるが，生涯の思想と行動は，強靭かつ精力的であった。理論面で浩瀚な哲学体系を構築するとともに，実践面では研究，教育，言論を中心に，政治・社会・文化の多方面に活動を展開し，執筆活動は昭和期のほぼ全期60年間余りに及んだ。

　高山は，倫理学・道徳教育を専門とする研究者と教育者でくくれないが，日本の倫理・道徳教育の問題に強い意欲・関心を継続した。時代の要所で根本的な問題提起を発信して社会の広範囲に影響力を及ぼし，この方面に厖大な著作を残した。本稿では，その中から著書『文化国家の理念』（昭和21年）と『道徳の危機と新倫理』（同27年）の内容を中心に，広義の「倫理・道徳教育の領域」の事柄に限定して高山の言説を解説する。

　最初に，当該領域の業績と活動を概略各年代別に紹介する。高山岩男は，明治38年山形市生まれ，旧制山形高等学校を経て，西田幾多郎を慕い京都帝国大学文学部哲学科に入学（大正14年）。西田の他に波多野精一，朝永三十郎，田辺元，和辻哲郎など，近代日本の哲学・倫理学を代表する教授陣に学ぶ。

　【20歳代】　同大学を卒業（昭和3年），旧制第三高等学校講師に就任して「国民道徳」科目を担当（同年）。京大文学部講師を兼任，和辻哲郎倫理学講座で特殊講義を担当（8年度），田辺元哲学講座で特殊講義を担当（9年度）。

　【30歳代】　天野貞祐倫理学講座（昭和10年度），田辺元哲学講座（11～12年度）

で各特殊講義を担当。京大文学部助教授に就任（13年），日本精神史講座担当。『文化類型学』（14年）に三高における「国民道徳」講義の内容と方法を著し，『世界史の哲学』（17年）に高山の哲学・倫理学の根本原理〈呼応の原理〉・〈所の倫理〉の原型である天人合一論を著す。大東亜省嘱託（19年7月）として戦後日本の教育改革，学制改革など，教育復興と民主化のプランとプログラムを策定。「恒久平和の原理」を同省へ提出（同年9月）。

　【40歳代】　「日本ノ敗戦戦後復興」を大東亜省に提出（昭和20年5月），「今後ノ国民思想動向ト根本的対策並ニ戦争終得ノ問題」を海軍省に提出（同月），終戦（8月）。『哲学的人間学』で文学博士学位取得（11月）。「天皇制とデモクラシー──天皇制存続の積極的根拠について」を外務省に提出（12月）。京都帝国大学文学部教授に就任（21年3月），GHQの公職追放命令で同大学を退職（同年8月）。『文化国家の理念』（同年），『所の倫理』（22年），『場所的論理と呼応の原理』（26年），公職追放解除（同年6月）。『道徳の危機と新倫理』（27年），神奈川大学法経学部教授に就任（同年7月），「修身科特設問題について」（28年），参議院文部委員会公聴会で「教育の政治的中立の確保」を公述（29年4月）。

　【50歳代】　日本大学法学部教授に就任（昭和30年4月），文部省教科用図書検定審議会委員に就任（同年8月），衆議院文教委員会公聴会で「教科書法案」の公述（31年5月），「現代倫理の問題」（32年），『道徳とは何か』（33年），「道徳教育の前途と主眼」（同年），「道徳教育において最も肝要なるもの」（34年），文部省中等教育講座道徳教育部会で「現代倫理の基本問題」を基調講演（同年），「日教組の『教師の倫理綱領』とは」（35年），「日本教育の理念──教育勅語と教育基本法」（37年）。

　【60歳代】　文部省教育課程審議会中学校部会委員に就任（昭和40年6月），教育事情視察団長として欧米9カ国を歴訪（同年），「行衛不明の職域倫理」（41年），『教育と倫理』（43年），東京地方裁判所「家永教科書裁判」で検定制度について被告国側証人として証言（44年5月）。玉川大学大学院講師を兼任し，教育哲学を担当（46年4月），東海大学文学部教授に就任（49年4月），「欠陥教育は半世紀後に民族の衰亡を」（同年）。

【70歳代】『教育哲学』(51年),『教育者への書簡』(54年),秋田経済大学学長に就任(55年4月),韓国日本学会が『教育哲学』韓国語訳版を出版(同年),『教育愛と教師の権威』(57年)。

【80歳代】 秋田経済法科大学学長を退職(昭和60年3月),「私の解する全人教育」(同年),平成5年7月逝去享年88歳。

以上,「倫理・道徳教育領域」関係に限定しても,高山の業績と活動の記載は長大となる。そしてこれらの共通分母に,固有の哲学・倫理の根本原理である〈呼応の原理〉と〈所の倫理〉が存する。次にこのことにふれる。

② 哲学・倫理の根本原理としての〈呼応の原理〉と〈所の倫理〉

高山哲学の基本性格は,「現実世界の根本問題を,その内にまで入って『自分で考える』selbstdenken 哲学」(辻村公一氏評)である。それは,哲学的論理が現実世界と裏合わせの構造で,高山哲学は現実を端緒として論理を潜って現実に帰還する,いわば現実に生きて,現実を生かす哲学といえる。

秀逸な哲学者は,自己の全体系を一点に集中する個性的概念を有する。高山は,西田哲学の弁証法論理(場所と個の「一即多,多即一」)の「即」を,「所」に具体化して実質的内容を盛り込む。そして状況的場(環境)において個(主体)が「所を得る」,場が個に「所を得させる」,この「所」で合致する場と個との相互応答関係を高山は〈呼応の原理〉と命名,これを哲学の決定原理とする。

高山は,主著『場所的論理と呼応の原理』で〈呼応の原理〉の妥当性を1)我と汝の主体間,2)自然環境,3)社会環境,4)技術・科学,5)文化・文明,6)神・超越者などの事例で論証する。そして課題と解決の〈呼応的同一〉を,人間の行動を呼び起こし,かつ人生諸般の事象を説明し得る基本図式と解し,さらに世界を把握し歴史を創造する実践的・理論的の図式ともする。

この構造を倫理学の原理に適用したのが,〈所の倫理〉(場所的倫理)である。場所は「個体の於いてある場所」を意味するが,西田哲学は「場所」と「個」の二肢的図式とするのに対して,高山は「場」・「所」・「個」の相互媒介の三肢的図式で論理展開し,その中心を「所」に置く。およそいかなる倫理であれ,

「所」を得たものでなければ本来倫理とはならないはずであり、その意味で〈所の倫理〉は、倫理・道徳の根本原理である。この「所」の本質は人間社会の「秩序」に求められる。

人間の倫理・道徳的行為は、個が場において「所を得る」働きと、場が個において「所を得させる」働きとの呼応に成立する。以上の事柄を約言して高山は、〈所の倫理〉を「人間有限性の弁証法的自覚の上に無限性を内に実現しようとする理念を根本とする」倫理、と表現する。

(2) 道徳の危機と新しい倫理・道徳教育の指標

① 戦後道徳の危機の根底にあるもの

戦後の一時期、敗戦による政治的・経済的・社会的混乱の中で、日本社会の随所で道徳的無秩序ないし頽廃現象が目撃・経験された。当時の悲惨状態は、これを慨嘆し憂慮した人々の証言で今日にまで伝承されている。

戦後期 GHQ 統治下で、日本の最重要課題は復興と再建であったが、その支柱として、政治・経済・文化の全領域に渉る「民主化」(民主主義) が唱導された。これは「平和主義」や「文化国家」などと並ぶ新日本建設の理念とされた。倫理・道徳に関しては、道徳的頽廃の現実の中で、民主主義倫理の徹底、前近代的封建遺制の撤廃など、国民啓発と意識的・制度的変革を通して日本に民主的道徳秩序の到来を期待する論も盛り上がった。

この状況下で高山は、道徳的危機の現実は即、国家・国民存立の危機に通底すると警鐘し、新日本建設の必須条件は国民倫理・国民道徳の復興にあることを見抜き、新しい倫理・道徳を喚起してその指標と方策を具体的に提言した。

一般に日本の道徳的頽廃は、敗戦後の混乱に乗じて発生した事象と理解されている。この通念に反して高山は、頽廃は戦後にわかに生じた現象でなく、戦争中に既に国民道徳の致命的欠陥として露呈されていたとして、次の点を指摘する。1)社会道徳の欠陥ないし未発達と利己心の跳梁、2)道徳的高揚と頽廃の同時存在、3)二重人格性の矛盾の是認と無反省、これらの欠陥は、国家倫理と

社会倫理と家族倫理との内面的不統一に由来し,「家族主義と国家主義とが社会を抜きにして直接に結合し,国家・社会・家族の文化綜合に立つ近代的国民倫理」の定立に挫折したこと。これが国民道徳の欠陥の根源をなすと高山は断ずる。

したがって,戦後表面化したかに見える道徳的頽廃の淵源は,実に日本の国民道徳の欠陥にある。とりわけ社会生活が重きをなす現在,戦後の道徳的危機を克服するには,日本に「最も遅れた社会倫理(自律・自治の責任観念,社会連帯の上に立つ各個人の自由意志,人格尊重の倫理観念)の健全な発達を目指す」ための努力を継続しなければならない。

② 新しい倫理,道徳教育の目的と核心

戦前も戦後も日本人に,公共の事物を大切にする念が欠けていたり,個人的,家族的利己主義に駆られた行動も散見され,日本に社会倫理(市民道徳)は未発達とされてきた。高山の着眼は,単に未発達の側面を発達させるということではない。倫理の根本原理の革新=新しい倫理建設の必要を説くのである。ただその在所は,19世紀的な自由主義,民主主義や,20世紀前半の全体主義,共産主義など既成の思想原理の中にではない。高山は,新倫理の原理は現代世界の歴史的課題=近代科学と機械技術を基礎とする現代文明の危機の中から反省的に立ち現れ来る原理とする。新倫理は既存のものでなく未存のもの,与えられるものでなく,現代の課題に呼応して創造されるべきものなのである。

対日平和条約で日本が独立を回復し,復興も一定の進捗を見た昭和28年,教育課程審議会の社会科改定答申に関連して,「道徳」科目特設の賛否論争が活発化した。反対論は「道徳的に不完全の教師による道徳教育は偽善となり,偽善は悪である」と不要を唱えた。消極論の唱える「全教科に道徳を内在せしめて教育を行うこと,すなわち教育そのものを道徳化すること」は一見正論風だが,これらは結局,道徳教育の実践は「何もしないこと」に帰結する。

高山は,「修身科特設問題について」と「道徳教育とその前提」で,次の賛成論を展開した。1)道徳教育の大前提は,未完成不完全の道徳的人格によってもなお可能であるという確信である。2)この前提は,道徳教育が人類社会に存

在するという歴史的事実に立脚している。3）人間の道徳的不完全性は，程度的なものでなく人間存在に原理的のものである。4）道徳教育は，教育者の道徳的不完全の自覚と自省，被教育者とともに道徳的努力と精進に向かう意志と決断があれば十分である。5）道徳的努力と精進そのものが，道徳を成立させる因子となり，人間の道徳的品性を形成する中心要素となる。6）学校教育における道徳教育の主眼（目的）は，道徳的判断力の育成にある。7）道徳心は，本然の自己に具わっている。教育者はこれを信じて，道徳心（良心，道徳的心情，道徳理性）の自覚を喚起し覚醒させることに手を尽くすこと。高山は，この7）を道徳教育のなし得る最後のこと，すなわち道徳教育の核心と説く。

③ 新しい道徳教育の方法と内容

　道徳教育の始めは，まず道徳心に訴えることである。訴えることで教師は子どもの道徳心を喚起し，自らも喚起される。相互的な喚起（呼応）の中で道徳心が育成され，道徳的性格（意志の働き）の錬磨も向上する。次に，道徳に固有な魂の自覚と教育に固有な教授の作用とを媒介して，道徳的判断力（思慮の働き）育成に努めることである。

　上の意図を達成するためには，近代的な学校教育制度下での道徳教育は，教師の人格的感化を一般原則とせず，歴史的人物や文芸作品の人物を範例とすること，被教育者の知性の納得に裏づけられるものとすること，この2点に留意して適切な道徳資料の選択と教育方法を開発する必要がある。

　高山の提示する道徳教育の方法と内容は，1）一般的方法＝倫理の一般理論や道徳律を教える方法，これは初等教育に効果はない。2）歴史的方法＝道徳的行為の個々の事例を紹介する方法，単なる事例の並列に効果は少ない。3）類型的方法＝多数の事例から教育的に意味あるものを選択し，これを種々のケースに組織する方法。類型的方法は，個々の事例（個別の行為）の中に共通の理論（一般道徳）を見出し，これを一定のカテゴリーに分類して種々の道徳に気づかせる。これが道徳心の喚起と判断力の育成に最も有効な方法である。

(3) 文化国家の理念と国民倫理の課題

① 文化国家と国民倫理との連関

 いわゆる「文化国家」論は「平和国家」や「道義国家」論と並んで，敗戦を契機に沸き起こった言説である。そこには戦争への反省と列強国家の断念で日本に残された途はせめて文化国家，平和国家，道義国家として生きる他ない，とする受動的意識や姿勢が拭えない。これに対して高山は，消極的な諦念や無気力な精神では雄健な文化国家を建設することはできない，文化とは，権力意志にもまして強く盛んな生命力によって築かれるものであるとして，自己革新に基づく日本の主体的能動的「文化国家」論の必要を力説した。

 高山の見解では，現代の歴史的趨勢の進むところ，すべての国家は文化国家たらざるを得ない情勢にある。文化国家の建設が目指される以上，必ずそれを支える国民倫理の樹立が必要となる。わけても民主主義国家においては，「国民倫理なくして文化国家はありえない」と両者の不可分を断言する。

② 職業倫理としての教師の倫理

 対日平和条約の調印された昭和26年，日教組の第1回教研集会が開催され，「教師の倫理綱領」（起草者は宗像誠也・宮原誠一・勝田守一など）が公表された。綱領中の「教師は労働者である。労働者であることを誇りとする」「教師は団結する。団結こそは教師の最高の倫理である」との象徴的な文言は広く注目された。それは伝統的な教師聖職観の全面否定であったからである。

 これに対して，高山は「日教組の『教師の倫理綱領』批判」を著して，教師倫理＝職業倫理の本質を闡明した。例えば「教師は労働者である」という命題を考えるなら，問題は労働者であるかないか，ということにではでなく，如何なる意味の労働者かということに存する。この「如何なる意味の」の内容を成すものが職業倫理なのである。職業倫理は一般人間性の倫理を内在し，一般倫理に背馳することなく各職業の特殊性に応じた具体的倫理を要求される。その特殊性は，各職業・職能に固有の本性を実現するために必要な「徳」による。

高山によると，日教組の「倫理綱領」の根本的誤謬は，職業倫理の名のもとに特殊の「労働者」倫理をあらゆる職業に一般化する結果，「教師」の職業倫理自体を否認することになる点にある。

　この後高山は，教師の職域倫理を確立することは緊急の要務であるとして，「教師の倫理綱領」草案を起草した。この教師の基本的職業倫理とは，1）教師は教育愛に徹すること，2）教師は信頼に値し，信頼に応えること，3）教師は倫理的努力を怠らないこと，4）教師は教育の技能を錬磨すること，5）教師は教育の中正を堅持すること，6）教師は教育上の責務を民族共同体より賦課されていることを深く自覚すること，の6項目である。

　教師の倫理に関連して，高山は「教育愛」と「教師の権威」を特に重視する。「教育愛」は，情念的盲目的の愛でなく理性を潜った愛である。愛ながら同時に倫理的命法となり，教育においては〈愛即倫理〉の命題が成立する。また「教師の権威」は，被教育者の思慮分別を媒介とせず直接的・直観的に自主的に畏敬，敬愛，信頼の心を引き起こして，強力な教育効果（心服・薫重）をもたらす。反対に教師の権威の失墜は，直ちに教育混迷の原因となる。教師の権威と権威主義的教師とを混同してはならない。教育実践の中での教師の「教育愛と権威」は，ともに極めて重要な役割を果たすのである。

③　民主主義，国民道徳と愛国心

　戦後の日本は，日本国憲法，教育基本法の精神をはじめ，政治・経済・社会のあらゆる部面で，「民主主義」を標榜してきた。学校教育においても，民主主義的態度の育成や民主主義道徳の推進が求められた。これに対して「愛国心」は，戦前，戦中にことさら強調された「忠君愛国・忠孝一本」への拒否感情が強く，道徳教育の場では慎重にこれを避けて済ませる教師も少なくなかった。

　対して高山は，「民主主義は実は愛国心を前提するものであり，愛国心なき国では民主政治は実現できない」と，民主主義と愛国心の一体関係を言う。何となれば，そこに共同体を形成する共同感情，共同意志，運命意識が存して初めて「国民」となるからである。この共同感情や共同意志が愛国心の実質であ

る。すなわち愛国心とは国民共同性の感情・意志である。民主政治はこの愛国心を前提として成立する。愛国心のない国で民主政治は実現できない。

　国民共同性の中核を何に求めるかによって，愛国心も国民道徳も変わる。偏狭な国粋主義・国家主義は，国を誤り愛国の実質を失うことになる。現代の国際社会にあって，国際道徳，国際協調，国際親善は国民道徳の重要な要素である。現段階では，人類の理念は国民道徳を通じて実現する以外に道はない。日本の新しい愛国心は，新しい国民共同性を必要とする。高山は，「真実の国民倫理は，国民の立場に一般人間性の倫理を実現する倫理でなければならない。即ち真実の国民倫理は，内に人間の立場をも人類の立場をも包摂する倫理でなければならない」と説く。道徳教育において，民主主義，民主政治に不可欠である国民道徳と愛国心の問題をあえて回避してはならない。

(4)　提起された問題の整理と展望

　以上，日本の戦後混乱期，復興期の，「倫理・道徳教育領域」に関する主な高山の言説を，著書『文化国家の理念』と『道徳の危機と新しい倫理』を中心に俯瞰してきた。混乱期に上梓された前書は，1文化国家の理念，2新文化建設の条件，3新国民倫理の問題，4歴史意識の育成，5犠牲，の各章から成る。

　復興期の後書は，1道徳の頽廃，2道徳の危機，3新しき社会，4倫理の永遠性と創造性，5倫理の権威と限界，6倫理教育の反省，7職業倫理の問題，8国民道徳の問題，の各章で構成されている。

　この両書で，日本の直面する倫理・道徳教育の諸課題と各々の解決方式が提示され論じられたが，両書を貫く高山の問題意識の根本と基本姿勢は，前著序文中の痛切な言葉，「日本民族の文化的道徳的の諸弱点や諸欠陥―我々は今日と雖も能う限りこれらの諸弱点や諸欠陥の由来する客観的並びに主体的条件を学問的に解明し，徒な浩歎や絶望に陥らず，これを是正して我が日本民族の健全なる復活再生に資するの道を開かなければならぬ。これが戦後まで生き永らえた学者の義務であると思う」に尽きている。

最後に，紙幅の関係で触れられなかった高山岩男の他の著書から，「倫理・道徳教育の領域」に関する注目すべき言説を数点あげて，本主題をさらに深く発展的に考究するための展望にかえたい。
1）〔他律を媒介とした自律〕「教育とは要するに他律を媒介として自律の心と行動とを育て上げることに他ならない」（『教育哲学』）
2）〔本然の生命の発揚〕「道徳は人間に内在する本然の生命，本来の能力の発揚を意味し，われわれが自己本来の面目を発揮する活動を意味する」（『教育哲学』）
3）〔個人の自覚と形成〕「個人の育成は今日特別重要な教育的課題をなしている。われわれは一層深い立場から教育の一指標として『個人』―日本的でしかも近代的な個人の自覚と形成―を強調しなければならないと考える」（『教育と倫理』）
4）〔道徳理性の限界〕「人間の世界に遂に解決のない義務葛藤があり，このことは道徳より発生した問題に道徳の立場では解決不可能のものがあること，換言すれば道徳理性の力に限界が存することを示している」（『道徳とは何か』）
（花澤秀文）

〈高山の主な著書〉

高山岩男（1946）『文化国家の理念』秋田屋
高山岩男（1947）『所の倫理』弘文堂書房
高山岩男（1952）『道徳の危機と新倫理』創文社
高山岩男（1958）『道徳とは何か』創文社
高山岩男（1968）『教育と倫理』創文社
高山岩男（1976）『教育哲学』玉川大学出版部
高山岩男（2009）『高山岩男著作集』全6巻　玉川大学出版部

3．高坂正顕
――高度経済成長と「期待される人間像」――

(1) 高坂正顕と「期待される人間像」

① 高度経済成長と教育の課題

　戦後の日本社会は，1950年代の半ばから高度経済成長の時代へと進んでいった。一般に高度経済成長期とは，1950年代の半ばから1970年代初頭にかけて戦後の日本経済が飛躍的に成長を遂げた時期を指す。この時期には，第一次産業から第二次産業・第三次産業への構造転換が加速度的に進展し，日本の国民の多くが「物質的な豊かさ」を享受した。

　昭和31年の『経済白書』では「もはや戦後ではない」と記述され，昭和35年に成立した池田隼人内閣は，向こう10年間で国民所得を倍増させるという「所得倍増計画」を政策課題として掲げた。ところが，実際の高度経済成長の変化はこの計画を大きく上回り，昭和30年から昭和35年までの実質平均成長率は8.7％，昭和35年から昭和40年では9.7％，その後の昭和45年までの5年間には11.6％まで伸張し，昭和44年には日本の国民総生産（GNP）はアメリカに次いで世界第2位となった。また，これに伴い，進学率も上昇し，昭和30年に10.1％だった大学・短期大学への進学率は，昭和40年には17.0％，昭和50年には38.4％となった。また，昭和30年に51.5％だった高校の進学率も昭和50年には90％を超えた。

　高度経済成長は，国民意識にも大きな変化をもたらした。たとえば日高六郎は，この時期の国民意識の変化は，イデオロギー上の論争よりもさらに深いところで生じており，「高度経済成長がつくりだした現在の生活様式を維持拡大したいということが，ほとんどの日本人の願望となった」と述べ，その変化を

戦前までの「滅私奉公」から「滅公奉私」への転換と評した[1]。

　高度経済成長に伴う国民意識の変化は，教育にも課題を提供していく。昭和38年6月24日，荒木萬壽夫文部大臣は，中央教育審議会（以下，中教審と略）に対して，「後期中等教育の拡充整備について」を諮問した。諮問はまず，「科学技術の革新を基軸とする経済の高度成長とこれに伴う社会の複雑高度化および国民生活の向上は，各種の人材に対する国家社会の需要を生み，また国民の質量と能力の向上を求めてやまない」と述べた上で，「青少年の能力をあまねく開発して国家社会の人材需要にこたえ，国民の資質と能力を図るために適切な教育を行うことは，当面の切実な課題となっている」とした。

　そして諮問は，「すべての青少年を対象として後期中等教育の拡充整備を図るにあたっては，その理念を明らかにする必要があり，そのためには今後の国家社会における人間像はいかにあるべきかという課題を検討する必要がある」として「期待される人間像」の策定を中教審に求めた。これは，昭和37年の池田勇人内閣の，いわゆる「人づくり」構想と翌昭和38年の中教審答申「学校における道徳教育の充実方策について」の延長線上にあるものであった。

　とりわけ，後者が「今日の世界における日本の地位と果たすべき重要な使命にかんがみ，国民としての自覚を高め，公正な愛国心を培うように一層努力する必要がある」「道徳教育においては，人間としての豊かな情操を培い，人間性を高めることが基本であるから，今後宗教的あるいは芸術的な面からの情操教育を一層徹底する」という課題は，そのまま「期待される人間像」の課題として引き継がれた。

② 高坂正顕による「期待される人間像」の執筆

　「期待される人間像」の内容は，中教審の第19特別委員会において審議された。そして，臨時委員，専門委員を含めた延べ20人の委員によって構成されたこの委員会の主査に任ぜられたのが高坂正顕であった。

　高坂正顕は，明治33年に名古屋市で生まれた。旧制第四高等学校を経て京都帝国大学文学部に入学。大学では西田幾多郎に師事し，主にカント哲学を学んだ。西田門下として，西谷啓治，鈴木成高，高山岩男とともに，「京都学派四

天皇」の一人に数えられている。戦後は公職追放を受けるが、公職追放の解除後は、昭和30年に京都大学教育学部長、昭和36年には東京学芸大学学長に就任し、退官後は、国立教育会館館長などを務めた。代表的な著作には、『歴史的世界』『カント』『西田幾多郎と和辻哲郎』『大学問題と学生運動』などがあり、ほとんどは『高坂正顕著作集』（全8巻）に収められている。

中教審第19特別委員会は、昭和40年1月11日に「中間草案」を発表し、これに対する様々な論議の内容を踏まえた上で、昭和41年10月31日に中教審答申の別記として「期待される人間像」を公表した。この間、30回以上の審議を重ねたが、「中間草案」も含めた「期待される人間像」は、高坂によって執筆された[2]。そのため、「期待される人間像」の内容には高坂の思想が強く反映されている。

(2) 戦後教育の課題と「期待される人間像」の内容

① 「期待される人間像」における「日本人の課題」

「期待される人間像」は、二部構成となっている。第一部の「当面する日本人の課題」は、「今後の国家社会における人間像はいかにあるべきか」という課題に応えるために、3つの点からの「要請」が必要であるとした。

第1は、「今後の日本人は人間性の向上と人間能力の開発」の要請である。「期待される人間像」は、急激な経済的な繁栄の中で、一部に利己主義と享楽主義の傾向が現われ、敗戦による精神的空白と精神的混乱がなお残存していると指摘し、「物質的欲望の増大だけがあって精神的理想の欠けた状態が長く続くならば、長期の経済的繁栄も人間生活の真の向上も期待することはできない」と述べる。そして、「人間性の向上なくしては人間能力の開発は基盤を失うし、人間を単に生産手段の一つとする結果になる」とした上で、「日本の工業化は人間の能力の開発と同時に人間性の向上を要求する」とした。

また、第2の「要請」は「世界に開かれた日本人であること」である。戦後新しい理想が掲げられたが、とかくそれは抽象論にとどまり、その理想実現の

ために配慮すべき具体的方策の検討は十分ではない。特に「敗戦の悲惨な事実は、過去の日本及び日本人のあり方がことごとく誤ったものであったかのような錯覚を起こさせ、日本の歴史および日本人の国民性は無視されがちであった」。もし、日本の欠点のみが指摘され、その長所を伸ばす視点がなければ、「日本人の精神的風土にふさわしい形で新たな理想を実現する」ことはできない。日本人は世界に通用する日本人となるべきであり、それは、「日本を忘れた世界人であることを意味するのではない。日本の使命を自覚した世界人であることがたいせつなのである。真によき日本人であることによって、われわれは、はじめて真の世界人になることができる」というのが「期待される人間像」の立場であった。

「期待される人間像」が示した第3の「要請」は、「民主主義の確立」である。戦後の日本は民主主義国として新しく出発したが、日本の民主主義の概念には混乱があり、十分に日本の精神風土に定着していない。今日の日本は、世界が自由主義国家群と全体主義国家群の二つにわかれている事情に影響され、民主主義の理解に混乱を起こしているが、民主主義の本質は、個人の自由と責任を重んじ、法的秩序を守りつつ漸進的に大衆の幸福を樹立することにある。法的手続きを無視し、一挙に理想郷を実現しようとする階級闘争的な立場に偏るならば、民主主義の本質は破壊されることになる。

また、古来日本人には民族共同体的な意識は強かったが、その一方では、個人の自由と責任、そして個人の尊厳に対する自覚が乏しく、そのことが日本人の道徳は縦の道徳であって、横の道徳に欠けているとの批判を招いてきた。今後は、「確固たる個人の自覚を樹立し、かつ、日本民族としての共同の責任をになうことが重要な課題」であるとした。

そして、「期待される人間像」は、民主主義国家を樹立するために何より大切なことは、一個の確立した人間としての「自我を自覚」することであるとしながら、他人と協力し、他人と正しい関係に入ることによって真の自己を実現し、法の秩序を守り、よい社会生活を営むことができるような実践力をもった「社会的知性の開発」の必要性を求めた。

以上のように「期待される人間像」は,「人間としての,また個人としての深い自覚をもち,種々の国民的,社会的問題に対処できるすぐれた知性をそなえ,かつ,世界における日本人としての確固たる自覚をもつところの人間になること」を「日本人の課題」ととらえたのである。こうした「期待される人間像」での指摘は,高坂がその著書『人間像の分裂とその回復』(理想社, 1963)で展開した内容と連続しており,同時にそれは高坂の戦後日本に対する理解と一致するものであった。

② 「期待される人間像」の内容

「期待される人間像」は,第二部「日本人にとくに期待されるもの」において,4章構成で「恒常的かつ普遍的な諸特性と実践的な規範」を示した。まず,第一章「個人として」では,1)自由であること,2)個性を伸ばすこと,3)自己を大切にすること,4)強い意志をもつこと,5)畏敬の念をもつこと,が示されている。

特にここでは,敗戦から課題となっていた宗教的情操について言及し,「すべての宗教的情操は,生命の根源に対する畏敬の念に由来する。われわれはみずから自己の生命をうんだのではない。われわれの生命の根源には父母の生命があり,民族の生命があり,人類の生命がある。ここにいう生命とは,もとより単に肉体的な生命だけをさすのではない。われわれには精神的な生命がある。このような生命の根源すなわち聖なるものに対する畏敬の念が真の宗教的情操であり,人間の尊厳と愛もそれに基づき,深い感謝の念もそこからわき,真の幸福もそれに基づく」と述べた。

この点について高坂は,世界の代表的な宗教や哲学思想の源流を遡れば,紀元前六世紀ぐらいから数世紀の間に現れているとして,これをヤスパース(Karl Theodor Jaspers, 1883~1969)の言葉を借りて「人間歴史の回転軸」と称した。この「人間歴史の回転軸」の時代には,人間とは一体何であり,どう生きるべきかが新しく問われることになるが,その答えが仏教や儒教であり,ユダヤ教やギリシア思想であるという高坂は,これらの多くが,今日の人間像の源流となっていると分析する。

高坂によれば,「人間歴史の回転軸」の時代の発見とは,「人間は自己の真実の生命の根源を普通に神と呼ばれている何らかの超越的なかかわりあいにおいてもっている」という事実であり,「人間は神関係的であり,神志向的であることによって初めて人間的であるという事実」であるという。ところが,人間は次第に人間自身を神の位置に置き,人間中心的になっていく。これこそが,今日の世界の病気であり,それは人間が自己の生命の根源を忘れたことを意味しており,当然それは,「超越的・根源的な生命の神」とは異質のものである。そして,「真に正しい人間像を求めるならば,われわれは改めて人間歴史の回転軸の意義を再考すべき」であり,「新しい人間像樹立は世界歴史の回転軸の意味における超越的なるものの再発掘,再確認の上に立って行わなければならない」というのが高坂の理解であった[3]。

　第二章「家庭人として」では,①家庭を愛の場とすること,②家庭を憩いの場とすること,③家庭を教育の場とすること,④開かれた家庭とすること,のそれぞれについて具体的に述べられた。また,第三章「社会人として」では,①仕事に打ち込むこと,②社会福祉に寄与すること,③創造的であること,④社会規範を重んずることが重視された。

　第四章「国民として」では,①正しい愛国心をもつこと,②象徴に畏敬の念をもつこと,③すぐれた国民性を伸ばすことが掲げられた。ここでは,国家を「世界において最も有機的であり,強力な集団である」と位置づけながら,「愛国心」を次のように定義した。

> 　今日世界において,国家を構成せず国家に所属しないいかなる個人もなく,民族もない。国家は世界において最も有機的であり,強力な集団である。個人の幸福も安全も国家によるところがきわめて大きい。世界人類の発展に寄与する道も国家を通じて開かれているのが普通である。国家を正しく愛することが国家に対する忠誠である。正しい愛国心は人類愛に通ずる。真の愛国心とは,自国の価値をいっそう高めようとする心がけであり,その努力である。

　「中間草案」の発表以降,「期待される人間像」をめぐる活発な論議が展開さ

れた。「中間草案」に言及した新聞,雑誌等の論文,個人から中教審に寄せられた意見及び主要な教育団体からの要望等が,約2,000件を超えた。これらの内容を項目別にみると,天皇と国家論を含めた愛国心に関わるものが多かった。以下では,高坂の愛国心についてさらに検討しておきたい。

(3) 高坂正顕の愛国心の構造

① 高坂正顕による愛国心の類型

　高坂は,愛国心を自然的愛国心,対抗的愛国心,そして向上的愛国心の3つに分類して説明している。このうち,自然的愛国心と対抗的愛国心は,自然に起こってくるものであり,特に奨励する必要はなく,排他的な行き過ぎに注意すれば十分であるとする。その上で高坂は,最も重要なのが,「日本を愛するに値する国にする」という向上的愛国心であり,これこそが「期待される人間像」の目指すべき愛国心であると説明して,次のように続ける[4]。

> 　教育愛とは,(中略)現在は価値が乏しいかもしれないが,それにもかかわらず,その価値を高めようとする愛である。つまり,「にもかかわらず」Trotzdemの愛である。価値がないにもかかわらず,それを高めようとする愛である。このような,にもかかわらずの愛が,私の言う向上的な愛国心であり,そして,にもかかわらずの愛であるがゆえに,それは努力を要する愛であり,そのような意味の愛は,国に対する愛を正しい形のものにする意味において,教えられてよいし,奨励されてよいと思うのである。

　また高坂は,今日の世界の不幸は,国家が最大の権力と権威をもっていることであり,この絶対主権の考え方が世界を不安定にしている。そのため,国家は自己の絶対主権を制限することが必要であり,世界人類を愛し,世界平和を実現するためにも誤った国粋主義を排した向上的愛国心が正しく教えられるべきであると述べていた。

② 高坂の愛国心と天皇論

「期待される人間像」では，愛国心に関わって2つの点が構造的に強調されている。第一は，愛国心の対象となる国家を天皇に結びつけて説明していることである。「期待される人間像」では，天皇が日本国及び日本国民統合の象徴として，ゆるがぬものをもつ歴史上の存在であり，その趣旨は日本国憲法に規定されているとした上で，「もともと象徴とは，象徴されるものが実体としてあってはじめて象徴としての意味をもつ。そしてこの際，象徴としての天皇の実体をなすものは，日本国および日本国民の統合ということである。しかも象徴するものは象徴されるものを表現する」と述べた。そして，「もしそうであるならば，日本国を愛するものが，日本国の象徴を愛するというのは，論理上当然である。天皇への敬愛の念をつきつめていけば，それは日本国への敬愛の念に通ずる。けだし日本国の象徴たる天皇を敬愛することは，その実体たる日本国を敬愛することに通ずるからである」と続けている。

第二の特徴は，「正しい愛国心は人類愛に通ずる」と述べ，愛国心の延長線上に人類愛を位置づけていたことである。これは，天野貞祐が昭和28年に公刊した「国民実践要領」において「真の愛国心は人類愛と一致する」と述べたことと同じ理解であった。もともと，「国民実践要領」が，高坂正顕，鈴木茂高，高山岩男，西谷啓治によって執筆され，天野によってまとめられたものであったこと，また中教審の第19特別委員会の委員には天野も加わっていたことを考え合わせれば，両者の類似性は必然であったといえる。

(4) 戦後道徳教育史における「期待される人間像」の意義

「期待される人間像」をめぐる具体的な論議は，天皇や愛国心，さらには宗教的情操に関わるものを軸として展開した。しかし，その多くは政治的なイデオロギーとしての立場を色濃くしたものであり，「期待される人間像」が目指した戦後教育の課題を克服するための本質的な論議の深化は見られなかった。

そのため，戦後教育史においても「期待される人間像」については，「教育

勅語の現代的変形」「国民実践要領の蒸し返し」といった否定的な評価が定着し，その内容についてもこれまでほとんど検討されることはなかった。しかし，こうした否定的な評価の一方で，戦後道徳教育史における「期待される人間像」の位置と役割は決して看過すべきではない。

　なかでも，「期待される人間像」が提示されて以降の道徳の学習指導要領の内容には，「期待される人間像」の影響を認めることができる。たとえば，昭和53年度版の『学習指導要領』では，「自然を愛し，美しいものにあこがれ，人間の力を超えたものを感じとることのできる心情をやしなうこと」（『中学校学習指導要領』）が明示され，その目標には，「人間尊重の精神」と「生命に対する畏敬の念」が加えられている。また，平成元年度版の『中学校学習指導要領』では，「平和的な国際社会に貢献できる主体性のある日本人」の育成が目標に加えられ，その内容には，「日本人としての自覚をもって国を愛し，国家の発展に尽くすとともに，優れた伝統の継承と新しい文化の創造に役立つように努める」という愛国心に関わる記述が加えられ，それらは現行の学習指導要領においても基本的に継承されている。

　もっとも，学習指導要領の「生命に対する畏敬の念」については，「期待される人間像」の「生命の根源すなわち聖なるもの」の記述から「生命の根源」と「聖なるもの」が除かれたことで両者の異質性も指摘できる。それは，「生命の根源」と「聖なるもの」が除かれた学習指導要領の内容は，高坂が「超越的・根源的な生命の神」と表現したものとは異質のものであり，ここでは神や宗教心といった宗教的側面が抜け落ちているという点である[5]。

　いずれにしても，こうした課題の検討を含めて，「期待される人間像」の内容が，戦後道徳教育史を読み解くための重要な対象であることは間違いない。道徳教育の現在を考え，今後のあり方を考えるためにも，「期待される人間像」を高坂の思想と関連づけて再検討することは意義あるものであり，不可欠の研究課題である。

　ところで，高坂が東京学芸大学の学長を務め，「期待される人間像」をまとめていた時期は，全共闘運動が全国の大学に波及した時期でもあった。実際に

東京学芸大学の学長としての高坂は，学生たちのストライキやそれを支持する教授陣の対応に忙殺され，昭和42年に学内での紛糾の過程で学生からの集団暴行を受けたことが高坂の死期を早めたといわれている[6]。高坂は，東京学芸大学の学長を退任して間もなくの昭和44年に69歳の生涯を閉じた。　　（貝塚茂樹）

(註)
1)　日高六郎（1980）『戦後教育を考える』岩波新書 p.83
2)　「期待される人間像」の成立経緯については，拙著（2003）『戦後教育のなかの道徳・宗教〈増補版〉』文化書房博文社 を参照のこと。
3)　高坂正顕（1966）『私見　期待される人間像　増補版』筑摩書房 p.197〜199
4)　高坂，同上書，pp.150〜151
5)　この点については，拙稿（2010）「『宗教を考える教育』における『宗教的情操』」（宗教教育研究会編『宗教を考える教育』所収，教文館，岩田文昭（2007）「道徳教育における〈宗教性〉」（国際宗教研究所編『現代宗教2007―宗教教育の地平―』所収，などを参照のこと。
6)　高坂の教育に関する伝記的な著作としては，高坂節三（2000）『昭和の宿命を見つめた眼―父・高坂正顕と兄・高坂正堯』ＰＨＰ研究所 を参照のこと。

4．モラロジーの再評価と道徳教育の普及
――廣池千九郎の業績とその今日的意義――

(1) 青年教師としての活動と教師用の道徳教育教科書

　廣池千九郎は，明治維新の前年，慶応2年に生まれ，昭和13年に没している。したがって，ここでは，狭い意味での学校の道徳教育への関わりというより，広く彼の生き方，学問研究や思想・行動が戦後及び今後の道徳教育にどう関わるか，という観点からまとめてみよう。

　廣池は，13歳で小学校を，14歳で中津市校を卒業した。受けた学校教育はそれだけであるが，明治18年，試験を受けて大分師範学校卒業と同等の資格を得，小学校の訓導となる。教育こそが社会の発展と人々の幸福の基礎であるという固い信念をもっていた廣池は，子どもに教育を受けさせることこそ将来の幸福の基礎であると，親たちに諄々と訴えた。それでも昼間の通学が困難な子どもたちのため，自ら夜間学校を開設して勉学の指導に当たるなど，教育を通じて地方の人々の生活向上に貢献しようとした。

　22歳の時の著作，『新編小学修身用書』は，全3巻からなり，「例言」には，廣池の道徳教育に関する斬新かつ明確な哲学が示されている。まず従来の教科書の多くは，美官厚禄を得た人物を取り上げ，児童に実業を賤しむ態度を助長しがちであるとし，「実業と学文とを兼ね愛する念」の養成を強調している。また，「児童の理解」と「児童の感覚を切実ならしめる」ため，材料を古典でなく，官報，農工商公報，新聞紙の他，諸書に求め，格言も新たな観点から撰んでいる。児童が理解できなくとも，暗唱させれば将来役に立つとの見解はとらず，授業は児童の心を動かし，その道徳性をはぐくむべきものとして，そのための生きた資料を実社会に求めている。

例えば，巻一の冒頭の項目は，学ぶことの大切さを説くもので，事例として，社会のいわれなき偏見や差別にくじけることなく，勉学の志を堅持し，研鑽を続け，県や郡から幾度となく表彰された人物を取り上げている。廣池は，道徳とは，人間の幸福増進の基本との考えに立ち，道徳の実践が，社会と人々の生活の向上にどのように役立ったかという観点から，常に道徳実践の結果に言及している。

(2) その後の研究——歴史，東洋法制史，そして皇室と日本の国柄の研究

廣池の教員生活は，26歳で京都に出た時点で幕を閉じたが，道徳教育との関わりは，当時の修身教育のバックボーンであった日本国家の成り立ちの道徳的基礎の研究や，道徳教育の核心である質の高い道徳性の探求として続けられた。

廣池は，若い頃から皇室尊崇の念が強く，その学問研究に貫かれているテーマの一つは，日本国民と皇室との関わりである。京都で27巻まで発行した『史学普及雑誌』には，ほとんど毎号のように歴代天皇の事績を紹介している。明治28年，国学の師，井上頼國の薦めで『古事類苑』の編纂に従事するため上京して以後も，超人的な研究活動を継続する。『古事類苑』は，明治以前の文献を網羅した30の分野からなる大百科事典で，明治年間の最大の出版物である。廣池は，洋装本で51冊のうち，全体の4分の1にあたる原稿を書いている。

明治30年頃，廣池は，井上から，世界中で日本の皇室のみが，どうして国民の敬愛を受けながら万世一系に続いているのかという問題の研究を薦められ，これに真剣に取り組む。また，東洋法制史の研究にも力を注ぎ，大正元年，法学博士の学位を得ている。学位授与を報じた官報は，「ほとんど全く未墾の原野」であった中国法制史に「初めて開拓の功」をなしたとし，「この種の研究において前人の未だなさざるところをなし」た，と高く評価している。『古事類苑』の編纂や東洋法制史における業績は，廣池の超人的な研究とその独創性を示すものである。

これより先の明治41年，廣池は，『伊勢神宮』を著した。皇室の祖先神，天

照大神を祀る伊勢神宮（内宮）と皇室との関係から日本の国柄を明らかにし，国民道徳の淵源を示そうとした。廣池の研究は，彼自身の宗教的体験を経て一層深まり，大正4年の『伊勢神宮と我が国体』では，古事記に見る皇室の祖先神の高い道徳性に着目し，それが歴代の天皇によって継承されたことが日本国家の基礎であると論じている。廣池は，この高い道徳性の実質を「慈悲寛大自己反省」と表現した。

(3) 道徳科学（モラロジー）の創建

① 『道徳科学の論文』

廣池は，昭和3年，「新科学モラロジーを確立するための最初の試みとしての」という副題のついた3,000頁を超える大著『道徳科学の論文』を著した。これは，道徳に関する新しい科学（モラル・サイエンス）の確立を目指す壮大な試みで，廣池は，その体系にモラロジーという新しい学術語を付したのである。

その第1巻，第1章で，廣池は，道徳科学を「因襲的道徳および最高道徳の原理・実質および内容を比較研究し，かつ併せてその実行の効果を科学的に証明せんとする一つの新科学」と定義している。この『道徳科学の論文』に見られる廣池のアプローチには，2つの大きな特徴があるように思う。第一は，道徳を，宇宙の一員としての人間の生き方と，極めて広い観点からとらえていることであり，第二は，そのような道徳の核心的内容を，世界の諸聖人の実現した生き方を手がかりに解明しようとしていることである。

② 宇宙の一員としての人間の生き方

第一の特徴は，『道徳科学の論文』の第2版自序文の冒頭で明快に示されている。

「天地剖判して宇宙現出し，森羅万象この間に存在して，いわゆる宇宙の現象を成すに至れるは，偶然にして然ることは出来ないのである。必ずやその原理もしくは法則ありてここに至れるものである。故に宇宙間に産出してこの間に生存するところのわれわれ人間としては，この宇宙自然の法則に従

わねばならぬことは明らかであります。この故に聖人はこの宇宙自然の法則を天地の公道とも称せられたのである。…しこうして諸聖人窮親（みみずか）らこれを実行して、われわれにお示しくださったのであります。」

続いて廣池は、宇宙自然の法則もしくは「天地の公道」の実質とは、万物が相互扶助の原理によって、階級的にもしくは平等的に調和し、この宇宙が組織されていることであるとし、諸科学の成果を駆使し、次のような点を明らかにする。

1) 森羅万象はみな連絡している

私たちが住んでいる地球は、太陽系に属する一つの惑星である。そして私たち人間の生活も、地球上の生命現象の一つである。結局、諸科学の成果は、宇宙のすべての存在は、一つのシステムとしてつながり、森羅万象はみな連絡しており、私たち人間は、そうした宇宙の現象の一つであることを明らかにしている。

2) すべての生き物の間、生き物と自然の事物との間には相互依存関係がある

生態学的研究の成果は、地上のすべての生き物（動植物）の間に相互依存関係があり、また、生き物と自然の事物との間にも相互依存関係があることを明らかにしている。人間は、他の生き物や自然の事物と相互依存関係にあるとともに、大自然の恵みを最も大きく享受している存在である。

3) 社会の本質は、人間の精神面における相互依存関係である

心理学的、ならびに社会学的研究の成果によると、人間は社会の中で生きており、社会生活の恩恵を最も享受している。そして、社会の本質は、人間の精神面における相互依存関係である。今日、人間同士の結びつきはますます拡大しているが、その精神的な結びつきの質が問われている。

4) 人間の相互依存関係は空間的、時間的な広がりをもつ

以上のような人間を取り巻く相互依存の関係は、ただ空間的に広がっているだけでなく、時間的な広がりをもっており、私たちは、結局、一切の現在と未来及び過去と結びついている。このことは、私たちが、遠い無限の祖先

のいのちと，歴史や文化を受け継いでいることを意味し，また後に続く世代に対して価値ある文化や環境を受け渡す責任があるということを意味している。

5) 真の人間らしい結びつきとは

このような社会の中で生きる精神的存在としての私たちは，ただ物理的，肉体的に生存するだけでなく，また自己利益のために他者と結びつくだけでなく，全体の調和を目指して，すべての他者に対して愛情，感謝と敬意をもって関わることが重要になる。

③ 世界の諸聖人の生き方に見る最高道徳の5つの原理

モラロジーのアプローチの第二の特徴は，道徳の最も重要な中身を，歴史上，人類の教師とも呼ばれるソクラテス，キリスト，釈迦，孔子などの世界諸聖人の生き方から得ていることである。廣池は，聖人たちの生き方に共通に見出される道徳性のレベルを最高道徳と呼び，次の5つの原理をあげている。ここでは，相互扶助の原理の観点から簡単な説明を加えてみよう。

1) 万物生成化育の心，すなわち，すべてに対する公平な慈愛の心（慈悲実現の原理）

宇宙のすべての存在がつながり合い，森羅万象がみな連絡しているという事実の本質は，大自然の万物生成化育の働きに見てとることができる。聖人たちは，これをすべての存在に対する深く，公平な慈愛の心として体現した。これが，私たち人間の目指す生き方の根本目標である。

2) 自己中心的な心の克服（自我没却の原理）

しかし，人間は，通常，まず自己の保存と自己利益の追求に急で，自己中心的な心にとらわれているため，広い万物生成化育の心を理解できず，さまざまな問題を起こしがちである。人間社会のほとんどすべての問題の根底に，この自己中心的な心が介在しており，私たちは，その自己中心的な心の克服の努力が必要となる。

3) 大きな恩恵者の存在に対する感謝と報恩（伝統の原理）

私たちは，万物生成化育の働きに支えられている。中でも，人間社会には，

肉体的，社会的，精神的の3つの領域で万物生成化育の働きを大きく担っている存在がある。そのような大切な存在に気づき，恩恵に感謝するとともに，その恩恵に報いる努力が大切となる。

4)　他の役に立つことに進んで取り組む（義務先行の原理）

　そうした恩恵者の重要な役割を理解できると，自分もそのような恩恵者に習って，他を支え，全体の役に立つことに力を尽くしたいとの願いが生まれてくる。特に，これまで他に支えられるばかりであった自分としては，他の役に立つことで，自分の務め，すなわち義務を果たせる喜びを味わいたいと願い，他の役に立つことに進んで取り組むようになる。

5)　他の人の心に，万物生成化育の心を育てる（人心開発救済の原理）

　他を支え，全体の役に立つことの中で最も大きな価値があるのは，他の人の心に，万物生成化育の心，すなわち慈愛の心をはぐくむことである。すべての物事の意味や価値は，人間の心のあり方によって決まるからである。このことが理解できるようになると，他の人に，最高道徳の原理について理解を深めてもらい，自ら実行に取り組んでもらえるように働きかけるようになる。これこそ，人間として最も価値ある仕事であり，これによって，地球社会は真に調和した精神的に豊かな相互依存のコミュニティに近づいていく。

④　廣池自身の最高道徳の実践

　最新版の『道徳科学の論文』は本文9冊からなり，そのうち，5冊目以降は，最高道徳の実行者，最高道徳の原理・実質・内容，最高道徳の大綱などが占めている。廣池は，こうした最高道徳に関する記述は「こういうときにはどうしたら幸福になりえるか，というように，あらゆる危機に臨んだ際に，聖人の心に合致して救済されようと企図したところの事実に基づいた記事」であると述べている。

　例えば，廣池は大正4年，それまで精神的に深い関わりをもち，献身してきたある団体から，予期しないひどい扱いをうけ，人生における最大の困難に直面した。廣池は，そうした状況の中で，諸聖人の足跡を体験的に踏みしめている。例えば，まず，自分が大善意をもって団体の改善を提案したのに対して，

先方がこれを受け入れず，かえって自分を追い出すというのは真に自分の徳が足らないためであると自己反省し，もし自分が，先方に不平を抱き，反抗的行動に出るとすれば，将来自分が人々に聖人の教えを説くことはできないことを自覚する。このような困難に直面することによって，年来の研究を実地に移す方法を悟ることができ，聖人の「慈悲寛大自己反省」の神髄を体験できたことは感謝のほかないと，先方に対し，神に対し，衷心から感謝している。

また廣池は，日本の行く末を案じ，全国各地で数多くの講演を行い，平和を実現し，社会の安定，発展のためには，国民の道徳教育が根本であると力説し，各界の指導者が真剣に耳を傾けている。昭和7年になると，国の指導者に多くの書状を出している。特に，鈴木貫太郎侍従長には，重ねて書状を出し，天皇の平和を願われる御心にそうためとして，英米との戦争を回避するべく中国大陸の日本兵と日本人の引き揚げという大胆な方針を提言し，その後の対処法については，モラロジーに具体案があると訴えている。

昭和10年には，モラロジーの精神を学校教育に展開すべく，道徳科学専攻塾を現在の千葉県柏市に開設している。これは後の麗澤大学とモラロジー研究所につながるが，昭和13年に亡くなるまで，専心，道徳教育の実践に身を捧げた。

(4) 今日のモラロジーと道徳教育

① モラロジー研究所による教育者研究会

廣池は，昭和13年に没したが，その研究と教育及び実践の活動は，今日，公益財団法人モラロジー研究所に受け継がれている。モラロジー研究所では，学校における道徳教育の特設の数年後から，毎年教育者研究会を開催している。これは，学校の道徳教育の充実を側面から支援したいとの考えで，文科省をはじめ県や市の教育委員会の後援のもとに行われている。

ちなみに，平成23年度には，全国95会場で，およそ10,000人の参加者を得て行われた。それぞれの会場では，講師として文科省の教科調査官やその経験者をはじめ，道徳教育に指導的な立場の方々の支援，協力をいただいている。

② モラロジーに対する世界の関心

　モラロジー研究所は，倫理や道徳に関連する国際的な会合を数多く開催しているが，1985年にはハーバード大学のコールバーグ教授を迎え，一連の講演会を開催した。そのコールバーグ教授は，自分と廣池とは，道徳に関する科学的研究を進め，その研究に基づいて道徳教育を展開したが，個人的には肉体的な苦痛をかかえていたという共通点があるとして，廣池に深い共感をいだくとともに，廣池の道徳論に強い関心をいだいていた。またモラロジー研究所は，1987年と1995年に道徳教育に関する国際会議を開催したが，1987年の会議は，コールバーグ教授のモラロジーへの関心が出発点となった。このコールバーク教授来訪時のことについては，その時の講演等を集録した『道徳性の発達と道徳教育』のまえがきに記されている。

　廣池の主著『道徳科学の論文』は，ようやく2005年にTowards Supreme Moralityというタイトルで英語版が発行された。2008年には，スコットランド，グラスゴー大学のS.マッキニー教授による書評が，Journal of Moral Educationに掲載され，2009年，オランダ，ユトレヒト大学での道徳教育学会（AME）では，同誌の編集委員長を務めた英国のB.ゲーツ教授が，「モラロジーの批判的検討」というテーマでシンポジウムを開いている。

　また2009年8月，モラロジー研究所で開かれた第2回モラル・サイエンス国際会議は「廣池千九郎のモラロジーにおける業績の評価」がテーマであった。道徳教育の分野からは，コールバーグ教授の共同研究者であったA.ヒギンズ－ダレサンドゥロ教授，アメリカのキャラクター・エデュテーションの第一人者，M.バーコウィッツ教授，イギリスの宗教教育と道徳教育の第一人者，B.ゲーツ教授，中国，南京師範大学道徳教育研究センター所長の金教授などが，廣池千九郎の道徳教育の考え方に深い理解と関心を示した。さらに，インド哲学会の副会長，B.シャンデル教授や，国際比較文明学会会長を務めたイリノイ大学のM.パレンシア・ロス名誉教授も，廣池の最高道徳研究の意義を高く評価した。なお，この国際会議の報告書が，モラロジー研究所から『廣池千九郎の思想と業績』として出版されている。また，廣池自身については，廣池千

九郎ウェブサイト（http://www.hiroike-chikuro.jp/）を参照いただきたい。

(5) 最高道徳の現代教育における意義

　倫理を地球的規模で考える必要が叫ばれてきている今日，廣池がモラロジーによって明らかにした最高道徳の意義はますます大きくなっている。例えば，モラロジー研究所顧問である伊東俊太郎東京大学名誉教授は，2006年，地球システム・倫理学会が発足した際，会長として，その会報創刊の辞で次のように述べている。

　「われわれはいま，21世紀の初頭に立って，人類と地球の未来を真剣に憂うる事態に直面しています。地球温暖化をはじめとする環境問題，生物種の絶滅など生態系の危機，核兵器や生命操作などの科学技術による文明の歪み，宗教対立によるテロや暴力の発生など，人類史に未だかつてなかったような，見通しのつかない不穏な時代に突入しています。この危機的状況を克服して，これからの人類存立を後世に確保してゆくためには，もはや，1地域，1国家，1文化，1文明にとどまっていては解決できず，まさにそれらの問題を地球的連関において考察し，そのシステムとしての倫理をあらためて構築してゆくほかはないでしょう。このような地球的問題群の解決に向かって，自然・人類・文化・文明の新しい在り方を創り上げるために，その間の調和的『地球システム倫理』を構想し，実践してゆくことは，これからの人類の喫緊の課題であります」と。

　学校における道徳教育の問題を根本から考えるためにも，地球システム・倫理学会によって示されたような見解は極めて重要である。現代に生きる私たちは，地球システムの一員であり，エコ・システムに大きな影響を及ぼす存在である。廣池は，昭和の初期に，諸科学の成果を踏まえて，宇宙のすべての存在は，一つのシステムとしてつながり，人間も，そうした宇宙の現象の一つであるという事実を踏まえた道徳のあり方を探求しているのである。廣池が『道徳科学の論文』において解明を試みた最高道徳は，今地球的観点からあらためて

再評価されなければならないといえよう。また，学習指導要領に基づいて展開される学校の道徳教育においても，教師たちが，このような地球システムの一員として生きる人間のモラルとしての最高道徳に関心と理解を深めることは，日々の道徳教育の実践に大きな参考となるものと考える。　　　　（岩佐信道）

〈廣池に関連する論文・著書〉

廣池千九郎（1986，初版1928）『新版新科学モラロジーを確立するための最初の試みとしての道徳科学の論文』廣池学園出版部

コールバーグ　岩佐信道訳（1987）『道徳性の発達と道徳教育』麗澤大学出版会

廣池千九郎（1988，未公開）『新編小学修身用書』（廣池博士著作集，明治時代篇第7集（中津時代），廣池博士資料集119）モラロジー研究所研究部

モラロジー研究所（2001）『伝記廣池千九郎』モラロジー研究所

伊東俊太郎（2006）「創刊の辞」『地球システム・倫理学会会報第1号』地球システム・倫理学会

岩佐信道，北川治男監修（2011）『2009年モラルサイエンス国際会議報告　廣池千九郎の思想と業績』モラロジー研究所

第2章

日本道徳教育学会の設立と指導者たち

はじめに

　第2章は日本道徳教育学会がどのようにして設立され，どのように発展してきたかをその比較的初期に焦点を置いて再検討し，併せて本学会を指導してきた人々の役割と活動とを明らかにすることを目的とする。

　本学会が設立されたのは，昭和32年末であったが，その前身は長屋喜一（専修大学教授）を中心とする「道徳教育研究会」であった。この研究会は東京都内の小・中・高校の教師と都内の大学の教授・助教授とからなる研究会であって，設立されたのは昭和26年秋であったといわれている。『道徳教育』という機関誌が定期的に発行されていたが，同32年に廃刊となった。研究会の存続が同時に問われ，同人（研究会は同人組織）の間から「日本道徳教育学会」に改称し，学会として再出発したらどうかという声が大きくなり，日本道徳教育学会が設立された。この結成に向けて中心的に働いた人々は，勝部真長（お茶の水女子大学助教授），古川哲史（東京大学教授），山田孝雄（日本大学教授），和辻夏彦（武蔵中・高校教諭）等であった。これらの人を長老の立場から支援したのは，池岡直孝（明治大学教授），佐々木英夫（日本大学教授），原富男（東京教育大学教授）等であった。これらの人々以外に都内の大学教授や中・高校の校長や国立教育研究所の指導部長など多くの人々の協力のもとに日本道徳教育学会はスタートしたのであった。そして設立を記念し，「第一回全国道徳教育研究大会」が昭和33年1月18日（土），19日（日）の両日，日本大学法文学部講堂において開催された。参加者は，山田によれば，約1,200名であったといわれ，当時としては予想を超えた多人数であった。

　日本道徳教育学会は，以上のような人々によって設立され，推進されてきたが，その中心的指導者は古川哲史と山田孝雄であった。古川は「道徳教育研究会」から「日本道徳教育学会」の設立への中心的推進者であり，山田は日本道

徳教育学会の運営責任者であった。山田は，昭和49年の会則の改正により代表理事に選出された。学会は常任理事，理事，監事から組織されていたが，大会の企画・運営等は山田が中心になって進められていた。現在の学会のように，理事が役割分担をする組織ではなかった。そのため，山田の負担は重くのしかかっていた。彼は25年間にわたる献身的活動の疲労のためか，昭和57年2月6日に死亡した。後任の代表理事は片山清一に決定された。片山は目白学園内に学会の事務所を置き，ほとんど一人で『道徳と教育』の編集・校正，発行，年2回の研究大会の企画・運営に当たった。学会の研究大会への参加者が減少する傾向を見せ，会費収入も少なくなったといわれた。『道徳と教育』は50頁を割るようになり，研究大会の発表者やパネリスト合わせて6人という年もあった。片山は学会の再建を目指して『道徳と教育』のバックナンバーを各年ごとにまとめ，学会の歴史にアクセスできる計画を立てていた。この計画は彼の生前中は実現されなかった。片山は，山田と同じく学会運営の疲労のためか，昭和62年10月28日，75歳で死亡した。

　山田，片山の代表理事によって学会は着々とその基礎を固めてきたが，以下の問題があった。①会員をいかにして増大するか。②地方大会を開催することはできないか。③代表理事一人が学会の運営及び編集の任に当たる体制から理事が役割分担する体制への移行は考えられないか。こうした諸問題に応えるため，片山代表理事の後任として勝部真長が会長に就任し，小野健知が事務局を司る役として理事長に就任した。勝部は春秋2回の研究大会のうち，1回は地方大会とすることを提案し，平成元年から実施することになり，岡山大学において実現された。以後，毎年，東京と地方において研究大会が実施される慣例となった。このようにして地方の小・中学校の教員が学会において発表し，参加する数が次第に増えた。『道徳と教育』の内容も次第に充実してきた。勝部会長の時代には理事の役割分担体制は実現されなかったが，次の小野会長の時，この体制が検討され，実施された。

　日本道徳教育学会は古川，山田，片山，勝部のリーダーによって着実に発展してきた。地方大会は古川や山田によって実施された年もあったが，慣例とは

なっていなかった。学会の指導者は以上の人々の外に、霞信三郎と間瀬正次の二人を忘れることはできない。霞は、青森県（青森市）において昭和36年11月9日（土）、10日（日）、日本道徳教育学会を開催した。彼は倫理学が専門であり、特に実存主義に関心をもち、この観点から「責任とは何か」という問題を提起した。これは自由との関係において注目される重要な問題であった。霞は文部省主任視学官の経験があり、道徳教育には強い関心を寄せていた。彼は学会の『道徳と教育』の編集委員を務め、広い知見から本誌の充実に貢献した。間瀬正次は都内の小・中・高校の教師を経て東京都教育委員会指導主事、東京都立教育研究所教育部長、都立大泉高等学校長等の広い教職経験に基づき、学会の座談会の司会や機関誌の編集委員を務めた。彼は学会の常任理事であるのみならず、WEF（世界教育協会）の理事ならびにモラロジー研究所研究部顧問でもあった。間瀬はコールバーグの道徳理論の研究者でもあり、これを道徳授業に応用することの効用と問題点を指摘するなど鋭い洞察力をもっていた。

　第2章は以上の人々の活動と功績について検討するが、中川武夫（東京学芸大学名誉教授・元副会長）、虫明凱（元岡山大学教授・理事）、竹ノ内一郎（元全国小学校道徳教育研究会会長）、尾田幸雄（お茶の水女子大学名誉教授・元副会長）を忘れることはできない。特に2011年9月3日に急逝された尾田幸雄は、『道徳と教育』（No.14, 1959.7）の中で「道徳教育論争における三盲点」という小論文を掲載した。彼は当時東大大学院の院生であった。彼は昭和49年4月以来、本学会の理事に選ばれ、その後小野健知会長の時の副会長として本学会の発展に大きな貢献をされた。小野会長は尾田副会長の助言によって理事が企画・編集・広報の三つの役割を分担する体制を確立したといわれる。第2章の「7　日本道徳教育学会を支えた指導者たち」においては、以上の人々の中から学会をサポートした人が何人か取り上げられ、その功績が評価されるであろうと思われる。

（行安　茂）

1．日本道徳教育学会設立の経緯と指導者たち
　　——古川哲史と山田孝雄を中心として——

(1)　日本道徳教育学会の前身——「道徳教育研究会」

　日本道徳教育学会が設立されたのは，昭和32年12月であり，その前身は同26年秋に設立された「道徳教育研究会」であった。この研究会は同人によって組織されており，その指導者は長屋喜一（専修大学教授）及び古川哲史（東京大学教授）を中心とする都内の大学教授等であった。研究会の機関誌『道徳教育』の創刊号は昭和27年3月に発行され，以後定期的に発行された。しかし，同32年，20号をもって廃刊せざるを得なくなった。同年12月末，同人の間から研究会を存続するかどうかの声があがった。古川はこの間の事情について次のように回顧する。

　「戦後の道徳的混乱状態には目をおおうようなものがあり，これに対する真剣な対策が指導者にのぞまれていたので，昭和26年の秋，わたくしも同人のひとりとなって，道徳教育研究会という研究団体を組織し，その機関誌として『道徳教育』を発行した。その創刊号が出たのは昭和27年3月で，われわれはこれに拠っていわば継子あつかいを受けていた道徳教育をすこしでも，陽のあたる明るい場所にだそうと試みたのであったが，その後の6年間に発行した雑誌の号数は僅か20号にとどまり，とうてい所期の目的は達すべくもなかった。しかし，いっぽうに熱心な会員もなくはなかったし，それに文部省がいよいよ道徳教育に本腰をあげるような機運にむかって来たので，われわれの運動も再出発をはかるべきではないかという声が同人のあいだから起るようになり，その声が具体化して昭和32年の末『日本道徳教育学会』の結成を見るに至った」（『道徳と教育』創刊号，1958.6）。

同人の中で学会の設立に向けて熱心であったメンバーは，勝部真長（お茶の水女子大学助教授），佐藤俊夫（東京大学助教授），原富男（東京教育大学教授），山田孝雄（日本大学教授），和辻夏彦（武蔵中・高校教諭）等であった。「道徳教育研究会」を学会に昇格させることを主張したのは和辻夏彦であったといわれる（山田孝雄「中正と自由の道徳教育確立をするために」『道徳と教育』No.30，1960.11）。学会昇格については同人の間で「どの程度の協力者があるか」と躊躇する声もあったといわれるが，準備会の参加者多数の同意によって「日本道徳教育学会」が結成された。同時に，学会主催の「第一回全国道徳教育研究大会」が昭和33年1月18日（土），19日（日）の両日，日本大学法文学部講堂において開催されることが決定された。会場が日本大学に決定されたことは，山田孝雄の力に負うところが大きかった。

　以上の経過からわかるように，日本道徳教育学会は「道徳教育研究会」の改称発展の線上に位置づけられる。そこには共通点がある。第一は同人組織が継承されていることである。第二は機関誌が『道徳教育』が『道徳と教育』へと改称されたことである。その理由は明らかではないが，学会が新しく出発した以上，「道徳」を専門的に研究する必要が認識されたことであろうと考えられる。このことは学会の指導者たちが倫理学の専門家であったことからうかがわれる。相違点は，前身の「道徳教育研究会」は理事長（長屋喜一）によって推進される体制であったのに対し，日本道徳教育学会にはその初期においては会長は置かれていなかったことである。学会は常任理事6名によって運営されていた。それはこれらの人々による合議制によってスタートしたが，昭和49年になってから会則が改正され，「代表理事」が置かれることになった。そして初代の代表理事は山田孝雄であった。古川哲史は『道徳教育』の巻頭言を長屋喜一と交代して書き，『道徳と教育』の編集担当を山田孝雄と交代してその内容充実を図った。日本道徳教育学会はその初期においては古川と山田との二人によって推進されてきたといってよい。

　古川哲史（1912〜2011）は明治45年，鹿児島県に生まれ，昭和10年，東京帝国大学文学部倫理学科を卒業，同12年同大学院満期退学。同16年，同大学文学部

副手，後助手，講師，助教授を経て，同31年，東京大学教授。同48年，東京大学名誉教授，亜細亜大学教授，日本弘道会評議員，同63年，国際武道大学名誉教授，平成8年，日本弘道会副会長，同22年，日本弘道会顧問。その間，『西村茂樹全集』（全3巻）の編纂者，西村茂樹に関する編集等が数編ある。古川は日本思想が専門であり，新井白石や広瀬淡窓の著者がある。また，西郷南洲・山本常朝・宮沢賢治の研究もされ，『理想的日本人』や『典型的日本人』の著書がある。古川は日本倫理学会・日本思想史学会・日本道徳教育学会等の創立と運営に尽力されるとともに文部省各種委員会の委員もされた。

山田孝雄（1908～1982）は明治41年，青森県に生まれる。昭和11年，日本大学法文学部文学科倫理教育学専攻卒業，同14年，東京文理科大学哲学科倫理学専攻卒業。同14年～16年，英国に留学。同16年，日本大学予科専任講師，同19年，東京文理科大学研究科修了，同24年，日本大学法文学部教授，同27年，東京都世田谷区教育委員，同32年，日本道徳教育学会を組織。同33年，日本大学精神文化研究所次長，ベンサム功利説の研究により文学博士の学位を授与される。同37年，日本倫理学会評議員，日英協会会員，同43年，日本大学文理学部図書館長，同45年，日本大学桜ヶ丘高等学校長，同51年，日本大学人文科学研究所長，同52年，日本大学退職，日本大学名誉教授，帝京大学教授。著書としては『ギリシャ倫理学史』『倫理学概説』『ベンサム功利説の研究』『近代日本の倫理思想』（編）等がある。

古川は文部省の各種委員会（大学設置審議会，教材等調査研究会，教育課程審議会等）の委員や初等中等視学委員の経験から道徳教育の振興に関心をもっていた。山田は青山師範学校卒業後，東京府内の小学校の教員経験があり，戦後は教育委員の経験もあり，教育現場に深い理解があった。古川，山田はこうした経験をも踏まえて日本道徳教育学会の発展を進めてきた。

(2) 日本道徳教育学会の「第一回全国道徳教育研究大会」

日本道徳教育学会は二つの事業をもっていた。その一つは機関誌『道徳と教

育』の発行である。この発行を年何回にするかを巡って同人の間で議論があったが，古川の主張により毎月発行することが決定された。しかし，毎月の発行は多額の経費を要すると考えられたが，その財源はどのようにして確保されたのであろうか。山田孝雄はこれを以下のように説明する。第一に財源は，新井長治郎（雑誌の発行者）が雑誌の印刷費，若干の編集費，原稿謝金等に対して全責任をもつことによって確保された。新井は昭和27年3月から発行された『道徳教育』の印刷経費を一切引き受けてきたといわれており，長屋喜一との間で長い間の信頼関係があった。この信頼が日本道徳教育学会設立後も『道徳と教育』の発行の継続を支えてきたと山田はいう。新井長治郎がどのような人物であったかは詳しく知られていないが，道徳教育に対して非常に理解のある篤志家であったことは十分考えられる。もう一つの財源は，『道徳と教育』を購読する人からの収入（一人1ヶ年800円）である。購読者数がどのくらいであったかについては報告はなかった。購読を希望する人は「払込通知票」に金額（1ヶ年800円，半年分400円）と氏名・住所とを記入し，「道徳教育普及会」へ振り込むことによって雑誌が送られるようになっていた。この普及会が発行所であり，発行者は新井長治郎であった。したがって経理は新井によってすべて処理され，編集の仕事は山田が担当した。

　日本道徳教育学会の事業のもう一つは研究大会の計画とその実施とである。学会の初期においては6人の常任理事（勝部真長，佐々木英夫，長屋喜一，原富男，古川哲史，山田孝雄）によって研究大会の内容及び場所等が協議され，運営される組織になっていたが，実際の運営責任者は山田であった。「第一回全国道徳教育研究大会」が日本大学法文学部において開催されたのは，山田が日本大学教授であったため会場が借りやすいからであったが，これに関連してもう一つの理由があった。その理由は，日大本部から大会援助金（10万円）が学会に対して与えられたことにある。この援助金を受けるにあたっては学界の長老であり，山田の恩師である佐々木英夫常任理事が日大の会頭に対して助成金を依頼した経緯があった[1]。

　以上のようにして昭和33年1月18日（土），19日（日），日本大学において第

一回研究大会が開催された。参加者は，山田によれば，約1,200人であった。講演者とテーマの主なものは次の通りである。

　◎特別講演
　　天野貞祐（前文部大臣）「道徳とは何か」
　　内藤誉三郎（文部省初等中等教育局長）「道徳教育について」
　　勝部真長（お茶の水女子大学助教授）「道徳教育の在り方」
　◎倫理講座
　　佐々木英夫（日本大学教授）「過渡期の道徳教育について」
　　古川哲史（東京大学教授）「日本道徳の特質」
　　原　富男（東京教育大学教授）「人間と道徳と教育」
　　池岡直孝（明治大学教授）「国際道徳について」
　　波多野述麿（東京学芸大学教授）「社会集団と個人」
　　長屋喜一（専修大学教授）「徳目の体系」
　　深作安文（東京都立大学教授）「カントの道徳教育論」
　　木宮乾峰（中央大学教授）「民主社会における道徳教育」
　　小山甫文（早稲田大学教授）「道徳の二側面」
　　宮崎友愛（慶応大学教授）「習慣の意義と道徳教育」
　　山田孝雄（日本大学教授）「英国功利主義と英国人の愛国心」

　以上を見ると，講師はいずれも倫理学の専門家であり，日本倫理学会のリーダーであった。テーマを見ると，道徳の本質論が多いことが注目される。戦後13年を迎えた新年において道徳の本質論が問い直されたのは三つの理由があった。第一は，終戦を境として道徳は「封建遺制」としての過去の道徳のイメージが人々の心の中にあったことである。第二は，日本教職員組合が道徳教育に反対する運動を展開し，教員の中に道徳についての認識が不十分であったことである。第三は，戦後の知識人や学生の中には唯物史観に基づくマルクス主義によって強い影響を受けた人々が多く，道徳教育を口に出すことを憚る教員や学生がいたことである。これらの理由から「道徳とは何か」を再検討し，その本来の意味は何であるかを再認識する必要があった，日本道徳教育学会の推進者たちはこの点に注目し，道徳教育を学校に定着させることの大切さとその普及に向かって訴えてきた。「第一回全国道徳教育研究大会」において倫理学を

専門とする大学人の「倫理講座」が設けられたのはそのためである。

この第一回大会では小学校，中学校，高等学校の研究発表もあった。

〔特別発表〕
　　山本幸造（東京都江戸川区平井南小学校長）「生活指導の実態」
　　葛巻政男（東京都中野区第四中学校）「ホームルームと道徳教育」
　　上野高校共同研究（東京都立上野高等学校）「高校における人間形成」

〔研究発表〕
　　由井悦郎（東京都文京区明化小学校）「国語教育と道徳指導」
　　道下　彰（東京都新宿区牛込仲之小学校）「道徳性の高まりを生徒指導に求めて」
　　三田村　亨（東京都港区高陵中学校）「現場の道徳教育」
　　横銭安蔵（千葉県野田第一中学校）「H・Rにおける道徳指導」
　　和辻夏彦（武蔵高・中学校）「我が校の道徳教育の実際」
　　渡辺祐之（東京都立両国高等学校）「ホーム・ルームにおける道徳指導について」

以上の発表に見られるように，特設「道徳の時間」がまだ実施されていない昭和33年1月18日，19日の段階においてすでに現場においては学校における道徳教育のあり方が着々と試みられていた。教員の中には道徳教育の必要を十分認識し，これを教科やホーム・ルーム等において指導する動きが都内の小・中・高校においてあったが，同じ動向は，すでに紹介したように，堺市や小倉市においても注目されていた。やがて特設「道徳の時間」が実施される受け皿が全国的に徐々にでき始まっていたと見ることができる。

(3)　学会の組織と運営

　本学会は同人（同じ志向をもった人）によって組織されていた点において現在の会員による組織とは違っていた。「会則」を見ると，同人は会費を納入することになっていたが，金額は示されていなかった。会則は以下のように定められている。

　1　本会は日本道徳教育学会と称する。
　2　本会の事務所は日本大学倫理学研究室内に置く。

3 　本会は道徳教育に関する研究及びその普及を計るのを目的とする。
4 　本会はその目的の達成のために左の事業を行う。
　　研究会，協議会，講演会，講習会の開催，研究の指導，講師の派遣，機関誌等の発行，その他
5 　本会は同人をもって組織する。同人は志向を同じくし，理事会の承認を経たものとする。
6 　本会には左の役員を置く。
　　常任理事若干名，理事若干名，監事若干名
7 　常任理事会は本会の運営にあたる。
　　理事は理事会を組織し，本会の重要事項を審議する。
　　監事は本会の会計監査をする。
8 　役員はすべて同人の互選による。
9 　役員の任期はすべて二ヶ年とする。
10　本会には顧問及び賛助会員を置くことができる。
　　顧問及び賛助会員は理事会の承認を経て委嘱する。
11　本会の会費は同人の会費及び寄付金をもって，これにあてる。
12　会の趣旨に賛同し，その目的達成のために協力し，所定の会費を納入する者を会員とする。
13　会員は会の行事の通知及び機関誌の配布を受け，同誌上で所見を述べ，質疑することができる。
14　本会は必要の地に支部を置く。
15　支部には支部長を置く。
　　支部長はその地方における同人または会員の中から理事会の議を経て委嘱する。

　本学会は会員の規定はあるが，会員が役員を選出するのではなくて，役員は「同人の互選」（第8条）によるとされている。同人が役員選出の権利をもっている点において現在の会則とは異なっていることが注目される。会員の規定は，第12条に示されているが，会費の金額は示されていない。同人も会費を納入することになっているが，会費は示されていない。本会則には「役員」の規定（第6条）に「会長」が設けられていない。この点は現在の会則との大きな違いである。察するに，事務所が日本大学倫理学研究室に置かれている以上，会長人事は日大教授の中から選ばれることになろうが，他の大学教授から会長が選

出された時，日大本部から大会開催への援助金（10万円）を毎年受けることができるかどうかという問題があったことが推測される。会長規定がないのはどのような理由によるのか，この点は全く不明である。本学会は会長なしで常任理事会によって運営されてきたが，昭和52年発行の『道徳と教育』(No.200) を見ると，山田孝雄が「代表理事」となっている。「会則」が改正されたのは昭和49年4月20日である[2]。

日本道徳教育学会設立当初の役員は次の通りである。

　常任理事
　　勝部真長（お茶の水女子大学助教授），佐々木英夫（日本大学教授），長屋喜一（専修大学教授），原富男（東京教育大学教授），古川哲史（東京大学教授），山田孝雄（日本大学教授）
　理事
　　池岡直孝（明治大学教授），石井利雄（東京都江東区深川第四中学校長），筧泰彦（学習院大学教授），木宮乾峰（中央大学教授），小沼洋夫（国立教育研究所指導部長），徳久鉄郎（東京都立上野高等学校），波多野述麿（東京学芸大学教授），深作安文（東京都立大学教授），和辻夏彦（武蔵中・高校教諭）
　同人（27名）
　　同人の中には大島康正（東京教育大学教授），片山清一（小学館教育研究部），桑木務（中央大学教授），小牧治（東京教育大学教授），近藤修博（東京都教育庁指導部第一課長），佐藤俊夫（東京大学教授），髙橋譲（学習院大学教授），平野武夫（関西道徳教育研究会長・京都学芸大学教授），水野忠文（東京大学教授），ミヤサキヒロシ（民主教育協会），山田栄（東京教育大学教授）など道徳教育に理解と関心のある著名な人々が含まれている。

　日本道徳教育学会は6名の常任理事によって運営されたが，古川と山田が中心になって運営に当たっていた。『道徳と教育』の編集の企画や執筆者の人選には古川と山田とが分担し，あるいは主な責任者として交互に当たっていたようであった。昭和33年9月20日（土），21日（日）には本学会主催の道徳教育研究大会が沼津市立第二中学校で開催された。この時の協議会のテーマは「文部省道徳指導書の構造分析」であった。山田の司会により，徳久鉄郎，平井行男，長屋喜一，小沼洋夫，小林信郎，木宮乾峰，佐藤俊夫，和辻夏彦らの間で

議論がなされた。

(4) 地方大会と学会運営の問題

 本学会は日本大学（法文学部，文理学部）を会場として研究大会やその他の会を開催してきたが，地方大会も開催してきた。昭和34年10月12日，13日の小倉大会は学会にとって初めての大きな試練に直面した。というのは，福岡県教組によって学会の研究大会の開催が阻止される情報が入ってきたからである。すでに会場は小倉天神島小学校と決定され，守又勝校長によって準備はできあがっており，学会からは講演者として原富雄，長屋喜一，古川哲史，小沼洋夫，佐藤俊夫ら同人が参加する計画であった。香川大学の板東藤太郎教授も参加することになっていた。ところが，福岡県教組は天神島小学校での学会開催は認められないと主張したため，研究大会は中止されるかもしれない状況に追い込まれた。山田常任理事はこの危機を打開するために小倉に急行し，組合幹部と交渉すること7時間半に及び，やっと妥結を見るに至った。この経緯について山田は「西日本大会レポート」の中で次のように述べている。
 「大会を目前にして福岡県教組は千人も動員してピケを張る準備がなされているので，学会から代表者が急遽小倉に赴き，八日午後三時から福岡県教組代表と会談し，十時半頃ようやく妥結することができた。その要点は
 （福教組と天神島分会との覚書），一，日本道徳教育学会主催の大会は中止。天神島小としては独自の立場で研究会を開き，日は十二日，一日に縮める。二，他校からの公開授業や研究発表は取止めるが，自由参観は妨げない。福教組は阻止体制を解く。 （学会との覚書）一，十二日の天神島小での研究会は主催しない。また，講演や指導もしない。二，十三日に学校以外の場所で学会の講演を開く。」（『道徳と教育』No.18, 1959.11, p.63）。
 以上の「覚書」の内容を見ると，福岡県教組のねらいは，学会の会場を天神島小学校にすることを中止し，学会の幹部が同小学校の研究発表に対して指導・助言・講演をすることに反対するということにあった。学会の会場と天神

島小学校とを分離し，学会が小学校の研究発表に対して介入してほしくないということであった。「覚書」の中に，「天神島小としては独自の立場で研究会を開き，日は十二日，一日に縮める」とあるのは学会の介入を許さないという基本方針が福教組にあったからである。なぜ福教組は以上の立場を主張したのであろうか。それは学会のメンバーの中に文部省関係の人がいるからであったようである。しかし，日教組の小林委員長は「学会のメンバーに文部省関係の者その他どんな人が入っていても，日教組としては関知するところではない」と明言した，と山田はいう（『道徳と教育』No.19, 1959.12, 45頁）。日教組の中央の方針と福岡県教組の方針との間に考え方の違いがあったわけである。日本道徳教育学会は「覚書」により10月13日に天神島小学校以外の施設である小倉市中央公民館で開催された。参加者は約500人であったといわれる。他方，天神島小学校において独自に開催された研究発表会への参加者は約1,000人であったといわれる。

　学会の地方大会はその後は開催されなかったようであるが，昭和36年11月9日，10日の両日にわたって青森市合浦小学校（第一日）と県立図書館（第二日）において開催された。大会運営委員長は霞信三郎教授（弘前大学）であった。第一日は青森県内の三小学校と一つの中学校の発表があり，指導計画，指導課程，評価，道徳の時間と学級会活動についての内容が報告された。午後は，小沼洋夫の「道徳教育と生活指導」の講演があった。第二日の午前には県内の小学校から「内面化の指導過程」及び中学校から「学級活動に基礎を置いた道徳指導」の発表がそれぞれ行われた。午後には片山清一（東京教育大学講師）の「国家についての道徳教育」と古川哲史の「被治者根性と被教化者根性」の講演があった。参加者は第一日500〜600人，第二日は300人であったと報告されている。

　地方大会は，沼津市，小倉市，青森市で開催されたが，その他の地方都市で開催されたかどうかは確認できていない。学会は主として東京都内で開催されてきた記憶が筆者に強く残っている。この傾向は片山清一代表理事の時代になっても続いた[3]。日本道徳教育学会は，日本全国を視野に入れて開催されなけ

ればならないことは山田，片山の代表理事は十分認識していたと思われる。地方大会は重要な意味をもつが，それが十分実現されてこなかったのは，学会の組織と運営に問題があったからである。その問題と解決の方向を示すならば，以下の点があげられよう。

① 会則の第6条に「会長」の規定がなかったことである。
② 学会の事務を司る事務局長の規定がなかったことである。山田常任理事が事務局長を兼務していた。
③ 会計報告についての規定がなかったことである。これは総会の規定が欠落していたことと関係がある。
④ 会員名簿が作成されていなかったことである。役員の氏名と所属は『道徳と教育』によって知ることができるが，一般会員の住所・氏名・電話番号は不明であった。
⑤ 学会が発展するためには会員相互のコミュニケーションが必要である。
⑥ 論文投稿の内規も十分示されていなかった。

以上，若干の問題をあげたが，昭和33年の初期の段階では会則の不備はやむを得なかったと思われる。

(5) 機関誌発行の継続性と内容充実を目指して

機関誌『道徳と教育』の発行は学会にとっては研究大会とともに二大事業の一つであった。常任理事の念頭に常にあったことはこの雑誌の発行を継続することであった。山田は「創刊号が出た時，多くの人は三ヶ月位で廃刊になるだろうと思ったそうであるが，今日まで続いたのは全く夢のような感がする」と述べている（山田孝雄「中性と自由の道徳教育確立をするために―『道徳と教育』第三十号発刊に寄せて―」『道徳と教育』No.30，1960.11）。学会や研究会の雑誌の発行が継続しなかった前例が二つあった。その一つは，本学会の前身である「道徳教育研究会」が発行していた機関誌『道徳教育』が6年間続き，20号をもって廃刊に追い込まれたことである。その理由が何であったかは明かではない。もう一

つの例は『丁酉倫理講演集』が明治30年以来約半世紀にわたって発行されてきたが,戦後休刊となったことである。古川はこの点にふれ,「一時は万以上の発行部数をもっていたこの雑誌も,所詮,時勢には勝てなかったのである」(古川哲史「創刊のことばに代えて」『道徳と教育』1956.6)。過去のこれらの例は常任理事の役員は十分認識していたと見える。

　機関誌の発行が継続するためには二つの条件が必要である。その一つは雑誌の内容が道徳教育を研究する現場教師のニーズに応えるものであることである。財源については新井長治郎という篤志家が印刷費全部を負担し,編集費や原稿謝金を毎月出すことになっていた。『道徳と教育』の内容については編集委員の交代と工夫によって道徳教育が直面する現在の問題に応えようという方針が絶えず確認されていた。編集委員は,学会設立後の初年度(昭和33年度)は,長屋喜一,勝部真長,徳久鉄郎,佐藤俊夫,和辻夏彦,山田孝雄であったが,昭和34年度は長屋喜一,和辻夏彦,山田孝雄,古川哲史,片山清一,田中清三の6名であった。機関誌は毎月発行された。編集委員は毎週金曜日に編集会議を開いたといわれているから,非常に多忙であり,原稿依頼は,人脈等への精通と信頼が求められたことであろうと想像される。こうした努力によって昭和35年11月には『道徳と教育』の第30号の発行を見るに至った。この記念「特別倍大号」には「西郷南洲」が取り上げられ,古川哲史,池岡直孝,相良亨,今井淳,山田恍,春日佑芳,佐藤正英,小野浩,石川佾男等の論文が掲載された。

　昭和33年9月5日には「道徳指導」が発表され,同年9月6日には「道徳教育講習会」が発表された。『道徳と教育』(No.3, 1958.8)には勝部真長の論文「特設時間の性格」が掲載された。その要旨は次の通りである。

　① 学校教育全体は道徳教育であり,その目的は人格の完成である。
　② 学校教育は教科指導と教科外指導(ホーム・ルーム,クラブ活動,児童会,その他の行事)とに分かれる。
　③ これらの指導の中には道徳的効果はあるが,断片的,付録的,非意図的である。
　④ これらの断片的なもの,付録的なもの,偶発的なものに欠けているも

のを補充し，深化し，統合していく時間が「特設時間」である。
⑤　この時間の指導は道徳指導であり，他の指導から区別される。この道徳指導は道徳教育の直接的方法である。そして教科指導や教科外指導は道徳教育の間接的方法である。

　勝部は「特設時間」を学校教育全体の中で以上のように位置づける。
　『道徳と教育』(No.4, 1958.9) には「資料」として「文部省指導要領道徳編」が掲載されている。「小学校学習指導要領道徳編」第一の「目標」は基本的行動様式，道徳的判断力，個性の伸長，民主的な国家・社会の成員についての4つをあげ，第二の「内容」は36項目にわたって示されている。「中学校学習指導要領道徳編」の「目標」は人間尊重，家庭・学校の一員，文化の創造，民主的な国家及び社会の発展，平和的な国際社会に貢献できる日本人の育成を目的とすると述べられる。第二の「内容」は大きく三つに分けられる。1は主として自分自身のあり方について(1)～(5)にわたって示されている。2は主として他の人との関係についてのあり方を(1)～(10)にわたって示している。3は主として民主的な国家・社会の成員のあり方を(1)～(6)にわたって示している。以上の目標・内容を見る時，現在の学習指導要領の「道徳」の目標や内容の原点が示されていることを再認識することができる。
　『道徳と教育』(No.4, 1958.9) には「道徳教育，回顧と展望」と題した「座談会」(酒井俊郎，佐藤俊夫，長屋喜一，原富雄，古川哲史，山田孝雄，和辻夏彦)の内容が掲載されている。問題点は四つに要約される。第一は，学校教育全体を通しての道徳教育と道徳の時間との関係である。第二は，小学校の場合でいえば，四つの目標がどうつながっているかということである。第三は生活指導の中でも道徳教育をやっているが，「道徳の時間を特設した必然性」は何かということである。第四は「民主的な国家・社会の成員として」の条件は何かということである。以上の諸問題に対しては勝部真長の「特設時間の性格」がある程度答えているが，「補充・深化・統合」の意味や「民主的な国家・社会の成員として」の条件についてはさらに倫理学や政治哲学の観点から再検討する余地が残されている。

昭和33年9月以後の『道徳と教育』の内容を見ると，地方の二つの小学校の現場からの実践報告が連続して掲載されていることが注目される。天神島小学校（小倉市）の「各学年指導案」と堺市立百舌鳥小学校の「道徳の指導案」が『道徳と教育』（No.6，1958.11）に，天神島小学校の「十二月指導案」と百舌鳥小学校の「道徳の時間指導案」が同誌 No.8号（1959.1）に，百舌鳥小学校の「『道徳』の時間指導案」と天神島小学校の「道徳指導案」が同誌 No.9号（1959.2）に，天神島小学校の「道徳指導案」が同誌 No.10号（1959.3）に掲載されている。両校の校長及び担当教諭の熱意が十分感じられる。文部省や学会編集委員会においても両校の取り組みは高く評価された。最後に一言述べておきたいことは，『道徳と教育』の初期のバックナンバーを各年ごとに合本して発行する計画が片山代表理事よって立てられていたことである。片山の生前中はこれは実現されなかったが，勝部会長の時，小野健知理事長が片山の計画を具体化し，丸善株式会社から発行した。『道徳と教育』は学会設立以来毎月発行されてきたが，散逸しやすいこともあった。この意味において小野の仕事は本学会の歴史的研究へのアクセスの道を開いたということができよう。さらに，もう二つ指摘しておくべきことがある。それは小野会長時代の時，会則が全面的に見直され，新しい会則が平成15年3月25日に改正されたことと，収支計算書が会計ルールに基づき作成され，理事会・総会において審議され，承認されるようになったことである。これは本学会設立以来の画期的改革であった。本学会の諸制度は以上の経緯によって現在に至っているのである。　　　　　　　　（行安　茂）

（註）
1) 日本大学本部から大会後援の補助10万円を得るに至った経緯については山田孝雄「佐々木英夫先生の逝去―先生との最後の会話―」（『道徳と教育』No.155，1971.6）を参照されたい。なお，10万円の補助は昭和33年1月18日（土），19日（日）の第一回研究大会から数回にわたって提供された。
2) 「会則は昭和49年4月20日に改正。改正点は，事務所は日本大学本部に置く，常任理事の内の一人は「代表理事」，代表理事は事務局をつかさどる，事務局に幹事と事務員を置く，「同人」の組織を廃止し，役員は顧問，常任理事，理事，評議員，監事とし，その選任は原則として会員の互選による。以上が改正の基本的条項である。詳細については『道

徳と教育』（No.200, 1997, 1・2月）を参照されたい。
3) 地方大会が本格的に制度化したのは，昭和63年の春の理事会においてであった。それは平成元年11月26日（日），岡山大学での大会から始まる。詳細は『道徳と教育』（No.326, 2008, pp.32〜33）。

〈関連する主な論文・著書〉

日本道徳教育学会『道徳と教育』創刊号，1958年6月〜No.20，1960年1月
日本道徳教育学会『道徳と教育』No.30，1960年11月
日本道徳教育学会『道徳と教育』No.100，1966年9月
日本道徳教育学会『道徳と教育』No.200，1977年2月
山田孝雄先生思い出の記出版委員会『文学博士山田孝雄―倫理思想と追憶』大明堂，昭和58年
日本道徳教育学会『道徳と教育』No.326，2008年3月
『弘道』第1074号　日本弘道会，平成23年10月

2．山田孝雄
――代表理事としての使命感とJ.ベンサム功利説の研究――

(1) 恩師・山田孝雄

　筆者が日本大学文理学部哲学科に入学した時，我々哲学科1年生のクラス担任は山田孝雄先生であった。これが山田孝雄先生と筆者との最初の出会いである。それ以後学部，大学院生時代，さらに教員として母校で教壇に立ち始めた後も，先生のご指導を受けることができた。その中でも特に強く印象に残っているものは，以下に記させていただく日本道徳教育学会の設立当時のご苦労である。日教組の反対運動のため，日本には戦後60年近くに及ぶ長きにわたって道徳観不在の状態が続いている。その結果の一例が現在の教育界で見られる自己中心的な風潮やモンスターペアレントの出現である。今現在，大学も含めて学校関係者が大変ご苦労されている事柄の一つは，保護者への対応である。学校で道徳教育を受けることが不可能だった時代の児童・生徒たちが今や保護者になっているのである。現在，教育現場の先生方がどれほどご苦労されているか，当時の学校現場を預かっていた先生方は真摯に反省していただきたい。
　まずは山田孝雄先生の簡単な履歴の紹介から始めることにする（以下，敬称略）。
　山田は明治41年，青森県上北郡六戸町に生まれる。昭和4年，東京府青山師範学校本科第一部卒業後，東京都の公立小学校に勤務。11年3月，日本大学法文学部文学科倫理教育学専攻（現，文理学部哲学科）を卒業後，さらに14年3月，東京文理科大学哲学科倫理学専攻を卒業。同年6月，5年間の予定でイギリスのロンドン大学に留学したが，第2次世界大戦のため大学は閉鎖となり，16年1月，アメリカ経由で帰国。その年，16年4月，日本大学予科専任講師として母校の教壇に立つ。19年，東京文理科大学研究科修了。24年，日本大学法文学

部教授。27年には教育委員の公選により，東京都世田谷区教育委員に当選。32年，日本道徳教育学会を組織し，代表理事となる。33年，『ベンサム功利説の研究』により文学博士の学位を受ける。37年には日本倫理学会評議員，日英協会会員。38年，総理府の依頼により東南アジア9か国歴訪。43年，日本大学文理学部図書館長。45年，児童・生徒に対する理想の教育を実現するために，日本大学桜丘高等学校長を兼務。51年，日本大学文理学部人文科学研究所長。52年，日本大学名誉教授，帝京大学教授。55年，勲三等瑞宝章受章。57年2月6日，73歳にて召天。

(2) 戦後，道徳教育の出発

次に，戦後の道徳教育史を簡潔に振り返ってみよう。

戦後，「修身，日本歴史及び地理」の授業は停止させられた。日本歴史及び地理はその後再開された。しかし，修身は再開されない状態が続いていたが，実のところ，戦前の修身教育は終戦とともに終わったのであった。そして，新しく道徳教育が社会科の中で行われるようになった。しかし，社会科の中で道徳教育を行うことには無理があるため，昭和33年10月から特設「道徳」が開始されるようになった。

戦後，教育勅語に基づく古い道徳観と民主主義に基礎を置く新しい道徳観の間で日本国民は道徳的に混乱状態にあった。日本倫理学会の会員を中心にこの状態を憂えた有志が集まり，昭和26年，長屋喜一らが「道徳教育研究会」を組織し，道徳教育の研究が開始された。筆者は大学院時代に，長屋喜一先生のN.ハルトマンの講義を受けた。長屋先生はドイツ留学中，N.ハルトマンから直接指導を受けられ，我々にハルトマン流の非常に厳格な講義をされた。授業はたいへん厳しく，午後に始まった授業は，毎回，夕刻まで続いた。今ではとうてい不可能な，古き良き時代の思い出の一コマである。

道徳教育研究会の機関紙『道徳教育』は昭和27年3月に第1号が刊行されたのだが，32年の20号を最後にこの研究会は活動を中止した。しかし，学校にお

ける道徳教育の必要性を認識している研究者たちの間から再出発を図る機運が高まり，小・中学校での特設「道徳」の設置と相前後するように，「日本道徳教育学会」が設立された。

山田孝雄の学友である「全国連合小学校長会会長」を務めた遠藤五郎（元文教大学教授）によると，山田は遠藤に対して「道徳教育学会を作って，それに命を懸ける」と強い決意を語ったそうだ。「今にして思えば，まさにそのことばのように君は道徳教育学会のために殉じたといってもいいのかもしれない」
（『文学博士　山田孝雄　倫理思想と追憶』大明堂，昭和58年，p.265）。

終戦後の昭和25年に日本倫理学会が創立された。この学会は純学問的であるため，道徳教育に関する研究及び普及を目的とする学会を創立しようと，同志が昭和32年山田の斡旋により日本大学に集まり，ここに「日本道徳教育学会」が誕生した。社会体制が封建制から民主制に移行したことを強く意識したのか，この学会は会長を置かない，理事長も置かない，理事の互選により代表理事を選出する，代表理事が事務局を司る，という組織で出発した。事務局は日本大学法文学部倫理学研究室に置かれ，学会誌『道徳と教育』の編集刊行から春秋の年2回の研究大会開催等，すべてを山田が代表理事として尽力することとなった。『道徳と教育』は昭和33年6月に第1号が刊行されている。

第1回全国道徳教育研究大会が昭和33年1月18日（土）・19日（日）の両日にわたり，日本大学法文学部講堂において開催された。参加者は約1000名，大盛会だったという。このように日本道徳教育学会が順風満帆の形で船出し，学会活動が継続可能であったのは，学会の事務局設置や大会開催等を快く引き受けてくれた日本大学，特に古田重二良（後に日本大学会頭）の尽力によるものが大であった，と筆者は山田から何度も聞いている。

33年9月にはお茶の水女子大学で文部省（現，文部科学省）の道徳伝達講習会が怒号の中で始まったのであった。このように日教組が道徳教育に反対する中で，第2回大会は同33年9月20日（土）・21日（日）の2日間，沼津市立第二中学校で，第3回大会は同34年6月27日（土）・28日（日）の2日間，再び日本大学法文学部において開催された。

第4回大会はこれまでとは様相を一変するものであったという。昭和34年10月12日・13日の両日，北九州の小倉市立天神島小学校（現，北九州市小倉北区）を会場に小倉市教育委員会の後援のもと，第4回大会が開催された。記録によると，日教組が反対運動を繰り広げ，各新聞社は大きく報道し，警察も出動したたいへんな大会だった。『道徳と教育　第19号』に山田は以下のように記している。

　「…如何に解決に努めても是が非でも道徳教育学会の主催する研究会を妨害しようとする全く妥協の余地を示さない態度である。私は此の時始めて日教組の性格を知ることができた。最後の妥協を行ったのは，我々に対するよりも天神島校分会が日教組脱退声明を出したので，それを恐れて一歩引きさがったに過ぎない。

　参加者に対しては，『ガクカイノシユサイトコウシノサンカワトリヤメサセタ，クミアイインワサンカスルナ，ニッケウソ』（原文通り）の電報が本部から指令が出ていた。噂では，我々の会を阻止する為に一千人の動員（費用百万円）の準備がされてあったという。…」

　このような形で道徳教育学会はスタートしたのであった。その後，学校現場においては道徳教育の必要性を認める教職員の数が少しずつ増加し，現在では学会誌と大会を通じて熱心に研究する若い先生方や大学院生が増加してきている。

　さて，道徳教育学会の話は本書のすべての箇所で紹介されていると思うので，次に山田の研究を紹介する。山田はJ.ベンサムの研究を基礎にして，自身の考え方としては，人格実現説を唱えている。まず，ベンサムの研究を紹介する。

(3)　ベンサム功利説の研究

　「私は功利主義をかく考える」――このタイトルは山田が『道徳と教育』の第100号記念号に執筆した論文の題名である（1966（昭和41）年9月）。山田の功利主義に対する考え方は次のようなものである。

「功利主義」と聞けば，人は誰でもベンサムの「最大多数の最大幸福」をまず思い出すであろう。山田の倫理学者としての研究は功利主義を基本思想とするものである。博士論文は『ベンサム功利説の研究』（大明堂，昭和33年）と題して公刊されている。「ベンサム功利主義の研究」ではないところに注目していただきたい。

ベンサムの Utilitarianism を「功利主義」と日本語で訳し，ベンサム研究を功利主義の研究とする人々の誤りを山田は指摘している。ベンサムの考えるところは「公利主義」または「公福主義」とすべきである，と山田は主張する。そして，「功利」主義と「功利主義」の錯誤を指摘し，「儒教は功利主義なり」とする加藤弘之の倫理観に山田は親しみを寄せている。この加藤弘之の「儒教は功利主義なり」と題する講演は『丁酉倫理講演集，第161号』（大正5年1月10日）に掲載された。ところが，井上哲次郎は「儒教は功利主義に非ず」と断定し，『丁酉倫理講演集，第166号』の巻頭に講演速記を載せて加藤弘之の説を駁論している。

ベンサムは政治学，法律学の根本的公理として「功利の原理」を説いたのであって，「功利の原理」は個人道徳の基礎としてのものではない。ベンサム自身，功利の原理に反対する者は必ず出るであろう，特に個人の行為に関してはそうであろうが，政治を行う場合に一体誰がこの原理を否定できようか，と述べている。井上哲次郎はベンサムの予想した反対論者の日本における代表者と見てよい，と山田は記している。

功利主義思想は，ベンサムが述べているように，他の学者思想家の力説するような特殊な思想体系ではなく，生きとし生けるものの無言の中にこれに従っている「生き方」の方法を示したものである。したがって，生物や人類の生存する限りなくならない思想である。

「功利」主義と「功利主義」の錯誤とは何であろうか。功利は利を主とするものであるから，その意味での「功利」主義は特に自己の利益を重んずるとする理解の仕方は，井上哲次郎はじめ一般の受け取り方であろう。功利という言葉は，荀子の富国編「事業は悪む所功利は好む所なり」及び王覇編「国をあげ

て以て功利を呼び，其の義を張り其の真をなすことを努めず，唯だ利を之れ求む」に出ている。どちらも道義を捨てて自己の功名利益を求める意味である。

しかし，Utilitarianism を「功利主義」と訳した場合は，利己主義の「功利」主義とは全く内容を異にする。ミルの Utilitarianism は明治10年，西周によって「利学」と訳された。ベンサムの *An Introduction to the principles of Morals and Legislation* は明治16年に陸奥宗光によって「利学正宗」と訳された。「功利」の語にあたる utility は「実利」と訳し，the principle of utility は従って「実利主義」と訳している。ベンサムは，自己の思想は数を問題にしているので utilitarianism ではなく，the greatest happiness of the greatest number としている。しかし，ミルはこの思想を utilitarianism と簡潔に表現し，日本語訳を「功利主義」としたために誤解が生じてしまったと山田は述べている。

「公利主義」，もっと内容をよく示すならば「公福主義」とすれば，もっと気持ちよく世間に広まり，常に社会全体の利益を考える習慣が，日本の国民に生まれてきたのではないだろうか。ベンサムの目標はイギリスの貧民の救済と「人類の幸福」であり，具体的方法としては政治を改善し，法律を整備し，犯罪者を教育して再生させることであった。「最大多数」の意味するところは，当時イギリスにあふれていた貧困な労働者を救うことであった。

「功利主義」が主張する社会の「快楽を増す」「不幸を減少する」というキーワードのうち，後者，すなわち「不幸を減少する」に重点を置いたのはマルクスであった。不幸の最大の原因は「貧困」であり，貧困をなくすためには搾取階級をなくし経済的平等を図ることである。この点ではベンサムとマルクスの考えは一致している。19世紀にロンドンで生活した二人が同じ思想をもったことは理の当然であろう。ただベンサムは，革命は望まなかった。理由は「平安を害する」からである。革命ではなく，法律によって平等を実現しようとしたのである。それが現代のイギリスの社会保障制度であり，再分配方式である。

産業革命の時代にロンドンで生活した二人は，資本主義の醸し出す弊害を見て，経済的平等を得るのでなければ，幸福は社会に訪れないだろうと考えたが，ベンサムは「最大多数」を考えて階級意識はもたなかったが，マルクスは「労

働者階級」の開放に力を注いだ。

　ベンサムは人生の目的を単に快楽としたのではない。

(4)　人格実現説

　最後に「人格実現説」を紹介する。個人と社会の幸福追求は，一個人としての，同時にまた社会集団としての人格の実現に負うところが極めて大である。山田の長年にわたる功利説研究は，「人格実現説」となって一層深化されている。この点に関する論究は，「倫理学における人格実現説についての一考察」（日本大学人文科学研究所『研究紀要　第2号』昭和35年3月），「人格の尊厳と平等についての一考察」（日本大学哲学研究室『精神科学　第5号』昭和41年3月），「人格実現」（日本道徳教育学会『道徳と教育　第109号』昭和42年6月）などに明らかである。

　人格実現説は「人格の尊厳と平等」という観念が基調をなしている。「人格」とは何か。山田はその究明にあたって，まず権利義務の主体（個人，法人）をもって「人格」と見なす近代法学上の「人格」の意義を説きおこし，次いで「人格とは社会的環境における個人の行動（内的・外的）の総体である」ことに加え，人格の測定をもって可能とする心理学上の「人格」の意義に言及した後，倫理学上の「人格」の意義を説き明かしている。

　まず西田幾多郎の「人格善」に，また山田の恩師の一人である吉田精致の「同円異中心主義」に基づく人格論に言及した後，人格の精神性を強調する和辻哲郎の人倫観の論究に及び，これら三倫理学者に共通する，「人格」（自我）形成において果たす精神的存在としての人間の人倫性を強調しつつ，「人格」を以下のようにとらえている。「一般的に，われわれは人格と呼ぶときはpersonを指し，肉体と精神を含む個体であり，その特性として，(1)精神の統一性，(2)自覚をもつこと，(3)自由をもつこと，(4)目的行動をすること，(5)法則をつくり，それに従って行動すること，(6)自律的行為をすること，(7)人格は本質的に平等であること，(8)人格の絶対的尊厳性，等があげられる」（『精神科学　第5号』)。

肉体（身体）は「人格」にとっていかなる意味をもつものなのか。この点について，「精神と肉体の関係についてここで論ずることは困難である。しかし，精神はいかなる場合でも肉体を通さない時は，その存在すらも明確でないことは明らかである。ここに人格の肉体が強調され，精神と肉体の『等位』も認められなければならない」という。

　山田は倫理学史上特色ある思想を「人格実現説」と比較し，「人格実現説」の方が卓越していることを論じているが，その中のカントの倫理説との比較は次のようなものである。カントは定言命法の正しさを4つの具体例を用いて論述している。第1の事例は自殺である。「苦しい時には自殺してもよい」という行為の格率が，「普遍的自然法則」となり得るかどうかをカントは吟味した結果，普遍的自然法則とはなり得ないとする。しかし，どんなに苦しくとも困難を打開して，生きねばならぬという積極的な義務は「人格実現説」をとることによって生ずる。「人格を最大限に実現しよう」とする理性的意欲が，どんな人間にもあるので，たとえ苦しい運命に出会ったとしても，なお可能な限り生命を保持し，自己の人格の活動を持続しようと努力するのである。それが人間に生きることを義務と意識させるのである。

　第2の事例は，金に困窮した時に嘘の約束をして借金をしてもよいか，というものである。返済する意志がなくて，返済を約束し，友人より借金することは義務の最高原理に違反しないかを問うてみる。この自愛の原理を普遍的法則とし，「もし，私の格率が普遍的法則となったならば，どういうことになるのか」と問うてみる。それは決して普遍的自然法則として通用することはあり得ないので，必然的に自己矛盾に陥る。すなわち，嘘の約束を各自がする時は約束は存在しないことになり，約束の目的そのものを不可能にする。

　この事例は第1の事例よりは説得力はある。しかし，この説明からは直ちに，約束は必ず厳格に守るべきであるという積極的義務感は生じ難い。せいぜい約束を破ることは義務の原理に違反するという消極的義務意識が生ずるのみである。しかし，これを「人格実現説」から説明すれば極めて簡単明瞭である。相互に信頼を失う時は人格が人格として活動し，人格を実現することは不可能と

なるからである。何人も約束を守らないとしたならば，その社会における人格の活動は一切休止しなければならない事態となるであろう。人格実現には約束を守ることが絶対的義務である。

　第3の事例は，天与の素質を放任しておくという自己の格率は，果たして義務と呼ばれるものと一致するのかということであるが，カントの説明は極めて曖昧である。人間が自己の才能を磨かずに享楽に過ごすことはできても，これを普遍的自然法則として我々のうちに置くことを欲することはできない。人間は理性的存在者としては，自己の内なるすべての能力は各種の目的に役立つように与えられているから，これを発達させられることは必然的に意欲することである。それゆえに各々の才能を発達させることは義務であるとカントはいう。そうではあるが，これを要約すれば「人格を実現することは各人の義務である」ということに尽きるのではないだろうか。自己の才能を伸ばすことはいわゆる人格の完成を目指すことであり，また，人格の実現ともいえる。それが人間にとって真の幸福でもあり得る。

　第4の事例は同情についてである。他人が困難に陥っているのを見て，十分力があるにもかかわらず，同情し救助することをしないということを普遍的自然法則として適用することを欲することはできない。なぜならば，こういうことを決定する意志は自己自身に矛盾をきたすからである。自分が困窮に陥って，他人の同情を必要とする場合，自分の願っている助力の期待をすべて自分から奪ってしまうような場合が多く起こり得るからである。この説明は，困窮している者に力あるものが同情すべきことを義務にかなった行為とするものであるが，これも「人格を実現する」という意味から眺めるならば当然のことである。

　第3と第4はカントが不完全義務とし，第1や第2の完全義務のように厳格な絶対義務ではなく，それをすれば功績として認められ称賛されるものとし，消極的義務としている。自己の天与の才能を発展させ社会の用に役立てること，困窮した者を救助することを人間にとって消極的な任意的な不完全義務とし放置することができるであろうか。カント以外の多くの哲人は第3，第4の事例を第1，第2の事例と等しく，時にはそれ以上の重い義務と見なしている。こ

れらはすべて「人格実現説」の光のもとにおいて積極的義務と化するであろう。

　第2の実践的原理である「汝の人格及びあらゆる他の者の人格における人間性を，常に同時に目的として取扱い，決して単に手段として取扱わないように行為せよ」は，人格そのものの絶対的価値を強調した点において不朽の意義をもっているが，表現が厳しく，内容は何も示されていない。これを一言で「人格を実現すべし」と言い表した時，同じ形式のみで内容は示されていないにしてもカントの原理が完全に包摂された上に極めて積極的な意味が含まれている。

　このように考えると，カントの極めて難解な倫理法則や倫理体系も「人格実現説」という体系の中に含め，その説明または内容としてこれを眺める方がはるかに理解しやすく，かつまたそれによって初めてカント学説も活気あるものとなり，正しい解釈ができるように思われる。

　人格実現はこのような意味において道徳の最高原理と見なして決して誤りではない。ここで取り扱う人格とは，肉体を所有し，その肉体の活動を通して自己を実現するところの精神を包含するところの個体を意味するのである。この人格と称する個体は常に活動するものであるという前提のもとに論議を進めなければ「人格実現説」は成立しない。肉体を離れた霊がいかに多くあって，その活動がいかに盛んであっても，倫理学では肉体を通して活動する場合の他は論議の対象としない。また，肉体の中にこのような精神が包含されていても何ら活動しない時は，これはまた議論の対象とはならない。　　　　　（笹井和郎）

3．片山清一
―― 代表理事としての学会運営と道徳教育の推進 ――

(1) 戦後道徳教育の先駆的役割

① 戦争体験を踏まえた戦後道徳教育の見直しと教育実践

　昭和26年9月8日，サンフランシスコ講和条約は調印されたが，敗戦後の混乱期の中で，倫理・道徳は荒廃していた。

　昭和26年，「道徳教育研究会」は東京で発足したものの，世相・風俗は乱れ，学校の教育課程に「道徳の時間」はなく，道徳的空白の時代といわれていた。

　この時，占領政策によって価値観が逆転し日本人は精神的支柱を失った。次代の日本を背負う青少年の教育をどうするかについて心から憂い，戦場から帰国した異色の先駆者に片山清一がいた。彼はフィリピンから復員し引き上げた後，日本の現状を見て「いまこそ，わが国の教育の根本問題を再検討すべきときである」と感じていた。

　それというのも，彼は昭和13年から21年8月まで北の満州から南は比島マニラで長いこと軍隊生活を送り，帰国後は教職追放の憂き目にあっていた。

　この軍隊における苦難の体験と，虚脱状態の日本人を見て，「どうしても日本国民のモラルを向上させたい」という信念が強まり，昭和26年10月，山田孝雄とともに東京の日本大学を本拠地に「道徳教育研究会」の設立に関わっていった。

　設立に際して二人は研究会の組織などについて話し合った。新たに設立する研究会は，これまで各種学会に見られるような学閥や名誉職からの天下り会長ではなく，学究的・家庭的な道徳研究会を目指していく。現場の教育実践家と密接な連携を保ち，教壇や家庭で役立つ実践事例を持ち寄り交流を図ろうと考

えた。

　研究会の運営は，あくまで複数理事による合議制とし，理事の中から選ばれた代表，すなわち「代表理事」が会務を総括，運営することとした。

　昭和32年12月，「道徳教育研究会」は会員の要請により発展的に解消し，「日本道徳教育学会」と改称。これまで会の機関誌『道徳と教育』の編集など裏方として目立たない仕事を黙々と続けてきた片山清一が二代目代表理事に選ばれた。

　片山清一による学会の運営は，温厚篤実な人柄と実行力で信望を集め，学会機関誌『道徳と教育』には，精緻に吟味された片山の多数の論文や文献資料を見ることができる。それも，倫理・道徳教育に限定されたものだけではなく，私学行政から女子教育，農業教育史の研究にまで及ぶ幅広いものであった。

　また，片山は学者としても研究室にこもるタイプではなかった。小・中学校など学校現場にも気軽に赴き，道徳教育に関わる教師に声をかけ，若い人材を育て，学会の発展に寄与した。

　片山の没後出版された片山清一著『戦後道徳教育外史』には，三代目勝部真長会長が「『文は人なり』―モラリストとしての片山清一先生―」と題した序文の言葉を寄せている。また，「文体は人間そのものだ。ソフトで円満で常識に富んだ穏やかな判断力を示しているのに感嘆する」と片山の人柄について書いている。

(2)　略歴と活躍

　①　敗戦の中で教師の道を探る
　片山清一は大正元年9月2日和歌山県湯浅町に7人兄弟の末子として生まれた。湯浅町については，片山の著書『教育の伝統と展望』(「私のふるさと」)の中で次のように述べている。
　「私のふるさと和歌山県は，山が多く木が繁茂する半島で，岸には黒潮が岩をかんでいる。(中略) 今も熊野路という狭い路が残っており，江戸時代には徳

川御三家の一封土として吉宗が将軍にも選ばれたほどである。昔から海の幸・山の幸には恵まれていた（以下略）」[1]

　美しい海と熊野古道に続く緑深い山に囲まれた自然豊かな環境で少年期を送り，人間味豊かな片山の感性は磨かれていった。

　大正8年湯浅尋常高等小学校卒業後，和歌山県立耐久中学校，広島高等工業学校応用化学科に推薦入学。東京高等師範学校（昭和7年4月）を経て，東京文理科大学哲学科（昭和13年3月）を卒業。同年4月，静岡県清水市江尻小学校に代用教員として勤務したが，12月に現役兵として歩兵第61連隊に入営。直ちに満州に派遣された。その後，泥沼のような戦争となり長い軍隊生活を余儀なくされる。

　昭和15年姫路歩兵連隊に転属。少尉となるや蛇蝎（だかつ）のように嫌われる憲兵にさせられ，昭和16年，戦雲ただならぬフィリピン島マニラの憲兵隊長として派遣された。この地で敗戦を迎える。憲兵大尉であった片山は戦犯として米軍に逮捕され，獄舎につながれた。

　逮捕されるまで流暢な英語で話した片山憲兵大尉は，街で子どもたちと出会うと気軽に声をかけ，マニラ市民やユダヤ系ドイツ人などの相談にも応じた。静かに辛抱強く頷きながら聞き，それぞれの国民がもつ愛国心のあり方に気づいていた。

　このような片山と現地で会った作家・梅崎光生（元神奈川工科大学教授・日本文芸家協会会員）は，『教育の伝統と展望』序文で次のように当時の様子を述べている[2]。

「（前略）そのころ（マニラで）私も会ったが片山隊長は，毎朝部下に論語の一節を講じ，住民に仁愛をもって接すべきことを命じ，彼自身マニラ市民から絶大の信頼を寄せられ，子供たちからも慕われていた。のち，（片山と）俘虜収容所で私は会ったが，彼は空天幕の一隅にPW（prisoner of war）を何人か集めて新約聖書を講じていた。戦後，マニラ市民の嘆願により，憲兵の負うべき戦犯を免れ，無事帰国した。氏は根っからのヒューマニストだったのである。（以下略）」

戦争犯罪者として裁かれることなく，無事帰国した片山であったが，彼を待っていたのは国破れた山河の故郷だけではなかった。憲兵であったという理由で〈教職追放〉となり，片山の夢であった故国日本での教職への道は断たれた。

　昭和21年9月，やむなく片山は日本教育新聞社編集部に職を得た。やがて，教職追放が解除されると，教育技術研究所に入所（昭和22年～23年）。

　哲学，倫理学，道徳教育など自己教育に心血を注いだ後，昭和学院短期大学助教授（昭和28年10月）として迎えられ，同大学教授（昭和36年～40年）となる。毎回，情熱をもって教壇に立ち「モラルなき民は滅びる」と講義した。

　その後，津田塾大学講師（昭和39年～43年），目白学園女子短期大学教授（昭和40年～60年）となる。その他，東京学芸大学，横浜国立大学，日本大学芸術学部などで倫理・道徳の講義を続け，晩年は目白学園女子教育研究所所長として「所報」や「紀要」に男女平等参画社会の諸問題を掲載するなど，戦前・戦後を通じた『近代日本の女子教育』の研究に精力を注ぎ，これを上梓した。

② 代表理事としての学会運営

　昭和53年7月，山田代表理事より後を託された片山は，学会事務局を勤務先の新宿区中落合にある目白学園に移した。

　日本道徳教育学会が結成された翌年の昭和33年，第1回全国研究大会が開かれ，学会機関誌『道徳と教育』も継続刊行することになった。その後，発行部数も伸び，昭和42年は約1000部を超えている。会員も500人ほど増加した。当時の全国研究大会は，1年度を春期と秋期の2回に分けて開催していた。

　春期は主に東京・首都圏を中心に，秋期は地方大会として岡山大学を会場に初の地方大会が開かれた。これを契機に，その後の研究大会は東京・関東圏と地方会場に分けた開催が定着した。

　昭和30年代から40年代頃の全国研究大会は，どのようなテーマを掲げ，どのような顔ぶれで研究を進めてきたか。当時の大会の模様と研究概要を手元の資料から2～3紹介してみよう。

　昭和33年から「道徳の時間」が特設されたものの，日教組等の反対もあって完全実施にはかなりの時間を要した。この空白を埋めようと全国道徳教育研究

大会は，年2回を原則に上記のように開催された。
　日本道徳教育学会の研究大会の意図は次の3点に要約することができる。
○新しい時代に即応した新しい道徳の礎を築くこと。
○その新道徳綱領にもとづく新しい道徳教育を樹立すること。
○道徳教育の諸問題を純学問的な観点に立ち研究するものであること。ただし，現実を離れた空理空論で終わることなく，教育実践家と緊密な連携を保ち，実益のある研究を行うこと，とした。
　これらの点を踏まえた昭和40年代の研究大会概要を再掲する。

【第14回　全国道徳教育研究大会】
　　昭和42年6月の春季大会は，3日間にわたって行われた。
　第1日　6月24日（土）
　　・パネル・ディスカッション
　　　テーマ「道徳教育実施上の隘路とその打開」
　　司会は東京大学の古川哲史と都立教育研究所の間瀬正次。
　　議題提案者は東京大学　佐藤俊夫，日本私学教育研究所の和辻夏彦。
　第2日　6月25日（日）
　　山田孝雄による「会務報告」
　　講演　「日本の倫理思想」　　東京大学　相良亨
　　機関誌『道徳と教育』について　東京大学　古川哲史
　　昼食の後，研究発表は教室を第一会場と第二会場に分けた。
　　倫理道徳教育では当代第一級といわれる学識者が顔をそろえる。
　　第一会場の司会助言者は，文部省視学官　霞信三郎／東京大学　佐藤俊夫・同じく古川哲史／東京学芸大学　波多野述麿・同じく　中川武夫
　　第二会場の司会助言者は，お茶水女子大学　勝部真長／東京大学　相良亨／東京教育大学　渡部昇一／日本大学　山田孝雄／目白女子短大　片山清一／都立三宅高校長　中村義之／都立南多摩高校教頭　桃原良治
　　全体会議の研究報告は「小・中学校の現状について」東京家政大学の金子光雄／「高等学校の現状について」は，目白女子短大の片山清一が報告した。
　　今では考えられないことだが，第一日目の日程は懇親会の後，8時から10

時までは入浴するもよし，講師を囲んでのグループ研究の時間も設けられていた。

第3日　6月26日（月）
　学校参観　桐朋学園（小・中・高等部）の公開授業を参観する。
　授業参観の後，共同研究に移り，充実した3日間の研究大会であった。

【第15回　全国道徳教育研究大会】
　昭和43年6月の春季大会を見ると，前年に比べて変化が見られる。会期の3日間が2日間になった。
研究テーマ「現代人の幸福感と道徳教育」
研究会　第1日　6月16日（日）日本大学法文理学部第三校舎
　司会者の東京学芸大学　中川武夫／東京家政大学　金子光雄は前年と変わらないが，日本私学教育研究所の和辻夏彦の所属が，目白短大に変わっている。
- 講演者　3名
　「小・中学校の新しい指導要領と道徳教育について」東京学芸大学　波多野述麿と東京大学　佐藤俊夫。「小・中・高の道徳教育の動向」については文部省視学官　霞　信三郎から具体的な視座が示された。
- パネル・ディスカッション
　テーマ「現代人は何を以って幸福としているか」
　司会は目白短大の片山清一。議題提案者に慶応大学　宮崎友愛／東大古川哲史／民主教育協会　ミヤザキヒロシ／日大　山田孝雄／東京都水元小学校教頭。各パネリストは，論議の問題点を次のように提案した。
- 幸福ということばの用い方　・聖人はどのようなことを幸福としたか
- 小・中・高校生の幸福感　・古代人は幸福をどのように受け止めたか
- 現代人は何を幸福としているのか　・真の幸福と道徳教育について

　前回テーマの「道徳教育の隘路」といい，今回の「現代人の幸福感」も道徳教育の本質を突いており普遍的な課題である。このテーマを受けて，研究発表の会場は5会場に増える。これら5会場の教育実践報告を受けて共同研究は，一層深まった。

研究会　第2日
　6月17日（月）玉川学園　参観（会員のみ参加）
　　一般授業・道徳の時間の参観・園長　小原国芳先生の講話・共同研究が行われ，堅苦しい道徳論議ではなく，豊かな実践例を中心に心ゆくまで話し合った。

　紙面の都合で研究会概要の紹介は以下割愛するが，平成道徳とは違う昭和道徳の苦悩と工夫または共通点も見え隠れしている。片山清一は会期中山田孝雄代表理事の裏方となって研究大会の運営に深く関わり成果を上げた。

　やがて代表理事・山田孝雄が昭和52年日本大学を定年退職され，帝京大学教授に就任されると，研究大会の会場は，これまでのように日本大学法文理学部が使用できなくなり，学会事務局は日本大学から片山の目白短期大学に移された。

　昭和55年には会員数も増加し，11月の秋期全国研究大会は，国立教育会館を使用した。当日は東京国際マラソン大会が開催され，研究会場の真下をランナーの走る姿が見え隠れするなど，研究大会に華を添えた。

　しかし，国立教育会館は使用料や使用時間の問題などもあって，片山はかねてより，「教育は形式ではない」という立場から，日本道徳教育学会の研究大会会場も日本大学法文理学部より国立教育会館，さらに目白学園へと移した。苦渋の選択であり，参加者は減少したが，確かに気安く時間をかけて対話・討論できる研究大会に変身した。

　山田孝雄の遺志を継いで昭和57年日本道徳学会代表理事となった片山は，本学会運営の他，古川哲史等とともに「弘道会」理事として機関誌『弘道』の編集ならびに執筆活動を務めるかたわら，世界新教育学会（WEF）副会長として国際会議にも参加，ヒューマニストとして心豊かな提言，講演を行っている。

　今も語り草になっているエピソードとしては，1976年8月オーストラリアで開催されたWEFシドニー大会での講演で「もったいない」の話をされたことがある。この講演は外国人の共感も呼び「もったいない」は，国際語として広がり始めた。近年ノーベル平和賞受賞者ケニアの環境副大臣ワンガリー・マー

タイさんが「もったいない」という日本語に感動し，講演テーマに使ったことからよく知られるようになった。

③　現場の教師を指導した片山清一の業績

戦場となった比島マニラで片山清一の人柄を敬慕する人たちがいたように，東京でも片山を慕い教えを請う教師がいた。「教育は人にある」と話していた片山は，「学習指導要領を改訂し，校舎が立派になっても，教育に従事する教師が真の教育者にならない限り教育は良くはならない」と口癖のように話しておられた。この話に共感した高田賢一と小学校の教師十数名が片山の周りに集まってきた。

昭和32年，練馬区江古田に清一の名をとった片山を囲む道徳研究サークル「清新会」が発足した。片山は毎月の例会に講師として会場を訪れ，昭和62年，75歳の生涯を閉じるまで，何と362回の講義を続けている。

この「清新会」から小学校現場の高田賢，広沢節三，堀井登志喜，渡邊芳子氏などの学会理事が誕生した。また，横浜からは後述する「清哲会」に関わった朝倉哲夫，加藤一雄，上憲治が常任理事として参画した。

晩年における片山の講話は，死を意識されたのであろう。『平家物語』の一節に触れ，「人間は滅びるから美しい…」と述べ，「この道や　ゆく人なしに秋の暮れ」と松尾芭蕉の句を残されて静かに不帰の人となった。

話は遡るが，東京で「清新会」が発足されると，これと呼応して横浜でも昭和52年5月，道徳研究グループ「清哲会」が発足した。片山から「横浜にも道徳の種を蒔いてみたらどうか」と呼びかけられ，加藤一雄が発起人となって中学校の教師を中心に月例会が開かれた。

どちらの月例会も片山の講義資料を中心に話し合われたが，講義内容は多岐にわたり，教養の深さ，広さを感じさせるものであった。例えば，

昭和45年5月1日発行の『ペンのひろば』に寄稿した片山清一は，「最近の教育問題」〈教育の根本的意味を再検討すべきとき〉と題したコピー論文について話をされた。「話し合いが中核となって行われる教育の場において，話し合いが不可能になって，ゲバ棒が暴れ回っている現状は嘆かわしい。お互いの

不信が人類文化の破壊や伝統の断絶に導くことを怖れる」と警告した。また，「第二次世界大戦以後の世界の変貌により国家エゴイズムの台頭が国民の生活を危うくしている」とも指摘された。

時には，片山を囲んだ〈輪読会〉もしばしば行われた。

彼の推薦する『和俗童子訓』や『風姿花伝』とか，新渡戸稲造の『武士道』，岡倉天心の『茶の本』などは，いまも強く心に残っている。

また，片山清一は"to have or to be?"「生きることとは？」と問いかけ，「生きること」の意味については，エーリッヒ・フロムの『愛について』の著書から，「愛の教育」の大切さを説いた。特に，インドのガンディーの「非暴力の愛」を強調した。さらに，スマイルズの『西国立志編』の輪読は，教室で子どもたちに教える時の「意志力や自己教育力」についてのすばらしい勉強になった。

時には，「清新会」と『清哲会』の2つの合同研究会を開いた。鎌倉の東慶寺境内にある「松が丘文庫」を訪れた時は，事前に鈴木大拙の「『自然』にかえれ」[3]を読み，西洋のNatureと東洋の「自然」の考え方の違いについて話し合った。

西洋のNatureは二元的で「人」と対峙する。どちらかが勝たねばならぬ。これに対して，東洋の「自然」は「人」を受け入れている。離れるのは「人」の方からである。「自然」にそむくから，自ら倒れていく。そこで，自分をまっとうせんとするならば，「自然」に帰るより外はない。

改めて，鈴木大拙の言葉を読み返した時，平成23年の東日本を襲った大地震と大津波による大震災を思い起こし，自然の本当の怖さを知った。

昭和52年5月26日に清哲会が発足して早くも10年が過ぎ，昭和62年まで120回の月例会が開かれた。この間，片山教授は東京の練馬の自宅から横浜まで2時間もかかるのに，1回も欠席なさらなかった。黒革のショルダーバッグを提げてお見えになり，〈運・鈍・根〉の視点から人間像を洗い直す作業を試みた。——これは楽しかった。

最後に片山教授の人柄を知る上で，同じ目白学園短期大学に勤務し，清哲会

会員でもあった中山　昌教授が片山について述べたエピソード3例を引用しよう。

- 「きのう付属幼稚園のサンタクロース役を頼まれてねえ…」と片山先生はいつもの温顔をさらにほころばせて，長身の身体に赤い帽子をかぶり大きな袋を背負った姿は，街角やテレビで見るどのサンタさんよりも立派で適役であった。
- 片山先生が大の読書家であることは誰もが知るところであるが，学問書はもちろん，一般の新刊案内も見逃さず，まず手に取り，目を通される早さには，いつも驚くばかりであった。
- 会議では議長を務められたこともあったが，厳しい論争や労組問題なども巧みに人情味を加えて裁かれ，一度も怒号の声を聞くことはなかった。

紙面の関係で中山　昌教授のエピソードだけにとどめたが，最後に片山教授の心に残る言葉は，何といっても，「二人いれば会議になる」である。

学期末の清哲会が開かれた日。あの日は，ものすごい暴風雨であった。

電車は動いていたものの，のろのろ運転。傘もさせないほどの暴風雨。私は早めに図書室2階の清哲会会場で待っていたが，会員は誰も来なかった。その時である。「ヨオッー！　誰かいるかい？」。ずぶ濡れの片山教授が入って来られた。2時間かけて横浜に来られ，部屋に入るなり靴下をきつく絞ると，ドボドボと雨水がこぼれ，洗面器は一杯になった。そして，言った。

「加藤君，始めようか！」「　？　」

「二人いれば，研究会は成立するのだよ。さあー，始めよう！」

薄い髪の毛から落ちる雨の雫を拭いもせず，一人淡々と「和俗童子訓」を素読される横顔を見て，このような人を〈老師〉と呼ぶのだろうと思った。

（加藤一雄）

(註)
1)　片山清一（1963）『教育の伝統と展望』高陵社書店 p.326
2)　梅崎光生（1963）『教育の伝統と展望』高陵社書店　序
3)　鈴木大拙（1963）『日本再発見』読売新聞社編 p.43

4) 中山　昌（1988）『探求』清哲道徳教育研究会 p.15

―〈片山の主な著書〉――――――――――――――――――――
　片山清一（1963）『資料・道徳の教育』高陵社書店
　片山清一（1974）『資料・教育基本法』高陵社書店
　片山清一（1974）『資料・教育勅語』高陵社書店
　片山清一（1982）『要説・道徳教育』高陵社書店
　片山清一（1984）『私学行政と建学精神』高陵社書店

4．勝部真長
——日本の伝統思想と道徳教育との接点——

(1) 略歴と活躍

　勝部真長は，大正5（1916）年3月30日東京に生まれ，東京府立四中（現在の都立戸山高校）を経て，島根県の旧制松江高校に進学する。勝部家の出自はもともと出雲国であった。そこにおいて和辻哲郎の『偶像再興』や『古寺巡礼』等の著作に接し，松江高校卒業後，東京にもどり和辻が主任教授である東京帝国大学文学部倫理学科に進む。

　昭和15年，東京帝国大学文学部を卒業，その後大学院を経て，戦時下の厳しい状況において和辻研究室の副手を勤め，昭和18年，東京女子高等師範学校（現在のお茶の水女子大学）の修身担当の講師となり，後に教授となる。

　戦後の学制改革により，旧制東京女子高等師範学校は新制お茶の水女子大学として改組される。勝部は，ここにおいて哲学科の創設に尽力し，自身は倫理学講座を担当する。昭和56年4月停年により退官。お茶の水女子大学名誉教授の称号を授与される。

　退官後も，精力的に上越教育大学教授・昭和音楽大学教授として活躍し，平成3年に退職し，平成17年6月19日虚血性心不全により亡くなる。享年89歳であった。

　勝部は，長年にわたり教育者として後進の指導育成に尽力し，研究者として倫理学及び道徳教育の分野において優れた業績をあげ斯界の発展に功績があったということで，平成元年，勲二等瑞宝章が授与されている。

（尾田幸雄「巨星墜つ—勝部真長先生を偲ぶ」『日本道徳教育学会報』第三号，2005，同「多情多感の道徳教育—勝海舟とB・ラッセル」『道徳と教育』No.324，日本道徳教育学会，

2006などを参照）

(2) 戦後の道徳教育を方向づけた先駆者としての役割

　昭和20（1945）年，GHQ（第二次世界大戦後日本に置かれた連合国最高司令官の総司令部）の指令により，修身・日本歴史・地理の三教科の授業が停止された。ここにおいて，明治の近代教育発足から続き，戦前の道徳教育の中核であった修身科が終焉する。
　その後，13年間道徳教育のない空白期間があり，昭和33（1958）年に小中学校において「道徳の時間」が特設される。
　勝部は，戦後の学校教育の変革にともなう空白の時期に道徳教育の必要性を説き，その研究を推進した。その成果である『道徳教育』（金子書房，1951）は戦後最も早い道徳教育研究として高く評価された。
　その後，昭和28年文部省の教材等調査研究会委員として，道徳教育の方法及び道徳指導の具体的方法について研究を進め，昭和33年の「道徳の時間」特設以降も全国各地をまわってその普及と定着に尽くした。今日の学校教育における道徳教育の充実と発展のために果たした貢献には多大なものがある。
　当時の日教組（日本教職員組合），全学連（全日本学生自治会総連合），マスメディアは，このような道徳教育は，戦前の「修身科」の復活であり，国民を再び戦争に誘導するものと批判した。「道徳教育の復活は戦争につながる」というスローガンは，「修身科」をスケープゴートとし，戦後教育を再興するイデオロギーであった。終戦直後，戦前から継続して使用した教科書を，戦争につながる都合の悪い部分を墨で塗って学生に配布したことがあった。「道徳教育の復活は戦争につながる」というスローガンも，安直で馬鹿げた反省であり，日本の戦後教育の本質を端的に表現している。
　尾田幸雄は，この間の勝部の態度について次のように表現している。「目先のイデオロギー対立などには目もくれず，国家百年の大計を見据えて，ひたすら道徳教育の振興を提唱し続けた勝部先生のお姿には，八岐大蛇（やまたのおろち）に立ち向う素

素戔嗚尊の荒魂の霊威を感じないわけにはゆきません」(前掲・尾田幸雄「巨星墜つ—勝部真長先生を偲ぶ」)。素戔嗚尊とは,勝部の出自が出雲国であることによる。

また尾田は,この間勝部が書いた『特設「道徳」の考え方』(大阪教育図書,1958)について,長い空白期間を経て復活した道徳教育をわかりやすく説明したもので,現場でたいへん歓迎されたと評価している(前掲・尾田幸雄「多情多感の道徳教育—勝海舟とB・ラッセル」)。

現在でも,道徳教育について抵抗感をもつ教師がある。しかし昭和33年の「道徳の時間」特設にたいする反発は強烈であった。『日本経済新聞』昭和33年9月6日夕刊に,「肩すかしの道徳講習会」という見出しの記事がある。道徳教育の趣旨徹底を図るため,文部省は道徳教育指導者講習会を実施する。予定された会場はお茶の水女子大学であったが,「道徳教育の復活は戦争につながる」とする日教組や全学連のピケ隊(デモ隊)が陣取っていた。大学には幼稚園・小学校・中学校・高等学校の附属学校があり,混乱により通学する児童・学生に被害が出ることを懸念する。これにより会場は,予定していたお茶の水女子大学から上野の国立博物館に変更し,講習会は無事に開講されたとある。

勝部の道徳教育の考え方については,すでにさまざまな著作において言及がある。道徳教育には二方法がある。直接的方法(direct method)と間接的方法(indirect method)である。アメリカの『現代教育百科事典』(*Encyclopedia of Modern Education*, 1943)にもあるとして,その内容を紹介している。直接的方法とは,「道徳・倫理に関する知識を生徒に伝え,徳(価値)や理想について分析し,討論し,事例に即して応用し,かつ格言・聖句・詩節などを記憶・暗唱させることによって,道徳生活を反省し発達させようとする試み」である。これに対する間接的方法は,「いきいきした場における行為,すなわち具体的な生活事実を通して,態度・習慣の形成をはかる試み」である(勝部真長「道徳指導の実際」勝部真長・沼田滋夫・平沼智美編著『新しい道徳教育の探求』東信堂,1987)。

押谷由夫は,この直接的方法は「戦前の修身」に,間接的方法は「戦後の生活指導」に対応すると解釈する(押谷由夫『「道徳の時間」成立過程に関する研究』東洋館出版社,2001)。また押谷は,勝部が,道徳教育を「道徳指導」と「生活指

導または生徒指導」が一つになったもので，前者が直接的方法，後者が間接的方法に対応し，「道徳指導」を行うために「道徳の時間」が必要であると考えたとする（押谷由夫『放送大学大学院教材　道徳性形成・徳育論』放送大学教育振興会，2011）。

　勝部の提案は，次のようなものである。日本の道徳教育は明治5年から昭和20年まで「修身」という直接的方法を採用していたが，昭和20年以降「修身・歴史・地理」の授業が禁止され間接的方法になる。しかし日本には欧米のようなキリスト教の地盤はない。ソ連・中国のような全体主義によるイデオロギーの統一もない。神道・仏教はあっても，国全体の共通理解には程遠い。つまり間接的方法の前提となるものがない。そのような経緯で，「直接的方法としての『道徳』の時間」が設置される（前掲「道徳指導の実際」）。

　押谷は，勝部の主張は修身的方法の再評価であるが，むろん戦前の修身そのままではないと解釈する（前掲『「道徳の時間」成立過程に関する研究』）。直接的方法も間接的方法もそれぞれ長所・短所がある。このことを吟味する中で，勝部は，道徳教育は学校教育の全体を通じて行うことが基本であるとする。生活指導が中心となって行うところは道徳の習慣化である。それに対して，道徳の時間がねらうことは「道徳の内面化」である。「習慣化だけでは道徳ではない。道徳たるには内面化しなければならない」。「道徳の時間」特設の意味は，「断片的・付録的・偶発的なものにおける足りないものを，補充し，深化し，統合する時間」であるという（勝部真長『道徳教育　その思想的基底』大日本出版，1959。前掲『「道徳の時間」成立過程に関する研究』の引用による）。

　勝部は，道徳は主体的に関わり内面的でなければならないとして，アメリカのハーバード大学のローレンス・コールバーグ（Lawrence Kohlberg）の提唱する「ハインツのジレンマ」など葛藤場面を主題とする討論法を評価する。問題は「自分だったら，どうするか」ということである（前掲「道徳指導の実際」）。

　（上田博次「心の教育研究会　第4回研究会　発表内容要旨」平成22年11月6日「道徳教育の歴史をふりかえる─勝部真長（元日本道徳教育学会会長）の道徳指導と生活指導を通して」（上広倫理財団），及び押谷由夫の多数の研究などを参照した）。

(3) 現場の教師を指導した大学人としての役割

　勝部は，大学の管理運営など教育行政においても，高い理念と優れた指導力をもってその職にあたる。お茶の水女子大学においては，附属小学校長，附属幼稚園長，附属学校部長，評議員を務める。それまでお茶の水女子大学文教育学部附属の研究機関であった附属学校は，昭和55年度から大学の附属機関になる。その初代学校部長に就任し，教育研究体制の整備，充実に尽力した。

　また，優れた見識により文部省の教材等調査研究会委員，社会教育審議会委員，教育課程審議会委員，学術審議会委員，青少年問題審議会委員，大学設置審議会専門委員，中央教育審議会臨時委員等を務め，教育行政及び学術の発展に寄与した。

　昭和38年，文部省の在外研究員として，ドイツ，イギリス，アメリカ合衆国に派遣される。尾田によると羽田に降り立った勝部は開口一番，「僕は外国で和辻全集を全巻読み返してきたよ」と言ったとある（前掲「多情多感の道徳教育―勝海舟とB・ラッセル」）。

　また学会の運営においても，日本倫理学会会長，日本道徳教育学会会長，同名誉会長を務め尽力した。

　日本道徳教育学会は，はじめ同人組織で会長職を置かず，山田孝雄が代表理事を務めた。その後も代表理事は片山清一に受け継がれ，勝部真長の時に初めて初代会長職が設けられる。この時の事務局は日本大学文理学部哲学研究室にあり，小野健知が理事長兼事務局長であった。小野は後に会長となる。勝部会長，小野理事長の体制で，学会の財政的危機から解散の淵にまで追いつめられていた状況が克服された。その後，勝部会長は高齢ゆえに会長職を小野理事長に禅譲する（前掲・尾田幸雄「巨星墜つ―勝部真長先生を偲ぶ」）。

(4) 論文・著書

　勝部の研究は多岐にわたり，いうまでまもなく道徳教育についての著作は多数ある。『特設「道徳」の考え方』（大阪教育図書，1958），『道徳教育』（金子書房，1951），『道徳教育ノート』（大阪教育図書，1958），『特設道徳の考え方』（大阪教育図書，1958），『道徳教育，その思想的基底』（大日本出版，1959）等々。

　その他，日本倫理思想史の研究においても多彩な才能を発揮する。『和論語の研究』（至文堂，1970）。『和論語』とは江戸時代前期の教訓書である。寛文九年刊。神代より近世初頭にいたる神々・天皇・公家・武将などの人生における名言・心得を抜粋して編集したものである。類似する研究書はない。

　また幕末の勝海舟の研究者としてもよく知られている。『勝海舟』（PHP研究所，1992），『勝海舟全集』（勁草書房，1972～1980），『知られざる海舟』（東京書籍，1977）等々。勝海舟という，幕末・明治のユニークな政治家の姿をあますところなく浮き彫りにするが，周知のことなのでここでは省略する。

　近世文化において，今日においても広く親しまれている『忠臣蔵』について，『忠臣蔵と日本人』（PHP研究所，1994）を著す。町人が武士のイデオロギーに共感し，武士道に匹敵する町人道を築きあげ，武士の「義理」を町人のものとしたことが説明される。江戸時代における町人階級の武士への優越が『仮名手本忠臣蔵』を生みだした原動力であると独自の理解をする。

　『（山岡鉄舟＝口述　勝海舟＝評論　勝部真長＝編）武士道　文武両道の思想』（角川選書，1971）は，山岡鉄舟（1838～1888）が口述し，勝海舟（1823～1899）が評論し，勝部真長が編集するという構成になっている。鉄舟は剣客である。千葉周作に剣を学ぶ。しかし，追求した「剣の道」は，心の完成であり人間の完成であった。幕府倒幕の際に，江戸城開城について勝海舟の使者として西郷隆盛との交渉に当たる。明治維新後，明治天皇の侍従となる。本書は，江戸っ子である鉄舟の洒々落々たるやりとりの魅力が語られていると同時に，武士道の資料としても興味深い。

尾田は,「多情多感の道徳教育―勝海舟とB・ラッセル」において,幕末の江戸城無血明け渡しを果たした政治家勝海舟と,イギリスの冷徹な数学者にして哲学者であるラッセルが,勝部の胸中においてどのように結びついていたかを説明する。この結論は,勝部の道徳教育のモットーである,「道徳教育は人間の感情に積極的に働きかけるものでなくてはならない」ということにあった。尾田はいう。「道徳教育は,具体的な実例や,優れた人物像を通して,より直接的に,より根源的に,そしてより生き生きと人々の道徳的感情に訴えるものでなければならないのです」。

　さて勝部の研究における最後の紹介として,道徳教育を考える上で重要な方法論的問題にふれておく。先に述べたように勝部は,倫理学者・和辻哲郎の弟子であった。尾田は「多情多感の道徳教育―勝海舟とB・ラッセル」において,勝部の道徳教育と和辻倫理学について言及している。和辻倫理学は,個人の主観的道徳意識の深化向上を目指す道徳教育とは異質なもののようにみえる。つまり和辻は,この当時道徳教育について関心がなかった。しかし,I.カントの例にもあるように原理論に対しては方法論がある。これが道徳教育に相当する。このことから勝部は,和辻倫理学の立場に立ちながらそれを補完すべく倫理学方法論としての道徳教育論を積極的に展開したと,尾田は解釈する。重要なことは具体的な「道徳教育の実際」であり,勝部もこの問題を詳細に論じている。しかし,道徳教育の基礎的部分には倫理学・倫理思想史という原理論が前提にあるということである。

　勝部には『和辻倫理学ノート』(東京書籍,1979)という興味深い著書がある。これは和辻倫理学を研究しようとするとき参照すべき,和辻の肉声を記録した貴重な記録である。勝部にとっては,まさに「如是我聞(お釈迦さまの教えを記録する)」であり「随聞記(道元の言葉を記録する)」であった。勝部は,東京帝国大学文学部卒業後,大学院を経て,和辻教授に呼びもどされ戦時下における研究室の副手を勤めた。

　「まえがき」に「和辻先生の講筵に出入すること,前後およそ十二年,その間に,先生の講義・演習・座談のうち,正規の講義ノート以外に,先生の片言

隻語のわたくしの耳朶に残ったものを，大ていはその日のうちに，深夜ひそかに家にあって手帳に書きしるしたものである」とある。

　和辻の演習は，テキストを読んで理解し解釈し，自分でまとめて自己の意見として報告するというものであった。演習の目的は，理解したことを自分の言葉で説明するというものであった。座談とは，毎週金曜日に研究室において助手・副手・院生・学生たちと一緒に会食し，自由な雰囲気で会話するというものであり，若い者にとっては楽しみな時間であった。本書には，金曜座談，日本倫理思想史演習，ヘーゲル『法の哲学綱要』演習などの詳細な記録などが収録されている。

　われわれには戦時下の東大の研究室がどのようであったかは想像もつかないが，勝部の記録により和辻哲郎の講義がいかに自由闊達であったかを知る。大胆に思ったことを明晰に述べる姿勢が印象深く記されている。このことは和辻哲郎の著作すべてに当てはまる。和辻倫理学は，デカルト以来の西洋近代哲学全体を否定し，難解な議論を平易に説明し，日本独自の倫理学を確立する。和辻倫理学は，デカルトの「コギト」に対して「間柄」を対置する。これは誤解されて，西洋の個人主義（コギト）と東洋の集団主義（間柄）との問題として日本文化論の枠内で理解されることが多い。しかし和辻の関心は，日本文化論ではない。西洋とか東洋とかに関わらない普遍的な倫理学を考えていた。

　和辻哲郎について書き残しておくのが義務のように思われた勝部は，『青春の和辻哲郎』(中央公論社，1987) を著す。和辻の青春時代に焦点を当てて，その生活と文芸と思想との関係を理解しようとしたもので，いきいきとした文章で当時学生であった勝部との交流を伝える。特に谷崎潤一郎との関係に注目している。

（髙島元洋）

5．霞 信三郎
――新しい愛国心と民主主義――

(1) 民主主義と新しい道徳教育

① ジュネーブ宣言を訴え続けた霞信三郎

　紀元前460～375年頃，ギリシアのアテネにヒポクラテスという人がいた。彼は，ギリシアのアテネにおいて最も賢明な医術家として活躍した。そして，迷信や思弁的医学に反対して観察や経験による実証科学としての医学を創設した。このような医師さらには教師と仰がれるヒポクラテスの業績は，後世に「ヒポクラテスの誓い」として引き継がれた。

　この誓いは1968年にジュネーブで開催された第2回世界医学協会で採択されたが，その内容を要約すると，以下の通りである。

1．全生涯を人道のために捧げる
2．人道的立場にのっとり，医を実践する（道徳的・良識的配慮）
3．人命を最大限に尊重する（人命の尊重）
4．患者の健康を第一に考慮する
5．患者の秘密を厳守する（守秘義務）
6．患者に対して差別・偏見をしない（患者の非差別）

　この宣言文は，霞信三郎の手によって翻訳され，日本人の多くの人々に理解された。医師も教師も，どちらも信頼と尊敬が基盤となっている師（職業）であると霞は，日頃から学生や教師に訴え続けていたのである。

　次に霞の略歴を紹介する。

　明治45年，青森県に生まれる。昭和11年，東京帝国大学文学部倫理学科を卒業。卒業後の昭和18年，北海道第三師範学校教授を務めた。この間，太平洋戦

争で学徒出陣。昭和29年，弘前大学文理学部教授。昭和39年の退官後は文部省初等中等教育局視学官，昭和44年主任視学官，自治医科大学教授，八戸大学学長を務めた。また，この間，日本倫理学会評議員，日本道徳教育学会理事，日本倫理学会和辻哲郎賞審査委員等を歴任する。

② 主任視学官としての現場指導——三層五段階の道徳指導論

新潟県長岡市道徳教育研究会から，昭和45年，『三層五段階方式による道徳指導の改造』（新光閣書店）が出版された。この著書の監修者で共同研究を指導したのが，当時，文部省主任視学官の霞信三郎である。

「三層五段階の道徳指導論」は，新潟県長岡市の小中学校，数十校の教師の共同研究組織である長岡市道徳教育研究会が長年の実践を経て生み出した現場の実践に基づく道徳指導理論である。方式の詳細は略すが，三層にわたる児童生徒の道徳性の進歩変容過程と，教師の意図する五段階の指導過程とを呼応させて，また主題や計画における価値のつながり（系譜）を考慮して道徳性の育成を図ろうとするものである。

当時の霞は，日頃から学校の道徳教育に強い関心をもち，全国各地の研究会の指導に意欲的に当たっていた。そして長岡市道徳教育研究会の出版数年前から，市の要請で研究の指導に関わり，情熱をもって指導に当たっていた。後日，講演で当研究会の共同研究は，現場における実践への厳しい努力の一つの典型であり，また，共同研究の背後にある数十の小・中学校の実践の積み上げと現場研究への重さをひしひしと感じさせられたと評価し，しかもそれが次第に磨き上げられていく理論の確かさに目を見張らされるものがあると，現場の実践からの理論構築の重要性を称えていた。

この理論を要約すると，理論の柱の第1は，道徳の指導がねらう道徳性の深化を重層的にとらえ，それに即した指導を組み立てる。第2に，事前指導と事後指導を重視する。第3に，道徳時間の指導と全体計画との関連を実践的に明らかにする。つまり事前，事後の指導の強化や前後の主題の発展的関係づけ（価値の系譜）などによって，学校の道徳教育が力動的に推進されるよう工夫するということである。

三層五段階方式は，道徳の時間に指導しようとする道徳的価値を十分に考慮し，その関連を図って指導の効率を高めようとすることである。毎時間行われている道徳指導において，児童生徒の道徳性の内面的関連づけを図り，指導の効果の積み上げを発展的なものにしようとする試みで，いわゆる霞の提唱する"価値の系譜"の考え方である。

　当時，筆者も研究会に関わっていた関係で，直接主任視学官の指導を受ける好機を得た。研究の中心課題であった価値のつながりを「系列」と呼称していた文言が，以後，価値の「系譜」に改められることとなった。なお，このことについて霞は，「これが価値の系譜の考え方である。これは当初，系列と呼んでいたものであるが価値の体系を重くするために系譜としたのである」[1]と説明している。価値という文言に多少抵抗があった風潮の中，当研究会は霞の助言で自信を得，価値の体系化や価値の系譜の理論を一層深め，積極的に展開するようになった。

　この時期を境に，価値を体系化すること，価値を系列化することなどの実践研究は，教育現場の研究会や論文等で取り上げられることが増えた。以後，道徳教育の研究において，この価値の系譜は避けて通れない重要な研究課題となっていくのである。

(2) 愛国心と道徳教育

　① 転変の道徳と新しい道徳
　霞によると，道徳には転変の道徳と新しい道徳という二面的な性格があるという。前者は時代や社会環境により強調されたり，権威づけられたりする面で，後者は新しく生み出される面である。そして道徳は，普遍性，合理性，永遠性，理想性を，その基本的性格とすることによって，初めて道徳そのもの，真の道徳といえるものである，との考えを主張する。

　しかも，このような道徳は古くから希求されてきた。それはその道徳が人間の社会存在の理法として存在でき，権威あるものであるからである。例えば，

封建道徳だといわれるようなものでも，その主張する道徳は道徳そのものであり，真の道徳であると主張されてきた。したがって道徳は，権威を背景にしようが詭弁を弄そうが，その絶対性，理想性を打ち出すことができることでなければ，「これが道徳である」と主張し，実践させることができないのである。時の権力者や為政者たちが，いかにして道徳を権威あるものにすることができるのかについて腐心してきたのも，また学者や研究者たちが道徳を理性的，学問的に問題にし，道徳の本質に迫り，絶対的，理想的な道徳を体系化しようとしたのもこの理由からである。しかし，研究者たちの努力にもかかわらず，その体系化された道徳は必ずしも全面的に普遍的で合理的，永遠的であったとは限らないのである。

霞は，転変の理由をいくつか挙げている。それを要約すると，
1) 神ならぬ人間の有限性　　2) 時代の子としての歴史的・風土的な制約
3) 道徳探求過程の進路　　4) 他律的道徳の転落
5) 権力や権威との結び付き

次に新しい道徳について，霞は，真の道徳はその基本的性格を，普遍的で合理的，永遠的で理想的であるものを見出すことのできるものでなければならないとする。新しく生み出される道徳も真にそのようなものでなければならない。ゆえに新しい道徳とは，真の道徳と同義語でなければならない。したがって，道徳は常に理性的，学問的に検討をしていくべきものであり，またその検討に耐えるものでなければならないのである。これが道徳の倫理学的，哲学的究明が必要である所以であり，しかももっと高い次元にある絶対者の世界の秩序や宗教に対しても対応できるものでなければならないというのである。なお，霞によれば，宗教的情操が道徳の問題になることは必然の帰結であるということである。

② 愛国心と真の道徳

道徳教育における「愛国心」の問題は，霞の長年の研究テーマであり，学校教育におけるその重要性の提唱者である。

人間は時代の申し子として，歴史的，風土的である限り，国家人であること

を否定することはできない。したがって人間は国家人であることが実体であるから当然限界も示すものである。道徳を問題にする限り，当然愛国心の問題が生じてくる。しかも人間は国家の一員であると同時に世界の一員で，人類の一員として存在する。したがって，愛国心にもさらに一段と高次の広い世界や人類に通じる道徳によって支えられるものでなければならないということである。

とかく愛国心は，自分の国だけという偏狭な枠の中に閉じ込められ，世界や人類に対して孤立し，独善を敢えてし，世界においてその存在理由をなくしがちである。したがって，愛国心は宗教的情操の次元で考えられるものまでに高度化し，純度の高いものにすることが求められる。それゆえに愛国心は真の道徳である，と霞は定義づけるのである。

③ 愛国心とナショナリズム

戦後の日本では，愛国心は禁忌として，口にしたり語ったりすることに抵抗があった。またそれが反動であり，非倫理的，不道徳的なことであるということにつながった。この詳細については紙数の関係で略すが，戦後の一時期は愛国心を口にすることはタブーであり，教育の場から姿を消してしまったのである。

次に霞の愛国心とナショナリズムの関係を見てみよう。

愛国心は，国家主義や軍国主義に基づくものでもないが，しばしば誤ってとらえられがちである。霞は，ナショナリズムは愛国心の別名であるとはっきり宣言している。そしてその理由を次のように述べている。

「ナショナリズムは長い歴史を持つのである。しかも，それは長い世界の歴史の中で，美化されては全く愛国心と同一のものと見なされ，悪党化されては侵略主義や帝国主義と同一視されてきた。というのも，元来，ナショナリズムの中に必要最小限度に国家利益を追うものと，国家理想主義を追うものとがあり，ナショナリズムは時にその両説の発現をしがちである」[3] ナショナリズムはあくまでもナショナリズムであって，その限界にとどまるものをナショナリズムと名づけるべきであって，ウルトラナショナリズムとは異なると霞は言う。

さて，国家を形成している限り，いかなる国家も国家的利益を考えなければ

ならないが，愛国心はナショナリズムとは異なり，その無法，無道を抑え，国家の世界からの孤立，孤独化を積極的に避けようとするものである。したがって愛国心は，国際性をもち，国際的なもの，インターナショナルなものでなければならない。霞が言うように，愛国心は，ナショナリズムと異なって一段と高次なものであり，もっと自然なものであり，純粋にわが国土，自然，歴史，伝統を愛することから発するものであろう。

(3) 人間形成と道徳教育

① 人間形成と国民意識

　人間は，人類の一員，世界の一員として生きているから，国籍や国境を越えて，また時代を越えた普遍的な原理，誰にでも，どこでも，いつまでも通用する原理にのっとって，自己の頭脳と自分の決断と，それによって生じる一切の責任を自分に引き受けて行動することのできる個人を育て上げるということである。道徳教育の面からいえば，自主的な判断によって，主体的に道徳的な行動のできる個人に育て上げるということである。

　一方で，人間形成には国民育成という面もある。最も現実的，具体的には，人間は国家の一員，国民の一人として生きているのであるから，国民として一人ひとりの人間を，心身ともに健全で健康な一人前の人間に，同時に国民に育て上げるということである。この場合，国家を形成していれば，人間はそれによって育成されるべき歴史や伝統が関わってくるということである。

　すなわち人間形成とは，歴史的，伝統的な道徳によって育成される仕方と，いかなる国家に所属しているものに対しても通用する普遍的な国民道徳によって育成されるという仕方の二つの中にある。

　したがって人間の育成を考えるとき，当然人間の世界性，人類性，国家性，国民性等の関わりが出てくる。この場合，人間形成と国民意識を基盤とすべきか，どちらを優先させるべきか，あるいは並行の関係にあるとすべきかなど，大変重要な問題がある。国家を中心とする考え方を強くすれば国家主義の方向

へ，一方，世界や人類，あるいは普遍に目を向け茫然とした地平だけに目を向け過ぎると，具体的に足を地面に付けて生きていくことのできない世界人，すなわちコスモポリタンとなり，国家をもたない祖国なき普通人となってしまう。実際，戦後の日本人がたどった道で，理想を掲げすぎ，しかも愛国心を軽んじてしまった日本の歴史は周知の通りであると霞は分析する。

以上のように，人間には人間形成と国民育成の両面があり，両者を両立させ，結合させることが求められる。しかしこの両者の架け橋が問題である。過去の歴史をたどると，ここに論争と対立そして葛藤を見るのである。

② 日本人と愛国心

霞によると，愛国心は日本人の専売特許のようなものである。他国にはそのようなものがなく，外国では愛国心はあまり問題にはならないし，問題にすべきではないとの考えが強い。したがって日本においては愛国心を問題にすることは行きすぎたことであり，恥ずかしいことであると思われていた節がある。戦前の愛国心は極端な国家主義，軍国主義であったため，愛国心をこれ以外の別の視点で考えることができなかったといえる。

そして霞は，愛国心は，「国家至上主義や軍国主義，帝国主義とは異なり，我が"チ"をいとおしむ心情であり，人間の社会存在の根拠である国家を大切にする。革命的，出会い的，つまり掛け替えのない人間の基礎的集団である国家を愛する心である」[2]と定義づけている。なお愛国心は，さらに一段と善い国家に仕上げようとするものであり，現在，国家として不十分なものであるからそのままにしてよいものではない。理想を掲げそれによって推し進めていくものである。

戦後わが国では，愛国心に対して口を閉ざし，語ろうとしない。また語ることを恥とさえした風潮がしばらく続いた。それは日本人が愛国心という美名のもとに，敗戦直前，極端な国家主義や軍国主義の痛手を真正面に受け，本当の愛国心とはいかなるものであるかを知り，考える余裕もないままに敗戦を経験したからであろう。

わが国では，いわゆる進歩主義者と称する人々や教師の中に愛国心を口にす

ることを嫌い，それを避け，口にすることを恥とする風潮があった。これは真に自分の国が血族国民であり，文化国民であると同時に，国家的国民から形成されている深い"チ"につながる世界に類を見ない歴史的国家であるという認識に欠けていたからであろう。要するに愛国心は，極端な国家主義，軍国主義の同義語であるという先入観から脱却することができないのであった。また敗戦後，民主主義の道徳がアメリカを中心にして導入されてからは，人間尊重ということを最も大切にすることとし，そこから国家とか愛国心とかということは第二次的なものとして考えるようになったからであろう。また，マルクス主義の思想が盛んに唱えられ，「プロレタリアには国家はいらない」そして「愛国心はいらない」という思いに至ってしまったからともいえる。

わが国には，進歩主義者や進歩的教育主義者によって，民主主義の中の人間尊重を強調するあまり，愛国心をかき消し，愛国心の出る幕をなくする一時期をつくり上げてしまった歴史がある。今日，この反省に立って，道徳教育で愛国心をどう育てていくかが重要な課題となって国民に迫っていることを国民一人ひとりが認識し，方策を考えていかなければならないことが強く指摘されている。

③ 教育基本法の改正——愛国心の登場

平成18年12月22日，わが国の教育法制の基本原理を定めた教育基本法が約60年ぶりに改正された。その第2条に，「教育の目標」についてこれまで欠けていた「道徳心」や「わが国と郷土を愛する態度」が新たに加えられ，成立した。ここにようやく教育における愛国心等の内容が法制上，日の目を見たのである。

霞は戦後の長い間，「愛国心」という言葉に違和感，抵抗感，時には反対等，大きなトラウマの中，倫理学者として，あるいは視学官として，自己の信念のもと，道徳教育における愛国心の必要性を訴え，著書や講演で愛国心教育の復活と推進を提唱し続けた。この改正で，ようやく霞の熱い思いがかなった。

④ 日本人と卑屈

日本人は，敗戦で見られたように，愛国心に対しての卑屈感から脱却することが必要である。もっと自国のよさや卓越さを見直すと同時に，わが血を，わ

が歴史を，わが国土を一層大切にすることが求められている。

われわれ日本人は，自虐主義と卑屈感を徹底的に排除して，卑屈から立ち上がらなければならない。そして真に自分の国を大事にする愛国の心を国民の一人ひとりの心の中に宿さなければならない。自分を卑下するものは自ら卑しくなり，他人から卑下されるものになる。国家を卑下すれば，他国からも卑下される。いわんや尊敬される国家には当然なり得ないのである。

ドイツの哲学者カントは，道徳形而上学は人間によって卑屈は断じて捨てるべきものであると述べている。人間にとって卑屈は排除すべきものであるとすれば，もちろん国家においても卑屈は断固排除されるべきものである。

カントは，卑屈について，

「他人の奴隷となるなかれ，汝の権利を徒らに他人の蹂躙に委ねるなかれ。返債の全き確信なき負債をするなかれ。敢て必要とせざる恩恵を受くるなかれ。寄食追従の徒となるなかれ。また食を乞うものとなるなかれ。従って食を乞う程の貧窮に陥らざるよう節約をなせ。脆づき，地にひれ伏すは，たとえ天下のものに対する敬意を表するためであっても，人間たるの尊厳にふさわしからざることである。他人に対する平身低頭は，如何なる場合でも人間たるの尊厳に戻ることである。己を蛆虫とするものは蹂躙せられるに至って後，最早不平を言うことはできぬ。」[3)]

と『道徳形而上学原論』の中で述べている。われわれ日本人は，このカントの言葉を噛み締めて，国家または愛国心への卑屈な態度を反省していかなければならない。

最後に霞は，昭和40年代の前半にすでに次のような気持ちを感情を込めて訴えている。われわれは，濃い"チ"のつながりにあるものとして，一層国家のことを考え，世界に窓をもった，また世界に貢献できるような国家にするように積極的に愛国心を燃やしていきたいものである。日本人は，敗戦を契機とした被征服者意識，卑屈さから脱却して，真の愛国心とは何であるかを見直し，考え直し，真の愛国心を培っていかなければならないのである。

自分の国を忘れ，民族を忘れ，自国を卑下し，愛し得る民族や国家をもっていない人々に，どうして国際貢献や国家間の調停など，国際平和への道を期待

することができるだろう。われわれは，真の愛国心とは何かを考え直し，世界に貢献する道を見出していかなければならない。このことがわれわれ日本人が生きている意義であり，使命である。最後に，霞は，「血を汚すものは，地を汚すものは，知を汚すものは，己を汚すものである。すなわち，"チ"を汚すものは，己を汚すものである」[4]と締めくくっている。

(廣川正昭)

(註)
1) 長岡市道徳教育研究会（1970）『道徳指導の改造』新光閣書店 p.4
2) 霞信三郎（1970）『道徳・宗教的情操・愛国心』高陵社書店 pp.281〜282
3) 霞信三郎（1970）『道徳・宗教的情操・愛国心』高陵社書店 p.311
4) 霞信三郎（1970）『道徳・宗教的情操・愛国心』高陵社書店 p.313

〈霞に関連する主な著書〉
霞信三郎・関根透（1965）『人間と思想の流れ』学文社
霞信三郎（1970）『道徳・宗教的情操・愛国心』高陵社書店
長岡市道徳教育研究会（1970）『道徳教育の改造』新光閣書店

6. 間瀬正次
―――戦後の道徳教育とコールバーグ―――

(1) 実践者，指導者，研究者としての間瀬正次

　日本道徳教育学会創立当初より会員であり，後に理事として学会の発展に寄与した間瀬は，昭和11 (1936) 年3月に東京帝国大学文学部を卒業，その後小学校，中学校，高等学校の教員として，特に高等学校では社会科の教師として生徒の指導に当たるとともに生徒指導の分野でもすぐれた実践者であった。これらが評価され東京都教育委員会勤務を命じられ，指導主事として教育指導行政の任に当たった。やがて主査を経て昭和39 (1964) 年東京都立教育研究所研究部長，同昭和41 (1966) 年4月新構想の東京都立教育研究所初代調査普及部長として教育研究及び教員研修について指導的な役割を果たした。その後，東京都公立高等学校長として教育現場に戻り，昭和48 (1973) 年東京都立大泉高等学校長を最後に公職を退いた。
　一般的には定年退職をもって社会的な活動を終えるのであるが，間瀬の場合はこれを機にさらなる研究活動を始めるのである。すなわち，廣池学園モラロジー研究所の研究部顧問として約5年間，道徳教育に関する本格的な研究に取り組むことになる。研究の内容は，二つに大別される。一つは教育勅語成立過程の研究であり，二つはアメリカの精神分析学者，文化人類学者を主とする人間形成や発達課題に関する研究である。これらは間瀬によれば比較教育学の立場からの研究とされる。
　さらに昭和61 (1986) 年3月大東文化大学文学部教育学科教授を定年退職した後も名古屋商科大学客員教授を勤めるなど大学教員として学生の指導に当たり，理論と実践の両面から道徳教育の充実発展に努めたのであり，その功績は

大きいといえる。

　以上のような間瀬の略歴に基づいて，本稿では指導者，大学人，研究者としての業績を踏まえた上で，中心課題である「戦後の道徳教育とコールバーグ」について述べることとする。

(2) 東京都教育委員会指導主事，東京都立教育研究所部長時代の間瀬と道徳教育

　東京都立高等学校の社会科の教員から東京都教育庁指導部指導主事，主査そして東京都立教育研究所研究部長として教育指導行政及び教員研修ならびに実践研究の指導者として活躍したのは昭和30年代の後半から昭和40年代半ばまでの約10年間である。この時期は，昭和33（1958）年小学校・中学校に道徳の時間が設置されて間もない頃であり，学校における道徳教育についてさまざまな論議があり，特に当時の生活指導との関連でその賛否について学者（研究者）や教育現場の教員の間で激しく意見が対立し，反対運動も展開された時代であった。このような状況の中で間瀬は現場の教育実践に理論的な根拠を示し，道徳教育の望ましいあり方や進め方について範例を提示するなどして推進に努めたのである。具体的には，当時学校の道徳教育について指導的な役割を果たしていた宮田丈夫（お茶の水女子大学教授），勝部真長（お茶の水女子大学教授），大平勝馬（金沢大学教授），平野武夫（京都教育大学教授），青木孝頼（文部省教科調査官），井上治郎（文部省教科調査官）などの論や著書に基づいて道徳授業のあり方，進め方について指導過程の検討，道徳資料とその活用，授業研究と授業改善の重要性などを説いている。

　ここにその例を東洋館出版社刊の『道徳教育』全3巻のうち，間瀬の編著である第3巻「公共心・公徳心」[1]の中から一部を紹介する。このシリーズは小学校・中学校の道徳指導上の中心課題を取り上げ，その基本的な考え方と実践の方法を解明するために編集されたものである。第3巻「公共心・公徳心」は，第1章道徳教育における公共心・公徳心の指導，第2章小学校における公共心の指導，第3章中学校における授業方法と実践事例，第4章公徳心・公共心を

めぐって（鼎談）の4章で構成されている。本稿では第2章第1節指導計画の作成，第2節指導事例と考察のうち，第2節で述べている第5学年の指導事例における間瀬の道徳の時間についての考え方と指導の内容を「考察」を通して紹介する。

- 主題名　「美しい町」　・主題設定の理由　（省略）
- ねらい　公徳心を守って他人に迷惑をかけない態度を養うとともに，公共のために尽くすことが大切であることに気づかせ，実践しようとする意欲を高める。
- 資料　録音教材「私たちの町」

授業参観と指導記録を通しての考察
- 5年生ともなると他律から自律の段階へと進むので，公徳心の指導も個人が他人に迷惑をかけないということにとどまらず公共のために積極的に尽くす心がまえが大切である。このことから「ねらい」は適切といえる。
- 導入の段階で自分たちの住んでいる町の問題点をあげさせている。問答による手法を用いているが問題が広がりやすいので，標語を活用するなどして焦点をしぼる必要があろう。展開の段階で録音教材（中心資料）を活用する意図はよいが使い方に問題がある。ストーリーの順を追って問答するだけでは主体的に受けとめるという点で弱い。グループで討議するなどして考えさせれば自分の問題として追究できるのではないか。終末の段階も標語「町のよごれは心のよごれ」の知的理解に終わっている。実践への動機づけ，意欲づけが課題である。授業者は指導後の反省の中で指導案にとらわれ教師の意識過剰を述べているが，子ども相互の話し合いをいかに深めるか，集団思考の在り方については，今後の課題としたい。

(3)　大学人としての間瀬の学生に対する指導と
　　　大学テキスト「道徳教育の研究」の分析

　すでに述べたように東京都立高等学校長を定年退職した後，間瀬は大東文化大学教授として学生の教育指導に当たることになる。大東文化大学のほかに麗澤大学，フェリス女学院短期大学，茨城大学などの講師も勤め，主として「道徳教育の研究」の授業を担当し，学問的な根拠に基づいて道徳教育の必要性と課題について講義している。

大学の授業科目としての「道徳教育の研究」は，周知の通り小学校及び中学校の教育課程に「道徳の時間」が位置づけられた結果，教育職員免許状を取得するための必修の教職専門科目（2単位）の一つである（現行の教育職員免許法施行規則は「道徳教育の研究」を「教育課程及び指導法に関する科目」として位置づけているため「道徳の指導法」の名称を用いる大学が多い）。しかし授業を担当する教員は大学で定めることになっていたために専攻分野は多様であり，講義内容も得意な分野に重点が置かれることが多い状況にあった。「道徳教育の研究」は小学校・中学校の教員が「道徳の時間」の指導のために道徳教育について理論的な面と実践的な面からの考究が必要であるとの問題意識をもって大学の講義に臨んだ間瀬は，多くの大学の講義で用いられているテキストの内容について分析・検討する必要性を痛感したのである。「大学テキスト『道徳教育の研究』の分析」の結果について「道徳と教育」第247号，第248号に論文として発表している[2]。以下に論文の要点を紹介する。

① 分析の対象としたテキスト

昭和26（1951）年頃から昭和55（1980）年頃までの「道徳教育」に関する書物63冊（一覧表略）

② 分析の結果（概要）

第1期　「道徳の時間」（昭和33年）の特設まで——各個人の道徳教育論についての著作が多く，テキストというよりも一般人や教師向けの啓蒙書的な色彩が強い。

第2期　昭和33年以降——著者または編者が他の研究者や現場の学校教育経験者などの協力によって編集されたものが多い。倫理学的，思想史的，心理学的などのアプローチや生活指導的（経験主義的）アプローチによる特色や傾向が見られるようになり，大学生用のテキストの体裁を整えてくる。

第3期　昭和38年以降——文部省の道徳教育の充実方策を受け，「道徳教育の研究」が教職専門科目として重視されてくると，テキストの内容構成は個人執筆よりも分担執筆が多くなり，定型化され，内容的にもあまり相違はなく，特色も見られなくなる。

③ 特にテキストとしての色彩の強いと思われる25冊の内容を構成している要素と項目

ア 道徳教育の本質，意義及び目標

　人間生活のなかの道徳的事実，道徳の概念，理念，道徳教育の意義と目的，道徳と道徳教育，道徳教育と宗教教育，道徳教育と生徒指導，価値観の形成と道徳教育など。

イ 道徳教育の歴史

　日本の道徳教育史（戦前の道徳教育と戦後の道徳教育），道徳教育の変遷（文明開化主義から国家主義への推移，大正デモクラシーから軍国主義への推移），戦後における人間尊重の道徳教育，西洋の道徳教育史（近代の道徳思想，現代の道徳思想と道徳教育観）などを解説。

ウ 道徳教育の心理学的基礎

　道徳と道徳性，道徳性の構造，道徳性の発達と道徳教育，家庭及び学校における道徳性の形成など。

エ 道徳教育の内容

　道徳教育と教育課程，道徳教育の指導計画，主題構成の原理と方法など。

オ 道徳の指導法

　指導目標の設定，指導資料の選択，指導過程，指導案の作成など。

カ 道徳教育の指導者としての教師

　教師集団と校内組織，学校経営と学級経営，人間としての教師の人格的感化など。

キ 道徳教育の諸問題

　家庭と人間形成，問題をもつ子どもの指導（カウンセリングを含む），学校と家庭・地域との連携と協力など。

　以上のように「道徳教育の研究」のテキストの内容は多岐にわたる課題を取り上げているので，一人の授業担当者が半期1コマ（2単位）の講義で指導を徹底することは不可能である。それゆえ現実には自分が専門とし得意とする分野を中心に教授しているのが実態であると指摘している。

間瀬はこの論文の後半で「道徳教育の研究」を履修している学生の授業（講義）に対する反応をまとめている。その概要を紹介すると以下の通りである。

ア　道徳教育を学校教育の目的として理解し，教師の資質の向上として考えている。
イ　教育学科の学生は「道徳」の指導に，短期大学の学生は資格の取得に関心が高い。
ウ　道徳の時間の指導法についての関心が高い。
エ　授業（講義）と教育実習との関連については，「役立たなかった」「全く役立たなかった」の合計が35.5％に対し，「大いに役立った」「役立った」の合計は26.0％，「どちらともいえない」が38.4％であった。

　以上のことを踏まえて，教師としての資質の向上（専門性と使命感をもった教師）の面から，また「道徳」の指導技術の習得（実践的指導力のある教師）の面からも，現行テキストの改善と大学教授法の新しい工夫が必要であると結んでいる。

(4) 戦後の道徳教育とコールバーグ

① コールバーグ (Lawrence Kohlberg　1927～1987) の道徳性発達段階論と道徳教育論の日本への紹介

　ハーバード大学の教育学及び社会心理学教授（1968年以降）でその後，同大学の「道徳発達と道徳教育センター」の所長を務めたアメリカのL.コールバーグの道徳性の発達段階論と道徳教育論がわが国に紹介され，その検討と道徳教育への適用についての議論が盛んに行われるようになったのは昭和50年代（1980年代）後半である。コールバーグの道徳性の発達段階論は周知の通り認知発達論に基づく道徳判断の発達段階論であり，道徳教育論は価値葛藤を含んだ問題（モラル・ジレンマ）についての子ども同士の討論（モラル・ディスカッション）と，価値選択の理由づけ（モラル・リーズニング）を通して，道徳判

断の段階的発達を促すことを一つの方法とする理論である。
　なお，コールバーグの道徳教育論について比較的早い時期にこれを紹介した著作には以下のものがある。
- 『道徳教育の授業理論―十大主張とその展開―』現代道徳教育研究会編，明治図書出版，1981（昭和56）年
- 『道徳教育の現状と動向―世界と日本―』国立教育研究所内道徳教育研究会編，ぎょうせい，1982（昭和57）年

②　間瀬とコールバーグの道徳教育論

　①で述べたように，間瀬は廣池学園モラロジー研究所の研究部顧問として5年間道徳教育に関する本格的な研究に専念できる機会を得たが，人間形成や発達課題に関する研究もその一つである。この研究との関連で昭和60（1985）年10月学校法人廣池学園創立50年の記念行事の一環としてコールバーグ及びA.ヒギンズ両博士を招き，モラロジー研究所において開催された講演，講義に参加する機会を得ることになる。

　コールバーグは12日間にわたる日本滞在中に道徳教育論について三つの講演，講義を行っている。また，日本滞在の終わりにコールバーグは道徳教育に関する国際的な会合をモラロジー研究所で開催することを提案し，昭和62（1987）年8月に実現することになるが，同年1月に惜しくも逝去され，再来日はかなわぬことになった。

ア　コールバーグの道徳性の発達段階論

　廣池学園におけるコールバーグの第1回の講演は昭和60（1985）年10月7日に行われ，テーマは「道徳性の発達段階」であった。コールバーグの道徳性の発達段階論については日本でも何人かの研究者によって訳書，著書等を通して紹介されている。本稿では間瀬の『コールバーグの道徳理論－その推移と学校教育への導入―』[3]に依拠して概略を述べる。なお，ここで示すコールバーグの道徳性の発達段階については，間瀬が昭和60（1985）年3月シカゴ大学を訪問した際にスチューデント・ユニオンで入手したコールバーグの著作集全3巻のうちの第1巻「道徳発達の哲学」，第2巻「道徳発達の心

理学」[4]などに基づいてまとめたものである。

　1　慣習以前のレベル
　　第1段階─罰と服従志向
　　第2段階─道具主義的相対主義者志向
　2　慣習レベル
　　第3段階─対人関係の調和,「良い子」志向
　　第4段階─「法と秩序」の維持志向
　3　慣習以後の自律的・原理的レベル
　　第5段階─社会契約的遵法志向
　　第6段階─普遍的な倫理的原理志向

　間瀬は,コールバーグの道徳発達の理論の研究は民主主義社会の道徳の中核を正義（Justice）に求め,認知的側面からのアプローチで,道徳性発達の段階の順序と内容を明らかにしようとするもので実証的な方法を用いて研究に当たったとしている。そして,調査対象に用いられる測定の代表的な事例として「ハインツのディレンマ」をあげ,アメリカ,トルコ,イスラエルにおける縦断的研究によって,すべての個人は一段一段順を追って移行し,段階を飛び越えるものはないことを明らかにしたとしている。最後にコールバーグは道徳的行為の問題に論を進め,それには何が客観的に正しいかという問題と,道徳的行為者である個人の立場から何が道徳的に正しいかという問題について述べ,道徳的推論の段階の高い人は責任をもって行動する可能性が大きいとし,一定の状況において彼らが正しいと判断すれば,たとえ多少ともその状況から離れたとしても,その選択に従って行動する可能性が大きいというのである。講演の中心課題は,道徳判断及び道徳行為とは何であり,人間の発達段階に応じてより適切な道徳とは何であるかについて,理論的な規範的前提に立ちながら経験的なデータに基づいて解明することにあった。これからの道徳教育の指針は,哲学と心理学の両方を備えていなければならないと間瀬は指摘している。

イ　コールバーグの道徳理論の学校教育への導入

　廣池学園における研究会，講演会にコールバーグとともに来日したヒンギス博士は，コールバーグの共同研究者であるとともによき理解者そして夫人である。ヒンギスは講義第3日目の10月12日に「アメリカの道徳教育―ジャストコミュニティ（公正な社会）からのアプローチに焦点を当てて―」をテーマに，コールバーグ理論の学校教育への導入について講義している。この内容について間瀬は，その概要を以下のようにまとめている。

　なお，間瀬のまとめを紹介する前にアメリカの学校教育における道徳教育の状況について簡単にふれておく。

　周知の通り，アメリカの学校教育はその歴史的背景と社会的条件において「宗教」の時間や「道徳」の時間を特設していない。また，全国一律に学習指導要領に基づく指導を行うことはなく，州によって違いがある。道徳教育は人格教育の中核として学校の全教育活動を通じ，また，社会科や国語科の中で，さらに特別活動を通して行われている。その理論的根拠に全米教育協会による知性，感情，道徳性，社会性等の均衡ある全人的発達を目指す人間的教育を重視する考え方，進歩主義・改造主義のプラグマティズムを基礎としている教育哲学に基づく問題解決学習を主張する立場，キリスト教主義による性格教育，価値教育に重点を置く考え方，道徳的品性を重視する品性教育の考え方，学習者が各自にとっての価値を自覚し明らかにすることを援助する価値明確化の考え方，そしてインドクトリネーションからも自由であり，相対主義のもつ欠陥を克服する道徳教育の追究を目指す道徳的発達論の考え方などがある。最後の道徳的発達論の考え方がコールバーグが提唱する道徳教育論である。

　間瀬がまとめたヒンギスの講義内容を要約すると次のようになる[5]。

　　コールバーグの道徳教育論は，道徳性発達のアプローチであり，道徳問題や道徳的決定に関する子どもの能動的な思考を刺激して，道徳性の段階の移行をもって発達的であるとする。目指すものはジャスト・コミュニテ

ィ（公正な共同体）であり，ジャスト・コミュニティのアプローチの理論と実践について述べることが講義の目的であった。ヒンギスのいうジャスト・コミュニティの民主的学校は伝統的学校とは対照的に，教師と生徒の間や生徒同士の間のより対等な関係を奨励し，したがって，このような学校は小規模学校（およそ100人の生徒と6人の教師）が望ましく，インフォーマルな人間的交流を主とし，学校の問題は生徒と教師の合同の会議におけるオープンな討論で処理される。公立で大規模な学校の場合には，ジャスト・コミュニティはその中のもう一つの選択プログラムとして設けられる。教師と生徒の双方がそれぞれ一票をもって全員の積極的参加によってルールがつくられ施行されるというのである。民主的で，ルールに基づいて運営される組織に教師と生徒がともに参加することが，学校自体をより公平かつ公正な学習と仕事の場にする適切な方法であり，個々の生徒の社会的，道徳的発達を促進する適切な方法であると考えるのである（ヒンギスは最初の実験学校として，マサチューセッツ州ケンブリッジのクラスター・スクールについて説明している）。

　ジャスト・コミュニティのアプローチの理論では問題とするテーマについての討論（モラル・ディスカッション）を重視するが，その手順は次の通りである。①問題の提示，②生徒各自の考えの仮決定，③小グループによる討論，④クラス全体での討論，⑤討論のまとめ。

　このような討論は「話し合い」と称してもよい。道徳教育，特に道徳の時間の指導がとかく形式化，画一化して，あまり成果が上がっていないという批判があるとき，これを改善するためには道徳教育の理論に学問的な根拠を与え，道徳の時間の指導に確かな見通しをもたせて現場の教師がその実践に自信をもつことが必要であると間瀬は主張する。そのための一つの方途としてコールバーグの道徳教育論の導入を考えるのである。

　以上，②のテーマに即してコールバーグの道徳教育論について述べたが，この理論の学校教育への導入については間瀬だけではなく他の研究者も考究して

いる。さらにコールバーグ理論に基づく道徳授業の実践（モラル・ジレンマによる道徳授業）も行われている。このことについて間瀬は具体的に述べていないが，参考までにその方法例を示しておく。

コールバーグ理論の道徳指導への導入
　〔価値葛藤を含んだ問題（モラル・ジレンマ）について子ども同士の討論（モラル・ディスカッション）を，道徳判断の段階的発達を促すための一つの方法として用い，授業実践を行う〕
指導の手順
①問題（モラル・ジレンマ）の提示
　　問われている問題を生徒がよく理解しているかどうか確かめる。
②問題について生徒各自の考えの仮決定
　　生徒にしばらく問題について考えさせた上で，主人公が取るべき行動とその理由を紙に書かせる。
③小グループによる討論
　　主人公が取るべき行動について同じ意見の者同士，あるいは意見の異なる者同士で小グループ（4〜6名程度）をつくり，自分たちの立場について最もよいと思われる理由をまとめさせる。
④クラス全体での討論
　　各グループに討論のまとめを報告させ，報告されたそれぞれの理由について，さらにクラス全体で討論させる。教師はその討論を深めるために，必要に応じて追求のための質問を行う。
⑤討論のまとめ
　　生徒各自に主人公の取るべき行動について，自分とは反対の立場が出された理由のすべてを要約させる。討論を通じて出された様々な意見について考えさせた上で，もう一度，主人公はどうすべきであるのか，生徒各自の最終的な意見をその理由とともに書かせる。しかし，その紙を集めることはしない（授業者のねらいは，主人公の取るべき行動の選択とその理由づけを通して生徒の道徳判断の段階的発達を促し，道徳的成長を目指すことにある）。

なお，モラル・ジレンマを用いてモラル・ディスカッションによる道徳授業の実践の基礎となる資料（著書）には，*Moral Reasoning*（R. Galbraith & T. Jones 1976）及び *Conducting Moral Discussion in the Classroom*（B. K. Beyer 1976）がある。
(押谷慶昭)

(註)
1) 間瀬正次・井澤純編（1966）『道徳教育・公共心・公徳心』，東洋館出版社 pp.108～121
2) 間瀬正次（1984，1985）「大学テキスト『道徳教育の研究』の分析(1)(2)」，日本道徳教育学会『道徳と教育』No.247，pp.42～47，No.248 pp.37～40
3) 間瀬正次（1986）「コールバーグの道徳理論～その推移と学校教育への導入～」，『道徳教育』No.301，明治図書 pp.5～12
4) Lawrence Kohlberg（1981）*Essays on Moral Development*, Volume one and two, Harper & Row Publishers
5) 間瀬正次（1989）『今後の道徳教育を考える』教育開発研究所 pp.213～228
廣池学園モラロジー研究所におけるコールバーグの講演，講義の内容は，ローレンツ・コールバーグ　岩佐信道訳『道徳性の発達と道徳教育』として麗澤大学の廣池学園出版部から1987年に出版されている。

7. 日本道徳教育学会を支えた指導者たち

(1) はじめに

 戦後，道徳教育は戦中の反動と冷戦とのもと，二大陣営のイデオロギー闘争に巻き込まれ，混乱状態にあり，道徳的な退廃を招いていた。この状態を憂い，志ある人々が道徳教育の再建を目指し，イデオロギー的・権力闘争的な道徳教育反対に対して，力を合わせるようになった。日本道徳教育学会はその先駆的な動きの一つであった。学会が今日に至り，学会としての地歩を固めるに到るまで，特にその初期の基礎をつくり固める仕事は並大抵のものではなかった。その困難を乗り越えるために払われた指導者の尽力の姿をたどり，継ごうとする人々への指針を探ってみよう。
 また，学会とその指導者をさまざまな形で支えた人々のことも合わせてふれておこう。

(2) 道徳教育への強い志

 学会創立当時は，道徳教育を口にすると，反動であり，戦前の修身教育への復帰を目指すものと受け取る空気が強かった。そのために学会創立総会をめぐっての困難な事態は既に述べられた通りであった。
 創立にあたって，その中心になったのは，古川哲史（東京大学教授），佐藤敏夫（東京大学教養学部教授），原富雄（東京教育大学教授），渡部昇一（東京教育大学教授），勝部真長（お茶の水女子大学教授），小山甫文（早稲田大学教授），宮崎友愛（慶応大学教授），長屋喜一（専修大学教授），山田孝雄（日本大学教授），池岡直孝（明治

大学教授）であった。

　専門領域はそれぞれに異なっていた。古川は日本人の道徳的伝統を踏まえて，佐藤はカントの自律の実践倫理に立ち，原は老荘の無，道の境涯から敷衍し，小山は西洋中世哲学を下地に思索し，宮崎は近代民主主義の原理とその歴史的展開を参考にし，山田はベンサムの功利主義を生かし，道徳教育の各論に入ると，それぞれの専門に応じて自説を主張しつつ，道徳教育のあり方を論じた。

　常任理事会では，その時の道徳的課題や学会のあり方を論じては，喧々諤々，時には外から見て喧嘩争いのような様相を呈し，同席する者がひやひやすることもあったという。だが，それぞれの意見を堅持しながらも，道徳教育の再建・発展を目指す志において，相許し合って協力した。学会は長らく会長を置かず，常任理事会で運営されたのは，その現れであった。

　学会としては，会計をはじめさまざまな事務がある。文学部哲学系の理事たちは事務的なことは苦手である。誰が当たるかとなり，山田が代表理事として，事務担当の責任者となった。当時，日大の古田総長が道徳教育に多大の関心を懐いており，常任委員会をはじめ会合のための場に，日大の施設を使用することを許されたこともあって，山田ということになった。

　山田は，いわゆる事務処理に長けた能吏のタイプとは全く反対の，東北出身の好好爺であった。その山田は，亡くなられるまでほとんど一手に，会計をも含めて事務処理の任に当たった。

　会長を置かなかったことについては，会長に権限が集中することと，それに伴う弊，あるいは名誉的地位に堕する危険を避け，各人の自由平等に立つ真に民主主義的な学会の運営を目指してのことであったと，山田から聞かされたことがある。そこに，何としても協力し合って道徳教育を再建しようとする強い志と気概を見て取ることができる。

(3)　温顔の底にあるもの

　学会の核が固まったところで，その実際の運営を誰かが担わなくてはならな

い。大学の教授は学問研究には熱が入るが，事務的なことは助手任せで不得手である。でも，誰かが担わなくては学会は動き出せない。学会員の募集は理事の教授たちが小中高の学校現場の教え子に声をかけ参加を呼びかければよいが，会計や庶務的な事務は，手間暇かかって難物である。

　この難事に主として当たったのが先述のように山田であった。役員会などでは，時に厳しい対応をしたが，一貫して笑顔を崩さず穏やかな姿勢は変わることがなかった。金庫番から庶務の仕事，研究会をはじめとする集会の手配などを一手に引き受けた。創立総会を開き，学会活動が始まり，今日に至る基礎を実現する上で，山田の無私といってよい懸命な尽力は想像を超えるものであった。

　山田は東北人としての粘り強さ，立志に発する気力によって学会の事務的な仕事を長年こなした。春秋の大会のために，会場の交渉・決定，大会の案内状の作成，現場の先生方が参加しやすいように文部省，開催地の教育委員会の協賛・後援をとること，案内状の配布にあたっては会員への配布だけではなく，関係する教育委員会に持参して小中高各校への配布の依頼，講師と研究発表者への学会誌掲載のための原稿依頼等々，必要と思われる仕事をほとんど一人でした。

　大会開催にあたって，文部省や教育委員会の協賛・後援を取ることは，今日では当然のことになっているが，創立当初は時勢の影響もあって，それらをとることは，御用学会として非難され妨害される心配が多分にあった。しかしそれは，現場の教師たちが大会に参加するための出張許可をとれるようにするには，どうしても必要な手続きであった。山田は，御用学会かどうかは，大会の内容，学会誌『道徳と教育』の内容をみて判断してもらえばよいことだといわれ，学会員の中の文部省の委員会関係者などの協力をも得て，精力的に後援を取った。

　山田孝雄という名前に関して，次のような笑えぬ話があった。戦前，文字も同じ同名の著名な国学者が活躍していた。国粋的な面もあって，戦後は保守反動の批判を受けていた。山田はこの国学者と同一視され，学会が保守反動の巣

窟であるかのように批判する者があった。迷惑至極，やがて批判が見当違いであることがわかって事は収まった。このような思いつきの非難攻撃は意外に世に多いようである。山田も学会役員も笑いながら，物言うからにはしっかり確認してからというのが，道徳の第一歩だよと，余裕をもって対応していた。志ある人は，強い態度に出るものと思われがちであるが，認識を新たにした次第である。

(4) 縁の下の力持ち──大会開催の苦労

　学会は当然のことながら，研究と啓蒙の活動を継続し広め，その存在を知ってもらわなくてはならない。そのためには，大会と研究部会の開催と，学会誌の定期的な刊行が必要である。
　春秋の大会，そして教育現場に密着しての研究会の実施，その困難の一つは会場の選定である。学会の初期は，道徳教育がイデオロギー闘争の一つの場となっていて混乱の起きた時期である。そうした時期に大会の引き受け手はなかなか得られにくい。学会の経済事情からして，教育機関の厚意に待つしかない。設備からすれば大学がよい。加えて大学に，会場管理者が信頼する学会員，さらに学内で大会のためのさまざまな動員の可能なる学会員がいなくてはならない。
　こうした厳しい環境の中で，では何とかしましょうと買って出たのが山田であり，山田の跡を継いだ目白学園大学の片山清一であった。片山は物静かな細身の紳士で，物静かに語りかけ，人柄の優しさを感じさせる。片山のお陰で，学園側の厚意のもとに大会を続けることができた。
　山田も片山も大学内での信任が厚く，大学側の積極的な協力を得られ，大会は欠けることなく継続し，軌道に乗ることになり，型も決まってきた。道徳教育が世に定着し始めるにつれて，大会の引き受け手は拡がって今日に至った。何といっても二日間の日程，その前後の準備や処理事務など大変な負担は変わらない。会場校に対する甘えは禁物である。

⑸　学会誌の編集をめぐって

　学会誌のない学会はない。学会誌をということになる。有志でスタートしたばかり。学会には資金の蓄積がない。活動実績がなくては助成金を出してくれるところもない。原稿料を，印刷費をどうするかということになる。
　原稿は役員や学会員を中心に現場の教師たちの協力を得て，当面は何とかなりそうだ。
　印刷・製本はどうするか。古川，山田をはじめ，大学の教員を通じて，出版の引き受け手を探す。印刷事情の悪い当時にあって，これからの成長の保証もない，生まれたての貧乏学会の学会誌を引き受けるところ，それは道徳教育の再建に協力しようという篤志の人に出会うしかない。幸いに武蔵大学教授の和辻夏彦の伝手で，宮島印刷所の新井長治郎社長，続いて平林智司社長が引き受けてくれることになった。
　和辻の語ったところでは，街の印刷屋さんにとって学会誌発行の経験がなく，職人の負担は大きく，ために職人たちからためらう声がしばしば出たという。新井社長，特に後を継いだ平林智司社長が道徳再建の事業の大切さを職人たちに説いて，説得に努めることしばしばであったという。そのお陰で，学会誌の刊行，それも月刊発行ができた。学会を紹介し会員を集める上で，学会誌の存在は不可欠である。
　学会誌の編集・発行に執念を燃やされたのが古川であった。編集方針については，常任理事会で話し合われた。道徳教育の担い手としては，小中高の学校現場の教師たちが重要な働き手であるので，ここに焦点を合わせなくてはならない。学会誌であるから，学問的な研究・開発の成果に立つ内容でなくてはならないが，この学会としては現場の教師たちに読まれなくては目的は達成できない。一般に学会誌が，読者は自分の専門に関係する一部だけを読むにとどまるが，これでは，この学会の創設の趣旨に合わない。学問的な成果を踏まえながらも，興味をもって広く読まれること，少しでも現場の役に立つようである

ことが必要である。そのようなものとして学会誌を編集しようということになった。

学会誌の名称を何とするか。単刀直入に「道徳教育」という意見もあったが，いかにも固い。といって特別な味つけは本学会の趣旨に合わない。一見，平凡かもしれないが「道徳と教育」となった。

「道徳教育」では専門領域にこだわる感がなきにしもあらず，「道徳」と「教育」を「と」で繋いだ方が開放的で広さというか含みがあり，「と」で結びつける思索は万人に求められる重要なものであるという認識に立っている。こうして学会誌の名称は，常任理事会の苦心の結晶であったのである。学会誌としては異色の命名といってよかろう。

こうした編集方針を受けて，古川が学会誌づくりに当たった。原稿は，学問的な成果を踏まえての論説と，現場の教師たちの「道徳」と「教育」を結びつけての実践記録が二本の柱となって集められた。

なお，表紙については，古川が作品を何点か持っており，関わりのある版画家笹島喜平氏の作品を借用することになり，富士山の版画が表紙を飾ることになった。これによって学会誌は硬さを免れると同時に品のあるものとなった。

古川を助けて，基本的な編集方針の実現の面で活躍されたのが和辻夏彦である。自身の中学教師としての体験に基づき，執筆者への提案や助言を，干渉にならないように配慮して行い，現場の先生方との関わり合いを維持し，広げる上で貢献した。

なお，和辻は自己の体験を基にした原稿「中学教師」を連載し，好評を博したばかりではなく，その読みやすい文体は原稿作成のモデルとなった。

本学会は創設の趣旨からして，特定の，特にイデオロギッシュな立場に立つものではなく，広く道徳教育に関する研究を進めようとするのであるから，道徳教育反対論は採らないが，批判的な意見をも含めて，幅広く原稿を集めることに努められた。

初期の学会誌は，見ればわかるように，常任理事をはじめとして，研究者が積極的に執筆され，次第に学会誌としての体裁と内容が定まることになった。

学会誌としては，誤植が多くてはその存在，ひいては学会の存在価値に関わる。印刷所が街の印刷屋さんといったところで，学会誌を扱うのは初めてであった。そのせいもあって，出てきた初校は大変な出来であった。その校正には原稿作成の本人はもとより，学会員や大学院生が協力したが，最後は古川が眼を通した。やがて印刷所も慣れてきて誤植は減ってきたが，古川は欠かさずに眼を通した。

　このような古川の学会誌編集の仕事ぶりに見られる熱意とその粘り腰は，学会誌のみならず，学会の高校「倫理社会」教科書編集の場合にも，責任者として発揮され，学会の基礎を固める上で大きな力となった。

　古川の学会における仕事ぶりに見られる「熱意」と「粘り腰」は，公を大切にする「純粋さ」と目的に向かう「全力的」の二つの信条に支えられていた。それらは，古川の日本思想史研究を通じて，日本人の伝統的心性として発見された業績が背景にあってのものであるだけに，いかなる事態にも変わることがなかった[1]。

　古川は大の相撲好きであった。昭和初期の名横綱玉錦の大の贔屓で，その錦絵になるような美しさを好んだ。研究室でもちょっとした暇をつくっては大相撲の実況放送を視聴していた。相撲については，他の格闘技に見られない「型」と「潔さ」を評価していたが，これもまた先の「純粋さ」と「全力的」に通底する。

(6)　さりげない剛毅とたくまざるユーモア

　倫理学者とか道徳教育学者というと謹厳そのもの，何となく敬して遠ざけるということになりがちだ。学会が道徳教育の復興に貢献できるためには，現場の教師たちに学会の活動が浸透しなくてはならない。そのためには権威とともにその役割を果たし得る人柄が求められる。権威に関しては，大学教授やその道の研究者がいたが，道徳が心情，特に共感・共鳴と深く関わっていることからして，教育現場の教師たちと直接接触して，教師たちとの共感・共鳴の体験

をもつことが望まれる。この点で学会にとって勝部真長と尾田幸雄の，奇しくも同じお茶の水女子大学教授の存在は不可欠であった。

　勝部の学問的基盤は，「人間」の学としての和辻倫理学であり，人間の共同態の根本である秩序・道理を明らかにしようとする学問であった。その上に立って，勝部は道徳教育論を展開すべく，独仏米に研究員として学び，さらに日本の伝統，それに大正デモクラシー期に開発された多くの先駆的業績，奈良女高師付属の木下武次や成蹊小学校の中村春二，成城学園の小原國芳らの業績を調査・研究し[2]，わが国自前の成果を取り込み，生かし，さらに発展させるべきことを説くとともに，自身の道徳教育論を形成していった。

　世に勝部を保守的な道徳教育論者とか文部省の御用学者とする向きがあるが，勝部は，共産圏の崩壊，『イデオロギーの終焉』(ダニエル・ベル)を待つまでもなく，欧米に脱イデオロギーの論考が展開される時代にあって，今さら，何を，観念的論争に明け暮れし，道徳教育の現実に向き合おうとしないのかと，自己に対するそのようなレッテル貼りを一顧だにせず，笑っていた。

　こうして，勝部の内に形成されたダイナミックな道徳教育体系は，勝部の力となり，他に屈しない剛毅となって働いた。昭和33年「道徳」の時間特設にあたって，文部省の伝達講習の講師として日教組と正面から対決することになり，その「教師の倫理綱領」を厳しく批判して，道徳教育の不可欠さ重要さを強調した。その臆するところのない論調の鋭さには驚くばかりである[3]。しかし，その剛毅さは，ただ単に他を力任せに排除する偏狭な力ではなく，他を説得し納得させる余裕をもった力となって働いた。

　勝部は，「人倫の学」としての和辻倫理学に学び，その立場に立つとともに，道徳教育に関しては，人間の感情に積極的に働きかけて，共感・共鳴をひき起こすものでなければならないとした。「多情多感の道徳教育」の重視ということである[4]。勝部の文章と話しぶりは明快であり切れがあり，聞き手にとってわかりやすく，共感・共鳴を呼んだ。しかし，時と場合によってはその明快さと切れが他を排除する力として働きかねない。これを防いだのが，勝部の場合は，ジョーク，ユーモアである。挨拶や講演，講義あるいは座談に際しては，

必ず巧みなジョークを交えて，聞く者の笑いと納得を引き出していた。

　さりげない剛毅とたくまざるユーモアは，教育者にとっては不可欠の能力であり，その点で勝部は教育者としてのあり方を身をもって示し，接する者を引きつけて，学会の基礎づくりからその充実・拡大の大きな力となった。

　尾田は勝部のもとにあって，ともに学会の基盤を固めるとともに，現場との深い関わりをもって道徳教育の発展に尽力した。尾田はその穏やかで豊かな抱擁力によって，現場の教師たちに慕われた。

　その人柄もあって，尾田の研究会における司会ぶりは際立っていた。いわゆる名司会者とは趣を異にする。語りかけるような地味な話し方で，発言者の考えや意図するところを引き出し，また発言を促したりした。また，発言者の意図するところを押さえて，討論を円滑に進むよう努めていた。温かみがあり納得のいく司会ぶりであった。助言は自身の学識と現場の体験を踏まえて，具体例を示し，観念の操作に陥ることのないように努力していた。

　大会の際，宿舎で同室することが何度かあった。研究部会が終了し，夕食もとって部屋で休んでいると呼び出しがかかってくる。尾田は「おや，またか。よかろう」と，楽しそうに出て行く。研究会や現場の学校をめぐっての気楽な雑談，そして締めくくりは歌を唄ってということになる。打ちとけて楽しい気分に溢れ，若い教師たちと彼らの兄貴分といった雰囲気である。

　このようにして，人を大事にし，人間関係を重視することが，道徳教育上基本的な事柄であることを，またそのためには理論のみではなく，心情的に共感を呼び起こすことによって，道徳教育の目的はよりよく達成できることを，身をもって示したといえよう。

(7) 坐禅の修行の上に

　学会創立にあたっては，役員の顔ぶれからして明らかなように，地域的に東京が中心であった。基礎づくりに小・中・高校の現場の教師への働きかけが必要である。役員が人脈をたどってということになる。会員の中の校長の働きか

けに頼ることになる。この点で，都にあって校長として学会創設当初から参加していた徳久鉄郎は重要な存在であった。

徳久は，長屋喜一の門で坐禅の修行を積んでいた。しかし，そのような様子は見せなかった。

高校に「倫理社会」が設置され，倫理・道徳の学習が本格化するようになった。徳久は東京都倫理社会研究会の創設に当たった一人で，後にその会長も務めた。

一見茫洋とした風姿に人懐しさを感じさせるものがあった。しかし，長としてなすべきことは自己に厳しくして，校内の，また他校の教師から頼りにされていた。そのこともあって，徳久を通じて都の高校の教師たちの学会参加を見るようになった。高校の部会もそのお陰で開けるようになった。

徳久は学会の理事会においても，ゆったりとした姿勢を崩すことなく，いかにも坐禅の成果を思わせるものがあった。しかし，言うべきことと思われれば，ゆったりした静かな口調でありながら，強硬に主張することがあった。

理事会で，大会の講師に誰を招くかを協議した時のことである。反道徳教育を主張する文学者の石川達三や三島由紀夫を呼んだらおもしろいのではないかと提案があり，大勢は傾いてきたが，徳久は反対の立場を通した。今さら，反対論を聞いて，反論を試みたところで，眼先のおもしろさはあるが，何らかのプラスがあるとは思えず，大会という大事な場で取り上げるには値しないと思う。これに勝部も賛成し，招聘は取り下げとなった。

眼先を変えることで人を呼ぶという手段はよく利用されるが，学会の大会ということからすれば，それは姑息な手段であって，事柄の本質から外れることになる。徳久はこの点で妥協することはできなかったのである。こうした人材が学校長であることによって，都における学会の地歩は確実に固められていったのである。

（渡部　武）

(註)
1) 古川哲史（1974）『日本的求道心』理想社
2) 勝部真長（1984）第五章「大正デモクラシー期の修身科教育」『道徳教育の歴史』玉川大学出版部
3) 勝部真長（1997）「道徳教育を妨害した日教組―昭和三十三年の記憶」日本道徳教育学会『道徳と教育』No.296・297
4) 尾田幸雄（2006）「多情多感の道徳教育」日本道徳教育学会　『道徳と教育』No.324

第 3 章

関西道徳教育研究会と指導者たち

はじめに

　戦後のいわゆる道徳教育空白期，いち早く道徳教育の復活を叫び，道徳授業の方法原理として価値葛藤論を提唱し，長い間国内最大規模の「関西道徳教育研究会」を主催し，精力的に運営し続けたのが会長の平野武夫である。昭和25（1950）年12月，関西道徳教育研究会（当時京都道徳教育研究会）は，第1回大会を京都で開催した。

　おそらく，これが道徳教育と銘打って全国大会を開催した戦後初めてのことであろう。この研究会で影響を受け，その後に道徳教育研究で活躍した研究者や実践家は全国各地にまたがり計り知れない数である。その人たちは，現在においても各地で学会や研究会をリードし道徳教育の推進に活躍している。

　平野会長の独創色濃い，いわゆる「関西道徳」は，全国の学校に知れ渡り，時には1,000人を超える参加者を得，国内最大規模の研究大会を開催していた。設立時の教育現場は，戦前の修身科教育へのアレルギーが満ち溢れ，日教組はじめ革新団体の道徳教育反対運動の嵐が吹き荒れていた。この反対論の激しい中，平野は毅然と道徳教育における価値葛藤論を提唱し，研究会を設立し教育界に新風を吹き込み，大反響を巻き起こしたのである。

　平野は，昭和47（1972）年の京都女子短期大学での大会で，「修身科の停止に始まる戦後の新しい道徳教育が歩んだこの二十余年の足跡は，文字通り"いばらの道"であったと言っても決して過言ではない」と大会挨拶で述べている。昭和25（1950）年まで続いた道徳教育の空白期も，やがて「道徳教育振興方策」を境として反省期に入り，昭和32年頃までのいわゆる全面主義道徳教育の時代に転回する。しかしこれも単なるかけ声だけのものに終わったため，ついに昭和33（1958）年，『道徳の時間』の特設を見るに至った。いわゆる特設主義道徳教育の時代がここに始まる。しかしこの『道徳の時間』による道徳授業の実践

は決して坦々たる大道ではなく，特設に対する賛否両論の激しい対立は，その後しばらく続くのである。

平野は大会主張で，「道徳教育の現状を打破し，新しい道徳教育の方法原理の確立を求めなければならない」と訴え，精力的に研究会をリードした。

研究会の基調講演は，例年，平野の主張する価値葛藤論であり，道徳教育の指導方法は「価値葛藤の場において」ということを基本原理とすべきであると一貫して主張し，『大会集録』（大会研究資料）によると，次のような主題を取り上げ議論してきた。例えば，

- 第2回　昭和26（1951）年「学校教育の全面において―その根拠」
- 第30回　昭和54（1979）年「実践力の育成を目指す指導過程の再構想」

第3回から1,000名を超える大研究会になる。そして，第16回から京都中心の大会へとつながる。以後，第30回の1回だけ仙台市での東北大会があり，また大学紛争で，休会を余儀なくされたことが1回あった。

大会運営は，すべて会長である平野の独壇場，新顔にはいささか独善に映り，一方的なやり方に驚いたこともある。しかし一方では，壇上での歯切れのよい説明，明瞭な論理はわかりやすく，説得力があった。参加した会員は，道徳教育にかける情熱，力強いパワーなど，平野ならではの個性的な魅力とカリスマ性にいつしか引き込まれていった。また，副会長格で常に会長を補佐し，調整の任を果たしたのが後に視学官となる村田昇（滋賀大学教授）であった。

研究会は，講演会や協議会，あるいは分科会の討議などが企画され，活発な議論が交わされた。中でも論争にまで高まったのが「資料を」か「資料で」かの問題であり，華々しく議論され，参加者を討議に引き込み魅了した。

なお，紙面の関係で氏名のみ記すが，各章で取り上げた人以外で活躍した人々は多数にわたる。その一例を挙げると，指導教師陣としては，次の人たちである。（敬称略）

勝部真長（お茶の水女子大学），内海巌（広島大学），藤田政雄（大阪学芸大学），長田新（広島大学），井上順理（鳥取大学），村上敏治（京都教育大学），青木孝頼（文部省教科調査官），泉保夫（京都外国語大学），池尾健一（信州大学），工藤綏夫（秋田

大学），田井康雄（奈良大学），瀬戸真（調査官），井上裕吉（東京都教育委員会指導主事），大久保智（京都文京短期大学），井上薫（東京都教育委員会指導主事），金井肇（文部省教科調査官），森岡卓也（大阪教育大学），市川良哉（奈良大学），大平勝馬（金沢大学），行安茂（岡山大学），等が記憶に残る。

　また，平野は，第36回（昭和60年）全国大会で感慨を込めて36年来の多くの恩師，先輩，知友，同志の指導，協力者に感謝の辞を示している。その主な同志として協力した人々については第8節「関西道徳教育研究会を支えた指導者たち」で詳細に述べる。

　なお，地方からの参加では，筆者の地元新潟からは，10名前後が京都の智積院で合宿しながら参加するのが慣例となっていた。また仙台の三浦修一を中心とする東北グループも積極的であった。

　晩年，平野から研究会の関係書類が手元に送られてきた。書斎の棚はまるで「関西道徳文庫」という観である。見るたびに多くの同人を偲んでいる。

　会長平野は，関西道徳教育研究会を閉じるにあたって，この36年間の大事業を成し得た成就感と今後の日本道徳教育の進むべき方向を指導している。

　「道徳教育の実践力の育成には"価値葛藤の場において"の外にない」と自身の主張と積年の想いを序文で熱く語っている。

　以下，会長平野の最後のメッセージを贈る。

　　私共が道徳教育の問題にとりくんでから，既に40年の歳月が流れた。思えばこの長い間，よくも続けて来られたものと驚く。もとよりこの道は決して坦々たる大道ではなくて，文字通り「いばらの道」であった。（中略）
　　今日わが国の道徳教育は一般に極めて不振低調であるといって誤りはあるまい。これは極めて嘆かわしいことではあるが，道徳教育のいとなみがうまくいかないのは，何も今日に始ったことではなくて，明治以来，くり返し問題にされたことであるから，別に驚くほどのことでもないとも考えられる。むしろある意味においては，それがたとい小数の教師各位であるとはいえ，真の意味の道徳教育は，却って戦前の「修身科」よりは充実しているのではないかとも考えられる。（中略）
　　今日の道徳授業は児童生徒自らが直面する生活現実から出発しているというこ

とによるのではなかろうか。もし今日の道徳授業が，一般的にみられるように，生徒の生活現実から遊離して，いわゆる「資料の理解」中心に傾斜しすぎているならば，それはかっての「修身科」と同じく，不振低調の一途を辿るのではなかろうか。私が今日の道徳教育は，ある意味においては，戦前の「修身」よりも充実してるかも知れぬといったのは，決してわが国道徳教育実践の一般についてではなくて，極く小数の，道徳教育に真剣にとりくんでいる教師各位だけのことであるといわねばならぬかも知れない。我々は時々，今日の道徳教育は不振低調で，かつての「修身科」による道徳教育は充実していたかの錯覚に陥いることがあるが，しかし真に生きた「道徳性」を身につけさせるという点では，たといそれが小数の，一部の教師であったとしても，その道徳教育的意義を高く評価したいと思う。

　もとより前述のように，今日の道徳教育全般の傾向としては，尚いまだ不振低調であることは否定できない。これを克服する道は唯一つ—それは，道徳教育のいとなみが道徳の本質・構造に即して構想されること，即ちそれは「価値葛藤の場において」ということを基本的な方法原理とすべきであることは論を俟たない。私が40年の歳月をかけて，この「価値葛藤の場において」という方法原理の究明に全力を尽してきた所以は全くここにあるといわねばなるまい。誠にこの「価値葛藤の場において」ということは，道徳教育の基本的な独自的性格であって，これを外にしては，「生きた道徳的実践力」を身につけさせる道は，どこにも無いと語るべきである。（後略）

こうして36年間続いた関西道徳教育研究会は，昭和60年8月9日の第36回全国大会の終了をもって終止符が打たれた。平野がちょうど80歳の年であった。

（廣川正昭）

1．平野武夫(1)
―― 関西道徳教育研究会の設立とその影響 ――

(1) 関西道徳教育研究会と時代背景

① 関西道徳教育研究会がたどった戦後40年

　戦後の道徳教育空白期，そして関西道徳教育研究会が設立された昭和25年から同研究会が終息した昭和60年までの，この36年間の日本の道徳教育はどのような状況であったのか。

　わが国の教育課程から修身科がその姿を消したのは，終戦の年，昭和20年の12月であった。以来，研究会設立の25年頃までの5年間は，生活経験主義に立つ新教育の進行過程において道徳的なものへの配慮が教育課程のどこにも見られなかった。いわゆる道徳教育の空白期ともいうべき時代である。

　やがてアメリカ一辺倒ともいうべき新教育に対する反省が高まり，教育活動の全面にわたる道徳教育への要請が起こり，昭和25年頃からいわゆる全面主義道徳教育の時代を生み出した。この期と同時に関西道徳教育研究会が発足したのである。真に時代が要請したともいうべき出来事であったともいえる。しかし，その後も道徳教育振興のかけ声が大きいわりには，その実績はなかなか上がらなかった。

　当時，わが国の教育現場では，日教組をはじめ革新団体が道徳教育の反対運動を展開し，社会全体が反対の嵐の中にあるありさまであった。かくして，昭和33年に「道徳の時間」の特設を見るに至った。その後，「道徳の時間」は，初期の生活指導主義的性格から学習指導主義的性格へと，漸次その性格を転換させていくのである。

　会長の平野は，戦後40年間を振り返って，もとよりこの道は決して坦々たる

表1 「意見發表題目」とその計画（第3回全国研究大会）

番號	發表題目	學校名	發表者
1	道徳教育の方法に於ける基本的方向	大阪學藝大	藤田政雄
2	道徳教育論	滋賀大	三輪健司
3	「學校教育の全面に於て」ということについて	京都學藝大	平野武夫
4	道徳教育の内容的考察（社會科中心）	埼玉縣教育研究所・東京教育大	渡邊正一
5	道徳性の診斷	京都學藝大	四方實一
6	道徳意識の發達と指導	香川大	坂東藤太郎
7	道徳教育と道徳教科	鳥取大	井上順理
8	道徳教育の構想と實際	奈良大	堀田兼成
9	道徳教育の指導計書	京都修道小	橋本秀一
10	公なるものへの關心と奉仕（新しい忠と孝）	お茶の水女子大	勝部眞長
11	理念的人間の類型と德育	東京教育大	小牧治
12	行爲評價に於ける動機と結果	大阪學藝大	山本政夫
13	儒教的道徳教育の問題	京都學塾大	村上敏治
14	價値の葛藤と決斷（「方便嘘」の考察を通して）	京都學藝大	平野武夫
15	人間形成のための特別教育活動の一試案	廣島大	内海巖
16	躾について	愛知大	村上瑚磨堆
17	家庭生活の指導と道徳教育	京都女子大	黒川著大郎
18	自治會の指導	東京上野學高	德久鐵郎
19	遊びの指導による道徳教育	京都學大	近藤博
20	校外補導と道徳教育	京都桂小	水口利夫
21	六根淨化と道徳教育	德島市佐古	松浦稔治
22	科學と道徳	京都學藝大	武貞良人
23	合理的精神と道徳教育	京都學藝大	鹽見健之祐
24	話言葉と道徳	京都學藝大	岸田武夫
25	作文指導による人間形成	京都學藝大附	山田義信
26	ユーモア文學と道徳	京都學藝大	糸岡正一
27	童話から道話へ	京都植柳小	迫田周吾

表2 特別講演「道徳教育について」―前文部大臣天野貞佑口述―（第3回同上大会）

一，人間という存在
　1　責任の主體
　2　イデアへの憧れ
　3　作られて作る存在
　4　一つの例
　5　今一つの例
　6　人間存在の基本構造
二，道徳は變るか
　1　道徳は變るか
　2　把握の仕方が變る
　3　變らないもの
　4　ギリシャの四主德
　5　河村瑞軒の場合
　6　二種類の内容
　7　經驗的な内容が變る
　8　變るものと變らぬもの

三，道徳的判斷力の養成
　1　道徳的判斷力
　2　考える葦
　3　知性に導かれて
　4　知性をみがく
　5　知育の德性性
四，道徳教育の方法
　1　修身科批判
　2　實踐することによって
　3　躬を以て導く
　4　新鮮味を失うもの
　5　新しい道徳教育
　6　倫理科特設の問題
　7　學校教育の全面に於て
　8　社會科の改造
　9　教師の人格
　10　家庭と社會

五，人生觀の問題
　1　人生觀ということ
　2　力の人生觀
　3　道理の人生觀
　4　道理の媒介者
　5　人格の尊嚴
　6　人間形成としての産業教育
　7　獨立の苦難に耐えて
　8　不道理は歴史の審判に耐えない
　9　民族の矜持をもて
　10　日本的と世界的
　11　子供たちに希望をもたせよ
附録「私はこう考える」
　　　　　　　　（天野文部大臣）

表3 「全国大会」の計画とその様子（第36回大会　昭和60年8月6日～8日）

大会日程概要

（表省略）

大道ではなく，戦後占領軍の修身科停止はともかく，わが国の同胞からは白眼視され，進歩主義的教育学者からも保守反動のレッテルを貼られるありさまで，文字通りの"いばらの道"であったと述べている。

② 関西道徳教育研究会とその全国研究大会

昭和25年12月，京都朱雀第六小学校で第1回道徳教育研究協議会全国大会が開催された。研究テーマは「修身科復活の是非をめぐりて」で，参加者はわずか250名という少数であったが，この大会がわが国で戦後初めての道徳教育と銘打っての研究会であったということが特筆される。途中，昭和45年の第21回大会が大学紛争のため休会されたが，以後，反対や抵抗勢力があったにもかかわらず，昭和60年の第36回大会までの36年間，延々と続けられた。

設立初期の大会の様子を，第3回大会記録（昭和27年）等でその内容を紹介すると，文部省の後援で大会が行われ，前文部大臣でカント哲学者の天野貞祐博士の特別講演「道徳教育について」が行われた。大会の研究テーマは「道徳教育の大道―生きた道徳性を身に付けさせるにはどのようにすればよいか―」

であり，大会記録として平野の手で1冊の著書にまとめられた。そして意見発表や分科会では，133ページ表1の計画書によると，当時の日本を代表する道徳教育の研究者が名を連ね，錚々たる顔ぶれであった[1]。

(2) 関西道徳教育研究会の歴史的系譜

① 全国研究大会の主題と参加数の系譜

大会主題は，道徳教育の論争，対立，葛藤の時代背景や道徳教育の不振・低調といった現実の教育問題などが，その時々に取り上げられてきた。例えば，生活指導か学習指導かの指導理論，方法の選択等，道徳教育がその時々に抱え

表4　主題・参加数・地区大会[2]

回	年	全国大会の主題	参加数	地区大会
1	25	修身科復活の是非をめぐりて	250	
2	26	学校教育の全面において―その根拠	750	
3	27	生きた道徳を身につけさせるには	1,000	
4	28	道徳教育の隘路とその打開	1,400	北九州市，尾道市，金沢市
5	29	道徳教育の計画とその実践	1,100	宮崎市，小野田市，富山県
6	30	道徳教育の内容（徳目）の再検討	1,100	大牟田市，徳島市，津市
7	31	問題の倫理としての愛国心と孝行	1,200	三原市，八代市，出雲市
8	32	道徳基準の設定と道徳科特設の問題	1,600	犬山市，下松市，伊勢市
9	33	全面を踏まえた道徳時間の実践構想	1,800	岡崎市，加賀市
10	34	価値葛藤の場を生かす道徳指導の要訣	1,300	松山市，浜松市
11	35	価値葛藤を生かす道徳時間の展開過程	1,100	萩市　　　　　新居浜市
12	36	道徳指導における知と実践の問題	1,100	熊本市
13	37	道徳性の根基に培かう内面的自覚への道	1,050	武雄市
14	38	道徳授業の展開過程と資料の活用	1,150	都城市
15	39	倫理観の確立と指導資料の観方	1,200	姫路市
16	40	全体計画の方向と道徳授業の原型	950	浜松市
17	41	道徳教育の構造化とその力動化	700	
18	42	道徳授業の基本的指導過程の構想	600	熊本市，山形市
19	43	知と実践のズレを克服する方途	600	
20	44	道徳授業の構造改革への道	600	
21	45	―（大学紛争のための休会）―	―	
22	46	実践力の根基に培かう道徳授業	700	
23	47	道徳時間の存在理由と重点化の問題	550	
24	48	道徳教育観における12の対立点	800	
25	49	軌道修正に迫られる道徳教育	1,100	
26	50	実践力育成へ踏みしめて上る9つの段階	1,000	
27	51	実践力の育成を支える価値葛藤理論の再認識	850	
28	52	道徳的実践力を育成する方法原理	1,100	
29	53	道徳的実践力育成の具体的方途	1,050	
30	54	実践力の育成をめざす指導過程の再構想	1,200	
31	55	実践力の育成に活路をひらく5つの方途	1,200	
32	56	道徳的実践力育成のツボとコツ	1,150	
33	57	中道をゆく道徳教育の実践構想	1,100	
34	58	道徳授業の活性化への展開原理	1,150	
35	59	目的が一貫する道徳授業の展開過程	1,000	
36	60	道徳教育は教師中心か，生徒中心か	1,100	

ている課題，そしてそれを取り巻く教育問題等が主題となった。

　次の大会主題の歴史的系譜を見れば，その時代に取り組まなければならない道徳教育ないし道徳授業の重要課題が一目瞭然に示されていたことがわかる。

　この大会を通じて，道徳教育で取り組まなければならない課題への認識が全国的に広がり，多くの教師たちに理解されることとなった。

②「大会主張」と「研究資料」が果たした役割

　平野は，大会で常々自論の「価値葛藤論」を基調講演として力強く提唱し続けた。例えば，第26回大会（昭和50年）の大会主張では，「実践力育成へ踏みしめて上る9つの段階―実践力の根基に培うため―」がテーマで，序説，第一：教育精神を確立する，第二：人間観と道徳観を確立する，第三：目的観の確立を図る，第四：方法観を確立する，第五：知と実践のズレの近接を図る，第六：主題構想における価値と生活と資料の統一，第七：道徳的自覚の深化に即する指導過程，第八：道徳的考え方を鍛える"新しい話し合い"の組織化，第九：ひとりひとりを生かす発問と発言の取り上げ方で，内容の項目を具体的に示し，実践力を培う方策を明解に指導した。

　おそらく平野会長の大会基調講演を聞くために京都の会場に足を運んだ会員も多かったことだろう。あのカリスマ性とエネルギッシュな気迫に，いつしか道徳の世界に引き込まれていったのは筆者一人だけではなかっただろう。

　また，大会の度に会長として道徳教育への主張点を，「大会研究資料」として1冊の著書にまとめて刊行している。そのタイトルの一部を紹介する[3]。

主著 新しい道徳教育への道	（昭和25年）	道徳性の内面化への指導原理	（〃 37年）
道徳教育の指導計画	（〃 26年）	道徳教育の基本原理	（〃 38年）
道徳の本質とその教育	（〃 29年）	道徳授業の原型とその力動化	（〃 39年）
道徳教育実践の大道	（〃 30年）	道徳授業の力動的展開原理	（〃 39年）
道徳教育の実践原理	（〃 32年）	価値葛藤の場と道徳教育	（〃 42年）
現下道徳教育の問題点	（〃 33年）	現代の危機と倫理観	（〃 44年）
徳目の再検討	（〃 33年）	実践力の根基に培う道徳授業	（〃 48年）
倫理観確立への道	（〃 34年）	実践力に培う道徳授業の指導過程	（〃 49年）
価値葛藤と道徳の時間	（〃 34年）	人間観と倫理観の確立	（〃 50年）
道徳時間の展開原理	（〃 35年）	軌道修正を迫られる道徳授業	（〃 50年）
道徳時間の展開過程	（〃 35年）	価値葛藤の場を生かす道徳授業	（〃 51年）
道徳教育と価値葛藤の場	（〃 36年）	道徳的実践力の育成と道徳教育	（〃 52年）
道徳教育の方法原理の研究	（〃 36年）	道徳的実践力の育成をはかる原理と方途	（〃 53年）
倫理観の確立と価値葛藤の場	（〃 36年）		

参加者の多くがこれらの著書で学び，末永く道徳教育の研究書として愛用し続けた。

時には独断的に映ったこともあったかも知れないが，ここ関西道徳教育研究会は，平野会長あっての研究会であったことだけは確かである。

(3) 関西道徳教育研究会とその研究事例

① 講演する講師陣とその討論

大会指導講師には，大学の教授，文部省の調査官など，第一線で活躍している人たちがその指導に当たった。年代によって多少変わるが，ほぼ継続して講師陣に名を連ねている研究者も多かった。例えば，当時の文部省関係では，青木孝頼（文部省教科調査官），井上治郎（文部省教科調査官），金井肇（調査官）等，大学関係では，村田昇（滋賀大学），村上敏治（京都教育大学），森岡卓也（大阪教育大学），行安茂（岡山大学）等，キラ星の如く道徳教育における権威が集まった。

中でも講演，パネルディスカッション等で話題となった，井上調査官の資料優先論が記憶に残る。第24回大会（昭和49年）で「資料における生活の代用機能の発見と活用」と題しての講演があった。その内容については省略するが，当時，「資料を」か「資料で」かの論争が巻き起こり，大会でも井上調査官対オール講師陣の様相で，全体協議会にまで引き継がれ，喧々諤々の応酬，白熱した討論の場となり，大会は大いに盛り上がった。それだけに井上の「資料優先論」は現場の教師たちに大きな影響を与えた。特に中学校の道徳授業は井上理論で席巻される時期もあった。

② 現場からの新しい道徳授業論の提案とその研究発表

全国研究大会では，特別研究発表と全国代表者発表が毎回計画され，全国各地での研究会等での成果，これからの新しい取り組みなど，実践事例が発表された。その様子を第33回大会（昭和57年）の筆者の事例で紹介する。

この研究テーマは，「生活に根ざした道徳教育の展開と実践―新しい道徳授業の構想―」で，新しい道徳授業の方法原理はどうあったらよいかの提言であ

る。その内容は,「道徳価値形成過程論」による道徳授業の展開構想である[4]。理論については割愛するが, ここでの研究発表が契機となり, 以後「道徳価値形成過程論」が自身の道徳授業論の基軸となっていくのである。

　また, この年の全国代表者研究発表会では, 小学校29, 中学校17の発表が行われた。現在指導的立場にある永田繁雄(現東京学芸大学)の「自律的な子どもを目指した道徳の授業」などが異彩を放っていた。

　このように身をもって体験した「関西道徳」が契機となり, 多くの人たちがその後の研究や実践活動を意欲づけられたことはいうまでもない。平野会長の「関西道徳」が果たした役割や影響の大きさに今さらながら驚かされる。人材の発掘や育成においてもしかり, 日本の道徳教育の推進に大きく寄与したこの関西道徳教育研究会は, おそらく戦後の日本の道徳教育史に残る偉大な事業を成し得たといえる。

　③　最終回の思い出とその協議会・交流会

　最終回の第36回大会(昭和60年)の全体協議会と夜の座談会が記憶に残る。

　全体協議会は, 第1日目の午後行われていた。「修身でない道徳教育を求めて―教師中心か, 児童・生徒中心か」の提案はもちろん会長の平野であり, 司会が村田昇(滋賀大学), パネラーは山本政夫(武庫川女子大学), 森岡卓也(大阪教育大学), 行安茂(岡山大学), 他11名の現場教師で, 活発な討論が行われた。筆者もパネラーの一人に加わった。夜の座談会では, 聖護院大広間で講師団と会員有志で親睦を深め, 和やかに夜の更けるのも忘れて行われた。この交流会が機縁で道徳教育研究の友となり, 師となり, また協力者となる多くの仲間ができたことはいうまでもない。すばらしい人たちと出会い, お互いがその後も親交を重ね, 研究活動を共有し合っている。

　最後に, 平野会長の関西道徳教育研究会が, いかに多くの研究者や実践家を育てたか。また道徳教育への意欲を盛り立て, これからの日本の道徳教育が進む方向をしっかりと指し示したか, そして今日の日本の道徳教育研究の基盤を築き上げたかを特に記しておきたい。

　　　　　　　　　　　　　　　　　　　　　　　　　　　　(廣川正昭)

(註)
1) 平野武夫（1953）『道徳教育の大道』京都道徳教育研究会 p.126
2) 関西道徳教育研究会編（1985）『第36回全国研究大会集録』関西道徳教育研究会 序文
3) 平野武夫（1978）「道徳的実践力育成の原理と方途」『関西道徳教育研究会 全国大会討議資料』
4) 廣川正昭（1992）『これからの道徳教育』ぎょうせい p.82

〈平野に関連する主な論文・著書〉

平野武夫編（1953）『道徳教育の大道』京都道徳教育研究会
平野武夫（1958）『現代道徳教育の問題点』関西道徳教育研究会
平野武夫（1959）『倫理観確立への道』関西道徳教育研究会
平野武夫（1964）『道徳教育の力動的展開原理』関西道徳教育研究会
平野武夫（1967）『価値葛藤の場と道徳教育』黎明書房
平野武夫（1974）『道徳教育の指導過程』関西道徳教育研究会
平野武夫（1971）『現代の危機と倫理観』関西道徳教育研究会
関西道徳教育研究会編（1974）『第24回全国大会記録―25周年記念―』関西道徳教育研究会
平野武夫（1974）『道徳授業の指導過程』関西道徳教育研究会
関西道徳教育研究会編（1985）『第36回全国研究大会集録』関西道徳教育研究会

2．平野武夫(2)
――新しい道徳教育の方法と価値葛藤論――

(1) 新しい道徳教育の価値葛藤論

① 道徳教育の開拓者としての平野武夫――その歴史と時代背景

　戦後，道徳教育の空白期，そして道徳教育の論争・対立の激しい中，その後の日本の道徳教育の復活と再生を超人的に主張し続け，いち早く全国規模の道徳教育研究会を結成し，新しい道徳教育の道として価値葛藤論を道徳授業の有力な方法原理として提唱し続けたのが平野武夫である。

　平野は，京都府の出身で，昭和16年3月に広島文理科大学哲学科を卒業。卒業後は，神奈川県女子師範学校教諭（昭和16年4月），青森女子師範学校教諭（昭和17年4月），宮城師範女子部教授（昭和19年4月）を経て，京都師範学校教授（昭和21年4月），京都学芸大学助教授（昭和24年4月），京都教育大学教授（昭和40年4月）を務めた。同大学を定年退職（昭和45年3月）後は奈良大学教授（昭和45年3月）を務めた。京都学芸大学時代に『道徳教育の方法原理についての研究』で文学博士号を取得した（昭和36年9月），この時期における日本人唯一の道徳教育分野の研究での学位取得者である。また関西道徳研究会会長ならびに全国道徳教育研究者連盟会長として，永年にわたり道徳教育に携わった。なお，自宅がある京都「糺の森」が平野の研究活動の拠点であり，かつ安らぎの場でもあった。

　「道徳の時間」特設以来，道徳授業は一応軌道に乗って，あまり抵抗なく行われてきたが，その授業は平板化し，次第にマンネリ化していった。こうした道徳授業を克服する試みが各方面から出され，中でも道徳授業の方法原理が関心を呼び，各論が提唱された。そして時には論争と対立を招くほど活発に論議

がなされた。

なお，現場の教師たちは，こうした道徳授業の基本的構造を「原型」として，1)児童・生徒の発達段階，生活状況等，2)設定する主題のねらい，扱う資料の性格等，3)時間，指導方法論等，を考慮して，その時と場に合った指導の類型を工夫しながら実践を重ねた。

この時期に登場したのが価値葛藤論である。この論を現場の実践的推進運動として力強く提唱したのが，関西道徳教育研究会の平野武夫会長を中心とする研究者とそれに共鳴した現場の教師たちであった。同研究会では，道徳の特設以前から道徳教育の実践計画，構想，原理を追求してきたが，価値葛藤を生かす道徳授業の展開原理や展開過程を熱心に提唱するに至った。

当時，道徳教育というだけでさえ保守反動のレッテルを貼られる風潮の中で，昭和25（1950）年から昭和60（1985）年までの36年間，平野は，国内で最大級の道徳教育研究会を開催し続け，その成果を毎年世に問い，超人的に価値葛藤論の普及に努めた。

価値葛藤論の特色は，児童・生徒の直面する生活上の問題点を解決するという「問題解決学習」の原理に立って「問題状況」を克服するために各自の内省と追体験による解決の方法として道徳体験の原理を用い，近代教育における「生活から生活へ」の原理に基づいて道徳授業を展開していることである。戦後教育の潮流となった問題解決学習論と呼応し，一時期，学校現場の教師たちに大きな影響を与え，日本の道徳教育の推進に多大な功績を残したのである。

② 価値葛藤論の哲学的根拠

一体，価値葛藤論を道徳教育の方法原理とする根拠はどこにあるのか。平野は，「価値葛藤の場において，道徳性の啓培を図るということを，それは端的に道徳は価値葛藤の場において，最も明確な形をとって生起するものであるからということにつきる。」[1]と述べている。

われわれ人間には，具体的な生活現実において二つもしくは二つ以上の価値の相対立葛藤する場に直面して，そのいずれの価値を選択し，またそのいずれを拒否するかを決断するところに，はじめて道徳的（善），もしくは反道徳的

（悪）といわれる価値が生起する。したがって，価値葛藤の場や過程において道徳性の育成を図ることが最も有効な道徳授業の方法原理である，ということができる。

児童・生徒に現実的な道徳体験を得させるには，直接，葛藤の場や過程に立たせることが指導上，重要な着眼であることはいうまでもないことである。

いかにこの場面を，限られた時間にシステム化していくかが大きな鍵である。

価値葛藤論に関わる諸学説については，過去，倫理学の立場からいろいろ論じられている。例えば，ストア学派のアウグスチヌス，I.カント，J.ヘルバルト，J.ベンサム等の学説があるが，はっきりと整理されたものに，E.シュプランガー，M.シェーラー，N.ハルトマン，H.ライナー等があり，学問的に高く評価されている。

価値倫理学の立場から価値の体系をM.シェーラー，N.ハルトマンの価値理論を基本にわかりやすく整理すると次図[2]のようになる。

ここで最高に位置する人格的価値は反価値よりも正価値を，低価値よりも高価値を選び取る作用に宿る価値である。

なお，参考までに，M.シェーラー，N.ハルトマン，H.ライナー等，実質的価値倫理学の立場の価値論は，I.カントの形式主義と対決し，それを克服しようとした点において特色がある。

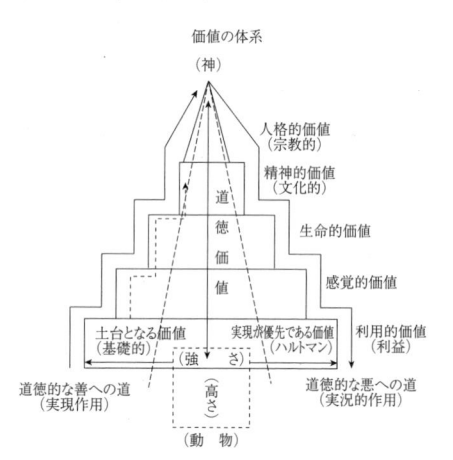

しかし，M.シェーラーが現象学的方法によって価値の本質を解明しようとしたのに対して，N.ハルトマンは批判的見地を固く守っている。

実質的価値倫理学の立場では，価値は客観的なものであり，主観的な見方によって変わるような相対的なものではないのである。その意味で，主観主義的，相対主義的な価値論は排斥されることになる。

(2) 価値葛藤論の四原則

① 価値葛藤と人間の有限性

　よりよく生きたいとは，価値を追求する意欲を意味し，人間だけがもつ欲求である。しかし，求めるものは一つではなく，実に多種多様である。もし求めるものが一つであれば，その選択に迷うことはないであろう。

　人間が求めるものは多様なので，価値をどう選択するかが問題になる。しかし日常生活では，多くの価値に対する欲求が同時に起こるところに，価値の選択の問題，すなわち価値葛藤が起きるのである。

　例えば，人命救助で自分の生命を危険に曝し，他人の生命を助ける場面などは，迷いや悩みの極限状態であろう。しかし，これらの事例は日常いくらでも起こり得ることなのである。また，学校生活の中で，友だちとの約束と係の仕事などが同時にぶつかり合うこともしばしばであろう。

　人間の能力が神のように無限であれば，多くのことを同時に実現することもできるであろう。しかし限界をもっている人間が価値葛藤に生きなければならない宿命がここにあるのである。

　人間は二つ以上の価値に対する欲求が同時に起こる場合，あるいは，実行に移す場合，二つのうち，いずれか一つを選んで他を断念するか，もしくは低い段階にとどめる以外に道はないのである。この二つの価値の間にあって，そのいずれを選ぶべきかは，全くその人の自由意志の決断に懸かっている。ここに人間の迷いと苦悩の源泉を見ることができる。

　一方，人間は神と動物との中間者といわれるように，現実には有限を免れない存在でありながら，常に無限を目指して，よりよく生きようとする存在である。そこに常に迷いと苦悩が絶えることなく押し寄せ，いやがうえにも葛藤の中に立たされるのである。本来，「価値」とは，よりよく生きようとする人間の欲求を満たすもの，そして「葛藤」とは対立・闘争を意味するものであるから，価値葛藤とは，二つのあるいは二つ以上の価値に対する相対立して，その

選択・決断に迷う，という心的状態を指すものに他ならないのである。平野は，日常的な価値葛藤とは次のような状況であると述べている。例えば，「・困った，どうしようか。　・今，いかに生きようか。岐路に立って。　・あれか，これか。　・知と実践のズレ。　・義理と人情の板ばさみ。　・悔恨と自責」[3]

② 価値葛藤と価値の相反

　道徳的に善といわれる価値は，一般に低い価値への欲求を適度に抑えて，高い価値の実現に向かおうとする意志の作用において現れる価値であり，悪とは逆の意志の作用において現れる価値である。

　この諸価値の間には，「高低の序列」の他に「強弱の差」等がある。しかも「高い価値は弱く，低い価値は強い」という相反の関係がある。つまり価値の高さと強さが反比例の関係にある。例えば，「正義」というような精神的に高いと見られている価値と，経済的な儲け，すなわち利益というような利用的で低いと見られる価値がある。しかし，人の心を引きつける力は，人間の欲望に近く，一般的に低いと見られている価値ほど強い。この価値の高さと強さの反比例の関係が，人間に多くの迷いと苦悩を絶えることなく与える。もし，高い価値が強く，低い価値が弱いなら，人間は行動の選択や決断に迷うことはないであろう。しかし，だからといって欲望に近く，かつ低いと見られる価値を全く否定することはできないだろう。低いからといっても，道徳的にも価値のあることには変わりがないのである。しかも生活にとって１日も欠かせない大切なものである。要するに人の心の問題は，意志の力がいかに重要であるかがこのことからもわかる。

　こうして，価値の相反の関係にあるという事情のために，人は常に価値葛藤に直面しない訳にはいかないのである。

　今，溺れようとする人の生命を救助しようとすれば，自己の生命の危険を冒さなければならないのである。自己の生命を惜しめば，他者の生命を助けることはできない。「他者への献身」は「自己への愛惜」よりも価値的には高い価値であると見なされているが，欲求的には弱いというべきである。こうして，よりよく生きることを本質としながら，現実には有限を免れない人間は，常に

このような価値の「高低」と「強弱」との相反に基づく価値葛藤に直面して，苦悩しなければならない。道徳的な善と悪が分かれて生じる場は，このような価値の相反関係を起こす価値葛藤を抜きにしては存在しないのである。

③ 価値葛藤と体験の層位

価値葛藤といっても，自己体験としてのものか，他者体験としてのものか，によって道徳授業の方法原理としての意味が違ってくる。

まず自己体験としての価値葛藤は，自己が生きた生活現実において直面する主体的な価値体験であって，「困った，どうしよう」と決断に迷う心的状態の最も典型的な価値葛藤である。さらに，自分の過去の価値葛藤の体験を後になって想起し，反省する場において現れる葛藤もある。

次に，自己が直面した価値体験ではなく，他者が直面した価値葛藤もある。いわゆる資料の中の主人公が直面した価値葛藤の場面である。すなわち間接経験としての葛藤体験である。前の直接経験による自己の主体的な価値葛藤に比べれば，他者体験は切実さに劣るであろうが，自己では体験できない世界の他者の葛藤体験を追体験することができる。そして，他者の体験を理解・批判することによって自己の体験として主体化することが可能である。こうして，主体化によって他者の体験を自己の問題として受け止められる時，自己の道徳的自覚は一層高められるのである。

④ 価値葛藤と実践の過程

価値葛藤は，実践の過程によって異なった形や場が現れてくる。まず，行為の動機において現れる場である。人が何か欲求を満たそうとする時には，必ず他の欲求との間に対立葛藤が生じるのが常である。いわゆる動機決定における思慮，選択で現れる葛藤である。次に行為の進行における価値葛藤である。目的の実現への過程において，思いもよらぬ障害にぶつかり，苦悩したり，迷ったりする価値葛藤である。さらに，行為の結果における価値葛藤である。人は自己の行為の結果に対して自ら責任を負わねばならないのである。

しかし，現実の人間の自由意志は決して完全ではなく，そこには常に過誤と危険の前に立っている。そしてそれは真実に生きようとする人間には堪えられ

ない苦悩であり，後悔や自責の念がつきまとってくる。
　しかし，この悔恨としての価値葛藤の悲しみは，やがて道徳的向上，飛躍への足がかりとなり得るであろう。

(3) 価値葛藤論に基づく方法原理

① 価値葛藤の方法原理
　価値葛藤の場や過程が道徳教育の基本的な方法原理ということは，道徳的という現象がひとり人間の世界においてのみ起きる現象であり，しかもそれが神と動物との中間者であることを基本性格とする人間の世界の現象である限り，人は常に人生の途上において価値葛藤の場や過程に直面せざるを得ない存在であるということである。すなわち，道徳的に善とか悪とかという価値は，価値葛藤の場や過程における価値の選択・拒否という態度決定のいかんによって分かれて生起し，たどるものであるからである。真に生きた道徳的実践力は価値葛藤の場や過程を強く生き抜く体験を通すことに他ならない。「困った，どうしようか」と人生の岐路に立って苦悩する時であり，何の迷いも苦悩もない場合は指導の必要はいらないであろう。これが価値葛藤論が道徳教育の基本的な方法原理をとる所以である。

② 価値葛藤論と問題解決的学習
　価値葛藤論による道徳授業の着眼は，児童・生徒の直面する生活上の問題点を解決するという問題解決の原理に立って，問題状況を克服するために各自の反省（内省）と他者の体験（追体験）による解決の方法として道徳体験の発展原理を用い，「生活から生活へ」の原理に基づいて道徳授業を展開するということである。そして展開過程には，自己体験の内省を中心とするもの，他者の追体験による理解を中心として展開するもの，両者を併用して展開するもの等がある。したがって，実際の授業に当たっては，いかに主題のねらいに即して指導の過程を類型化するかが課題である。
　ここで特徴的なことは，何といっても指導過程において価値葛藤の場や過程

を積極的に取り入れて，教師の一方的な指導にならないようにし，「自分だったら，こうする。自分の考え方はこうである」というような実践的な意欲や態度など，児童・生徒の自主的な学習による主体化と実践を促すということである。

なお，展開に当たって着眼しておかなければならないことは，主題のねらい，指導資料，発問の設定等，指導方法等に関わる部分と，価値葛藤論としての方法原理をどう組み合わせ，児童・生徒の生の実態を道徳意識に結びつけるかである。

そのためには，事前の準備として，生活体験や扱う資料の内容，機能（働き）などの分析が必要不可決である。方法原理（理論）に沿って，どう授業を組み立てるかが鍵である。

③ 価値葛藤論と生活主義（問題主義）

価値葛藤論が盛んに提唱され実践された当時，生活主題が好んで取り上げられ，いわゆる生活主義の道徳教育が大勢を占めていた。

生活主題の構成原理の中には，児童・生徒の生活は道徳問題によって構成されているという考え方が潜んでいたのであって，このような考え方は必然的に，価値葛藤をどのように処理するかという問題に発展していくのである。児童・生徒の道徳問題は，多くの場合，価値と価値との葛藤の場になっていたからである。価値葛藤論の道徳教育が，生活主義ないし問題主義の道徳教育とは直接的に結び合っているものであった。

したがって，指導内容（徳目）は，道徳問題を解決する一つの着眼点として考えられていたのである。すなわち，徳目は，教えるべき内容のものでなく，問題を解決する一つの手がかりを与えるものと見られていたことに留意しなければならない。そして，一つの道徳的行為の中には，指導内容（徳目）のほとんどすべてが実現されているという考えが前提になっていることを理解しておかなければならない。

なお，この生活主義の段階で問題にされている生活は，社会的矛盾としてとらえるものでなく，自他の矛盾や自他の要求の対立矛盾として問題とされてお

り，また徳目という窓口から入ることには批判的であった。

　以上のように価値葛藤論は，直接，社会的矛盾を追求しなかったが，生活指導のもつ道徳教育的意義を十分考慮し，道徳の実践指導に機会を提供する方法論として，生活指導の意味を高く価値づけているのである。

④　価値葛藤と指導内容（徳目）

　価値葛藤論の道徳教育は，一時期，指導内容（徳目）を道徳問題解決の一つの着眼としてとらえていた。すなわち，徳目は教えるべき内容ではなく，問題を解決する一つの手がかりを与えるというとらえ方である。そして，一つの道徳的行為の中には，指導内容のほとんどすべてが実現されているという考え方が前提になっていた。しかし，今日の道徳教育の大勢は，現実の問題解決に視点を当てながら，また一方，児童・生徒の人間形成の上で最も必要とする指導内容をどう意図的に指導していくかである。

　したがって，今日，価値葛藤論の道徳教育は，生活主義の道徳教育に指導内容（徳目）を計画的に位置づけ，資料等を効果的に活用して，価値を積極的に指導する方向で展開されてきている。

　以上のように，価値葛藤論は，直接に社会的矛盾を追求しなかったが，生活指導のもつ道徳教育としての意義を十分考慮し，道徳の実践指導に機会を提供する方法論として，生活指導の意味を高く価値づけているのである。

（廣川正昭）

(註)
1)　平野武夫（1972）『実践力の根基に培う道徳教育』関西道徳教育研究会 p.125
2)　廣川正昭（1996）『子供と教師の迷路』恒文社 p.64
3)　現代道徳教育研究会編（1981）『道徳教育の授業理論』明治図書 p.68

3．宮田丈夫
――実践教育学と道徳教育の新しい提唱――

(1) 実践性の回復を図る実践教育学

① 現場の道徳教育をリードし続けた宮田丈夫

　教育学者の立場から実践教育学を提唱し，また関西道徳教育研究会の大会講師をはじめ全国各地で現場の教師を熱心に指導し，戦後の日本道徳教育推進に大きな足跡を残したのが，元お茶の水女子大学教授の宮田丈夫である。宮田が道徳教育に関心をもつようになったのは，東京大学在学の頃，和辻哲郎教授の倫理学の講義が契機であったと自伝で語っている。

　次に略歴を紹介する。

　宮田は，山形県の出身で，昭和5年3月，山形県師範学校第一部を卒業，卒業後は山形県内の小学校に奉職。昭和13年3月に山形高等学校卒業，昭和16年3月，東京帝国大学文学部教育学科卒業を経て，同大学院に昭和17年8月まで在籍した。昭和17年8月から新潟県長岡女子師範学校教授，福島師範学校教授，文部省事務官を経て東京学芸大学助教授，昭和30年4月からお茶の水女子大学助教授（後，教授）を務め，同大学を昭和50年3月に定年退官。退官後は聖徳女子短期大学教授を務めた。

　また宮田は，道徳教育研究に関わる大学陣の中で，当時数少ない現場教師の経験者であり，生涯，教育現場の授業実践に関心をもち，教師たちの実践を理論的に整理することに力を注いだ研究者の一人であった。

　関係する研究組織や団体は多岐にわたっているが，その一例を挙げると，全国学級教育研究会会長，現代道徳教育研究会代表，そして都立教育研究所指導講師，関西道徳教育研究会講師などがあり，大学以外でも研究活動は多彩であ

った。

　住居のある関東地区のみならず，その活動は全国に及んでいた。当時，教育現場の指導者として多くの教師から指導を請われ絶大な支持を得ていた。

②　道徳教育の時代的背景と研究活動

　昭和33年より道徳教育のいわゆる特設主義が時代を支配するようになってから，道徳教育論争は急速に活発化し始めるようになった。

　一般に道徳時間の特設は，いわゆる全面主義を基盤にしてその上に成立するという考え方が採られてきたが，しかし，その基本的な立場ないし見解においては，両者は対照的になっている。紙数の関係で詳細は省くが，宮田はこの時代の歴史的系譜を次のように分析する。すなわち，社会科主義道徳教育論の立場，生活指導論の立場，道徳教育論の立場である。

　昭和40年代，道徳授業をどのように構築し，展開するのかの議論が全国的に高まっており，教育の現場でも盛んに実践研究が行われ，研究会等を通して議論が交わされた。ちょうどこの時期，筆者も道徳教育の研究で国内留学の機会を得，お茶の水女子大学の宮田研究室の門を叩いた。これが直接の出会いであった。当時，宮田は東京学芸大学からの異動で教育方法研究室の教授であった。お茶の水女子大学には勝部真長，尾田幸雄，そして宮田と，わが国を代表する道徳教育の指導陣が控えていた。道徳研究を目指す者にとっては絶好の機会であったことはいうまでもない。

　当時，強烈に影響を受けたことの一つが，宮田が推奨している実践教育学の教育論であった。これは理論教育学に対照されるもので，理論のもつ実践指導性を回復することは今日の教育における緊急の課題であり，理論のための理論はその本来性に立ち返るべき時に際会している，という主張である。なお，(1)－③で述べる実践教育学論は，東京学芸大学助教授時代の昭和36年頃主張されたもので，明治図書から著書として出版された。そしてこの実践教育学の労作が，お茶の水女子大学へ招聘される契機となったとのことである。これは，膨大な著作の中でも最も貴重な著書として位置づけられていた。

　宮田が書き残した著書は，道徳教育をはじめ学級教育等多岐にわたるが，編

著書を含めると160数冊にも及んでいる。晩年にはユニークな教育小説『愛の輪・茎の輪』，随想『慕心談笑』を著したが，これはかの有名なルソーの『エミール』を髣髴とさせる。

　こうして教育研究への情熱はとどまることがなかった。講演，執筆と精力的に日本中を駆け巡り，道徳教育の指導や啓発に邁進した。教育現場の実践や課題を細かく分析し，系譜（系統）という括りで整理し，着眼点を明確にし，説得力のある話し口調は明快そのものであった。教育現場で漠然と重ねられてきた研究や実践が，宮田によって理論的に，あるいは過去－現在－未来という教育の歴史的流れの中で系統づけて整理された。またそのことによって，教育現場では，それぞれが置かれている位置やこれからの方向，さらに発生するであろう課題などがはっきり把握されるようになった。宮田の情熱的な指導によって現場の研究の質が高められ，進展していった。戦後の道徳教育において，真に現場指導をリードした第一人者であった。

　宮田の教育研究と指導は，大学の研究室だけにとどまらなかった。大学近くの居酒屋に足をのばし，好物のニシンをつまみながら得意の「学級教育の着眼は…」，「価値の生活化は…」，「新しい価値葛藤は…」などなど，ご自身の研究の極意を開陳し，夜の更けるのを忘れて熱く語り合った。口癖の"ホント，ホント"を連発し，優しく語るありし日の姿が今でも脳裏から離れない。柏のご自宅を訪れ，奥様を交えての談義が最後の想い出となった。

　「道徳の時間」の設置に対する一般の抵抗が相当に激しかった昭和34年，戦前の修身教育に執拗に付きまとう亡霊が，戦後の道徳教育に対する不評に拍車をかけ，「生活指導か道徳教育か」の論争が戦わせられるという時代状況の中で，宮田は『道徳教育資料集成』全三巻を公刊した。この著作は真に死闘というにも相応しい力作で，完成時には一時寝込むほど全精力を注ぎ込んだと自身が後に回想している。この公刊以来，道徳教育への研究に精力の大半を費やすようになった。

　教育学者としての業績については今さら述べるまでもなく，大学での研究はもちろんのこと，膨大な著作や度重なる講演などを通して，教育現場の教師に

まで広く知れわたっていた。特に道徳教育や学級経営など，学級教育を基軸とした教育の実践的な研究が多くの小・中学校の教師に共感を与え，熱狂的な支持を得ていた。

③ 実践教育学の理論とその根拠

宮田は実践教育学について，「一般には，理論があって実践があるという考え方をするが，これは逆で，発生的には，実践的な問題が先にあってそれを自覚するところに理論が成立する。しかし実際の生活においては，理論がなくても実践は可能であり，その場合の実践は技術的に行われているのが普通である。したがって，無自覚的理解を自覚的理解に移すところに理論が成立するという見方も出される訳である」[1]と説明している。

なお，宮田はこの教育実践学の理論的根拠として，フランスのE.デュルケム，ドイツのP.ペーターゼンに触れているが，特に「現実そのままの姿を忠実に取り出すことが教育科学の課題であるのに対して，今後の教育課題を明らかにして教育活動の基盤を決定するのが教育学の課題である」[2]というE.デュルケムの理論を根拠としている。

(2) 学級教育論と全国学級教育研究会

① 学級教育論の系譜

宮田は現場の実践の姿や推移を事細かに分析し，独自の系譜（系統）という括りで整理し，その目的，内容，性格，または課題，着眼点などを適切に捉え，その全体像をはっきりさせながら，今後の改善点や方向を的確に指摘した。

常日頃，「自分は教育実践を交通整理する役目を被っているのだ」と言って憚らなかった。

宮田の教育現場の整理手法を要約すると，例えば学級教育では下記のようになる。

○学級経営論の系譜
- 調和論的学級経営論
  基礎経営論－主体的経営論－調和的経営論
  ↓
- 学級王国的学級経営論
  大正時代の思潮－清水甚吾の経営
  自由教育論－手塚岸衛の経営
  ↓
- 共同社会学校的学級経営論
  経営の自由性と主体性－学校観の変革
  ↓
- 地域社会学校的学級経営論
  学校経営観の近代的発展

○学級づくり論の系譜
- 生活綴方教育的学級づくり論
  ↓
  生活指導綴方時代－生活綴方教育時代
- 集団主義教育的学級づくり論
  ↓
  見通し－路線－集団の規律－集団の発展
- 学級づくり論の相違点
  ↓
  情緒主義と規律主義－両者の相違点－両者の止揚的立場

② 全国学級教育研究会とその研究成果

　宮田は，学級は学校教育の要であり，道徳教育の基盤である。したがって学級教育研究では，教育における学級教育の役割や機能を再確認し，学級経営の重要性を再認識することであると主張する。そして，現場の教師と手を携え，全国学級教育研究会を組織し，その指導に情熱をもって当たった。

　研究会は，東京都の現場の教師たちが中心となってグループを組織し，毎年，学級教育における重要な課題をテーマに掲げて研究を重ね，その成果を「まとめ」として一冊の著書として出版してきた。このディスカッションメンバー，執筆者等には，当時，都内で積極的に研究活動を行っていた現場の研究者や実践家が当たった。記憶に残るリーダーは，校長では久保千里，西川猛，薩日内信一（後全国小学校校長会会長）など，錚々たる顔ぶれであった。

　なお，宮田の指導のもと，出版された研究図書が数十冊に及んでいる。『子どものエゴイズムと学級経営』（1975年　新光閣書店）等は現在でも現場教師に愛読されている。

(3) 道徳教育の系譜と新価値主義的道徳授業

① 道徳授業の歴史的系譜

宮田は，戦後の道徳教育の変遷や道徳授業の流れを次のように分析，整理している。

1)道徳教育の系譜
　　○反省期の道徳教育時代
　　　・新教育指針　　・公民教師用書
　　　・学習指導要領一般編・社会科編
　　○全面主義の道徳教育時代
　　　・道徳教育のための手引書要領　・学習指導要領一般編・社会科編
　　○特設主義の道徳教育時代
　　　・小・中学校「道徳」実施要領　・小・中学校学習指導要領道徳編
2)道徳授業の系譜
　　○生活指導主義的道徳授業
　　○生活主義的（問題主義的）道徳授業
　　　・問題解決学習　・価値葛藤論
　　○価値主義的道徳授業
　　　・「資料を」か「資料で」かの論争
　　　・資料優先論　・資料の精選
　　○新価値主義的道徳授業
　　　・新しい価値葛藤論　・生活と価値の統一

② 新価値主義的道徳授業

ア　生活主義（問題主義）は，生活に現れている子どもの道徳問題を解決することを中心とするため，倫理学上の実質主義につながる。それに対して価値主義は，道徳価値の追求を中心とするため，倫理学上の形式主義に結びつくことになる。

イ　また生活主義は間接的方法を採るのに対し価値主義は直接的方法を採る。

ウ　しかしながら生活主義は，どちらかといえば問題解決に終始して，「より高い価値」の実現を志向することは少なかった。これに対して価値主義は，「より高い価値」の実現にのみ目が奪われて，現実の道徳問題を発掘して解決することには無関心であった。
エ　生活主義の立場からすれば，道徳価値は問題解決の用具と見られるから，それ自身に意義をもたないものになる。ここに価値主義の要請される根拠がある。

ところで，価値主義の立場からすれば，必要な道徳価値を文学作品とか伝記を通して子どもに教え込もうとするから，その指導が系統的，計画的に行われ，道徳価値を直接的に理解させようとする。そのため教師の一方的な説教が多くなり，子どもの積極的な創造的態度が失われるようになる。そしてここに生活主義の要請される根拠が見られる。

つまるところは，価値主義によって生活主義の陥りやすい価値的盲目性を救うとともに，生活主義によって価値主義の陥りやすい無内容な形式を救うようになるといえる。このように生活主義と価値主義は相補うべき関係にある。

価値主義の壁は，以上のようにして生活主義と価値主義を止揚する立場，いわゆる新価値主義的道徳授業を構築することによって破ることができる。したがってこの立場に立って，価値をどのように裁き，生活をどのように取り上げるかが極めて重要な課題になってくる，と宮田は指摘する。

1）　新しい価値葛藤論

　生活と価値との統一を目指す新価値主義が要請される今，道徳授業の主流をなしていた価値葛藤を従前のように意味づけ，取り扱うことであってはならない。また「生活」そのものをどのように考え，どのように取り扱うかということについても，新しい方式の立場に立って考え直さなければならない。

　まずここで問題にしなければならないことは，価値葛藤が媒介となって子どもに要求されるものが柔軟な判断力であるということである。価値葛藤は，単なる知見，あるいは論理の世界においてのみ行われるものではないからである。価値葛藤は同時に，心情の裏づけをもって行われるものである。本当

の価値葛藤は，心情の支えをもって行われる時に本格化する。柔軟な判断力にしても，単に論理性の裏づけだけではなく，心情の裏づけをもつ場合に，正当に子どもの身につく。

次に問題となるのは，柔軟な判断力を身につけるにしても，最終的には価値観の形成を目指すものであるということである。以前では，価値葛藤論が葛藤の段階に終始して判断中止となる場合が多かった。

次に問題にしたいのは，条件によって結論を変えるという意味での結論の複数性を媒介としながら，さらに一般化の方向に追いやられる訳であるが，このようにして初めて道徳価値というものが把握されてくる。

さらに，ここで問題となることは，価値葛藤も最終的には実践を志向していなければならないということである。価値葛藤を媒介として，柔軟にして弾力性のある判断力である。適切な判断は意思決定を見るようになり，強いては実践的態度ないし実践意欲を引き起こすようになるのである。

このようにして，授業の中で価値葛藤の場が生じたとしても，それは実践への志向をもって行われるものでなければならない。道徳教育は，単なる知見の教育ではなく，実践の教育でもあり，この意味からも生活と価値の止揚統一を図る新しい価値葛藤論である。

2) 指導過程の類型

道徳の指導過程の研究は，いわゆる生活主義的（問題主義的）の段階と価値主義的の段階でそれぞれ二転三転して，以後，宮田の提唱する新価値主義的道徳教育観を基底において進められている。これは生活主義的道徳教育観と価値主義的教育観を止揚する立場である。これを宮田は新価値主義的道徳教育観といっている。

結論的に見れば，指導過程の原型は，生活指導的発想の原理，生活主義的発想の原理，価値主義的発想の原理，新価値主義的発想の原理のそれぞれに即応して出されるものである。したがって，指導過程の原理は類型的原理であると結論づけることができる。

また，宮田の主張する新しい指導過程の各段階は，紙数の関係で詳細は省

くが，次の四段階である[3]。

I 問題把握の段階 - II 道徳価値直感の段階 - III 道徳価値把握の段階 - IV 価値生活化の段階

　以上の段階は指導過程の原型であって，これは主題の類型ごとに類型化される。主題の類型には，知見主題，判断主題，心情主題，実践主題等が考えられる。

　IVの価値生活化の段階は，場合によっては「価値の一般化」といわれているが，やはり生活化の方が適切なように考えられる。それは価値の実現される生活の場が当面の問題とされるようになるからである。この「生活化」のフレーズが論の重要な着眼である。

3) 道徳授業の着眼点

　確かな道徳授業を構築するには，前述したように生活主義と価値主義を止揚統一した，いわゆる新価値主義的発想の道徳授業が求められる。

　右表は三者の立場を図式化し，新価値主義の特徴を示したものである。

〈表〉[4]

表	授　業	道徳性	教　材
生活主義	問題解決	道徳的判断	葛藤教材
価値主義	価値理解	道徳的心情	感動教材
新価値主義 新生活主義	問題解決 価値理解	道徳的判断 道徳的心情	葛藤教材 感動教材

　ここで着眼しておきたいことは，新しい価値葛藤論は，生活主義時代の価値葛藤論がそのまま復活することではなく，道徳的心情を内包した限りでの道徳的判断を育成することである。

　新価値主義的道徳授業の特質は，生活と価値の統一，生活－資料－生活方式，事前指導と事後指導の手立て，の3点である。

（廣川正昭）

(註)
1) 宮田丈夫（1961）『実践教育学』まえがき　明治図書
2) 宮田丈夫（1961）『実践教育学』まえがき　明治図書
3) 宮田丈夫（1975）『宮田丈夫著作選集I・道徳編』ぎょうせい p.207
4) 現代道徳教育研究会編（1981）『道徳教育の授業理論』明治図書 p.108

〈宮田の主な著書〉

宮田丈夫（1958）『教育の現代化と道徳教育』明治図書
宮田丈夫（1961）『実践教育学』明治図書
宮田丈夫（1967）『道徳時間の展開方式』新光閣書店
宮田丈夫（1970）『新訂学級経営』金子書房
宮田丈夫（1975）『宮田丈夫著作選集Ⅰ・Ⅱ・Ⅲ』ぎょうせい

4．杉谷雅文
――道徳教育と教師の条件――

(1) 教育哲学研究者としての経歴と研究の意義

　実学として教育学研究の意義が最も重視される分野の一つが道徳教育の分野である。教育学の諸理論は理論（学問）としての基礎原理の構築と，その上に具体的教育実践を導きうる実践理論という二側面を備えたものでなければならない。とりわけ，道徳教育理論はその構造から倫理学研究と人間学研究を基礎にしつつ，教育方法学研究によって，しかも，教育現実を十分に踏まえた上で構築されなければならない。これらの基礎的研究なしには，道徳教育研究は成立しえない。このような意味において，道徳教育研究に携わる研究者は大きく教育学者と倫理学者に分かれる。いずれの研究者も，自らの本来の研究対象を具体的現実社会の状況との関わりにおいて応用・実践的に分析・考察することが，その研究の基礎になければならない。

　杉谷雅文は純粋な教育哲学研究者であり，T. リット研究の権威であった。杉谷は教育哲学者として人間の本質を探究し，それに基づく教育学研究を通じて，具体的教育現実を分析することによって，道徳教育の研究にも携わった。彼の哲学研究は単なる理論研究としての哲学研究だけではなく，現実社会に有効に機能する教育人間学的研究に基礎を置く教育理論の研究をその主なる目的としていた。つまり，杉谷の道徳教育研究は現実社会に有効に機能しうる理論研究の一環であり，その基礎には人間の本質研究が大きな意義をもつものとして存在していた。

　杉谷は広島文理科大学教育学科を昭和12年に卒業し，昭和24年には新制広島大学助教授，昭和28年には同大学教授（昭和35年文学博士）として長年にわたり

教育哲学研究に従事し，晩年には親和女子大学でも研究と教鞭にいそしんだ。さらに，彼は関西道徳教育研究全国大会での講演や討議において，道徳教育に携わるべき教師のあり方や教育のとらえ方に関して，教育哲学的視点から現場教員の指導に当たった。

彼の思想の根幹は，ペスタロッチー教育理論とリットの人間観に基づくものであり，人間の本質を追究する実存哲学的考察も重要な要素を成していた。これらの基礎研究を踏まえ，戦後日本に広まりつつあった児童中心主義教育思想における問題点を指摘し，人間の本性を基礎に置き，あるべき教育を探究するという観点から道徳教育への提言を行うようになった。

当時，戦後の民主主義的・自由主義的傾向の中で展開されていった児童中心主義教育思想が道徳教育の分野にも大きく影響し，子どもの全面的善性を前提にする生活主義的道徳教育が主流になっていた。杉谷はこのような道徳教育研究のあり方に対して，人間性の本質研究と善の理念研究との密接な関係をもちながら進められなければならないという道徳教育の根本理念の重要性を強調し，そのような立場から学校教育現場における道徳教育に本来あるべき姿を実現するために，現場教員に対する指導を関西道徳教育研究全国大会において継続的に行った。このような研究の意義は高く評価されるべきものである。

(2) 戦後の教育のあり方に対する批判的視点から導かれた道徳教育研究

杉谷の著書・論文には，一貫して教育哲学者としての研究姿勢が顕著に現れている。人間の本質の探究，「人間学を基礎とする教育学の建設」「教育学の人間学的基礎付け」という教育哲学の基礎として，人間性に基づく教育問題の本質探究が展開されている。それゆえ，教育現場における道徳教育実践に対する見方はかなり厳しいものがあった。例えば，昭和54年の第30回関西道徳教育研究全国大会では，「…現代道徳教育に従事する人たちの間に，今なお人間学や哲学的人間学の教えに反して，児童，生徒という人間の正しい見方，捕え方のできない人たちのあまりに多いのに驚かされる。その結果，正しい人間の見方，

正しい児童観，生徒観に立って道徳教育を行なうべき教育者たちが，児童，生徒を逆に不道徳と堕落におとし入れている」という痛烈な道徳教育実態批判の観点から道徳教育のあり方を論じている。形式的な児童中心主義教育が学校教育全体において展開されている当時の教育状況から，道徳教育においてもアメリカからの経験主義教育をそのまま持ち込み，自由な子どもの活動をすべて肯定的に認めてしまうという傾向が強かった。杉谷はこのような道徳教育の状況に対する問題点を鋭く指摘していたのである。

当時の日本社会全体が日本古来の文化や価値を見失い，表面的な児童中心主義教育思想の解釈のもとに，アメリカから来た経験主義的思想に振り回されていた。このような状況に対して，道徳教育は単なるアメリカ的な民主主義的思想だけではなく，従来の日本の歴史・文化のもつ独自の価値観との総合化の必要性があるにもかかわらず，それが調和的に実現されていないという批判的立場を杉谷はとっていたのである。

経済的発展は遂げているが，文化的誇りをもたない日本社会に対する改善の必要性を主張する杉谷は，道徳教育のあるべき姿は子どもの善性のみを過剰に評価するのではなく，「善悪の二面性，神性と悪魔性との混合的性格という全体的性格」を踏まえることによって，子どもの実態の把握とそれに基づいた道徳教育のあり方の探究の必要性を唱えていた。このような点からも，杉谷は日本の教育がそのような状況から脱却するための教育理論として道徳教育理論の重要性を常に強く意識していたと考えることができる。

現実社会を導く教育理論の核には道徳教育理論が存在しなければならず，そのためには，表面的に自由な人間存在ではなく，「自己の確立」「自己が実存すること」が必要である。「自己の確立」や「自己が実存すること」なしに，主体性や自立性は現れてこない。この「自己の確立」「自己が実存すること」が実現していないからこそ，新たな道徳教育が必要なのであるという杉谷の考え方は，道徳教育を戦前の修身とは根本的に異質ではあるが，戦後の自由主義的な経験主義に基づく教育とも異なって，人間存在の本質（実存）から道徳教育のあり方を探究しようとするものであった。

戦後道徳教育の目指すべき人間像は，自ら自由に思考し，意図し，行動する人間であり，それはアメリカ的な自由である「気まま」や「気まぐれ」や「他人や社会の流行や潮流のままに流される」ことではなく，「自己が実存し，確立していてこの自己から一切の思考や行為が始まり，由来する」ことのできる人間ということである。そして，「この自己や自己の実存のためには，人間は人間にとって善良なるものは何か，悪なるものは何かを，明瞭にかつ確固として理解していることが是非とも必要である」。そのためにも，「自己の確立」「自己が実存すること」を基礎にする真の主体性の育成が求められなければならない。戦前の修身のように，強制的に徳目を記憶させるために行うのではなく，具体的に日常生活の中での自らの行為を選択する場面において，「種々の人生経験を積み，自己以外の，自己以上に善悪をよりよく区別しうる人たちの指導と援助とを必ず必要とする」道徳教育こそが求められているのである。

　以上のように，杉谷は戦前の修身教育を否定しながらも，戦後の自由主義的な児童中心主義にも全面的には追随せず，人間の本質探究に基づいた独自の教育哲学に裏打ちされた理論を基礎にする道徳教育を実現することの必要性を常に説いている。戦後の日本社会は自由主義的な民主体制のもとにあるが，「真の自由には人間にとって，善とは何か，悪とは何かの正しい規範がその不可欠な条件や前提になる」ことが必要であり，それを自覚していない場合，自由は「利己的行為や犯罪や不徳を犯す」ことにつながると指摘し，「真の自由の具えるべき条件と前提について，また青少年が真の自己を発見し確立する一歩一歩の発達段階について，改めて深く考えなおし，分析してみなければならない」としている。そして，「青少年が真の自己と真の自由を獲得する程度と範囲に比例して，青少年に与えるべき自由，主体性，自主性の度合いを決めなくてはならない」とし，児童中心主義教育が一般に主張する子どもの完全な自由ではなく，「真の自己」と「真の自由」というバランスを問題にし，必要に応じた強制的道徳教育を認めていたのである。時代に流されることのない教育の本質に基づく道徳教育の必要性が主張されていたのである。

(3) 児童中心主義教育に対する警戒と道徳教育のあるべき方向性

　杉谷は実学としての教育学研究を目指していた。「教育学は，単に実現可能性のない高い理想を究める学問でもなければ，また，現実の単なる分析・実証にとどまる学問でもなくて，しかと現実を踏みしめながら，そこに秘められた問題や障害と対決し，それを分析，克服しながら，理想の現実を意図する科学である」[1]として，教育学のあるべき根本的性質を明らかにしている。このような視点から，当時の児童中心主義教育に対する警戒の念を示している。

　児童中心主義教育思想は基本的に子どもの善性を認めるJ. J. ルソーによる教育学におけるコペルニクス的転回から生まれた教育思想である。それまでにあった教師中心主義教育思想を否定し，子どもの自然性を善性として捉え，その善性の伸長は他から働きかけなくても，自然に発達してくるがゆえに，消極教育の必要性をルソーは唱えた。しかしながら，ルソーも第二の誕生（思春期）以降の道徳教育については，積極教育の必要性を主張している。それに対して，同じく児童中心主義教育思想を展開するJ. H. ペスタロッチーは，子どもの善性を育成するために，積極教育の必要性を唱えている。そのような積極教育を進めるために，ペスタロッチーは教育愛という教育の大前提のもとに体罰の必要性すら主張している。「愛の道へか，利己心の邪道へか，そのどちらに人間を向かわせるか，神の道を辿って人間性の高みに昇らせるか，それとも利己心のとりことなって自他を共に悪魔の闇に転落させるか，それは教育者その人の愛の力にまつ他は無い」[2]として，杉谷はペスタロッチーのいう教育愛の意義を強調している。教育哲学者であった杉谷はこれら児童中心主義教育思想家の思想に基づく教育を尊重するが，社会と教育全体に対する考え方を踏まえた上で，道徳教育に対する具体的対応のあり方について慎重に考察している。

　明確な自己意識をもつ社会的動物である人間は，幼いころからの生活を通じて個人性と社会性を発達させ，人間社会に適合していくのであるが，この個人性と社会性のバランスをとるためのルールが必要になってくる。人間以外の社

会的動物においては，種にそなわった本能に従った行動をとりつつ成長していくことで，社会的集団を形成し生活するようになる。ただこの場合，その社会全体は「弱肉強食」という自然界の摂理のもとに成立する。その結果，自然淘汰は自然界のあるがままの状態であるということができる。しかしながら，人間の世界はこのような自然界の摂理に基づきながらも，「弱者救済」という道徳的ルールをもつ人間社会独特の性質が常に現れてくる必要がある。ルソーもペスタロッチーもこのような人間の独自性を見失わなかった（ルソーはアンシャン・レジームという人間社会の矛盾を直視していたために，既存社会適合の教育より自然性伸長の教育を強調したことは否めない）。

杉谷はこのような人間性の本質から教育のあり方を考えた児童中心主義教育思想の立場を踏まえた上で，あえて道徳教育における積極教育の必要性を主張しているのである。戦後の民主主義的風潮と経済的発展の中，一人ひとりの個性と考え方を尊重する教育が全盛を極めている時代に，子どもの個性伸長のために親や教師が一定の価値観を強制的に押しつけることには，批判的な考え方が大勢を占めていた。正しい考え方であっても，一定の考え方を押しつけるという教育形態そのものに対する反発が，一般的傾向として存在していた。

「現代，人々が，多忙と喧騒と刺激の洪水の中で，人類の未来や人間の真のあり方を求め，文化や社会を確信して教育固有の使命を果たすことを忘れがちである」[3]とする当時の日本社会に対する杉谷の分析は，現実社会の実情に基づいた教育理論の必要性を示すものであり，杉谷はこのような風潮に対して毅然とした態度で反論したことがうかがえる。子どもが本来的善性をそなえていたとしても，社会性や既存社会の文化，さらには道徳については，年長世代によって伝えられなければならない価値が含まれている。また，子どもの善性自体，人間社会において善性としての機能を発揮しなければ，その意味はない。したがって，子どもに対して積極的に教育することは，不可欠な人間社会の営みでなければならない。このような考え方こそが，杉谷の思想の根幹にあった。

杉谷は至るところで，子どもの自由のあり方について問題にしている。「子どもは善ではあるが，完全ではない」という基本的考え方は，子どもの行うこ

とを自由放任するべきではなく，子ども自身が自由に正しい行動ができるように教育することが必要であり，そのために行う教育自体，場合によっては強制的であることも，教え込むことも必要不可欠であるとするものである。子どもを自由に行動させるためにこそ，その自由な行動が道徳的であることが求められるのである。子どもにとって，「真の自由」は「真の自己」によって成立するのであり，そのような「真の自己」を育成するために道徳教育は行われなければならないのである。道徳教育においては，児童中心主義教育をそのまま全面的に取り込むのではなく，その方法論において有効に利用することが必要であると杉谷は考えていたのである。

(4) 子どもの実態に対する認識

　杉谷は実学としての教育学の重要性を常に強調していた。戦後の児童中心主義教育の中で，子どもの善性に基づく教育（主体性の尊重，興味・関心の重視，自主活動の推進）が叫ばれていた状況に対して，子どもに「真の自由」を実現できる「真の自己」を育成することの必要性を主張している。「真の自己」の育成は子どもたちの「主体性を尊重するために待つ」という消極教育ではなく，教師が正しい価値観に基づいて積極教育することであり，その必要性を唱えた。それゆえ，杉谷は子どもの主体性を尊重するために「待つこと」の教育的意義については評価していなかった。

　子どもに対する見方についてはさまざまの立場があるが，それは子どもの個性の多様性に起因している。つまり，子どもの中には，子どもの善性に基づく教育によって道徳性を育成できる子どももいれば，正しい価値観に基づく積極教育の必要な子どももいるという現実について，杉谷は必ずしも十分認識していなかったようである。このような見識は，教育哲学研究者においてよく見られることである。教育哲学者は教育という現実を踏まえながら，教育理論の普遍性を探究しなければならない。つまり，学問としての普遍性と教育実践としての現実的有効性の調和を求めていかなければならない。しかしながら，現実

には普遍性に重点を置き過ぎる傾向にある教育哲学者と現実的有効性に重点を置き過ぎる教育哲学者が存在する。杉谷の場合，前者の傾向が強かった。しかも，その自らの傾向を彼自身認識しながら敢えて意図的に行っていたということができる。それこそが，日本社会がアメリカの経験主義的自由主義の方向に進んでいる社会全体の傾向に対する彼の強い警戒心の現れであった。

子ども一人ひとりの現実を見ていくことによって，帰納的に教育状況を把握しようとするアメリカの経験主義的教育学に対して，杉谷は演繹的に教育理論を組み立てていくことから教育現実を把握しようとするドイツ観念論的教育学の立場に軸足を置いていたのである。それゆえ，子どものとらえ方についても，当時の日本社会の一般的傾向に対する批判から，やや極端な立場に立つことになったのである。彼自身それはある程度認識していたふしがある。

毎年行われていた関西道徳教育研究全国大会での現場教員との教育議論や講演においては，その傾向は顕著に現れていた。日々教育現場で子どもと接している現場教員の経験的意見を，杉谷は真っ向から彼の哲学的見識に基づいて否定する場面を筆者も目の当たりにしたことはたびたびある。長年にわたる教育哲学研究によって培われた哲学的立場からの現実批判は鋭く，実際の子どもの指導をしている教員の体験の矛盾が指摘されれば，釈然としないが受け入れざるをえないような感じをもつ現場教員は少なくなかったであろうことが推察できる。このような傾向は関西道徳教育研究全国大会においてのみならず，他の学会においても見られたものである。彼の理論的武装は鋭いもので，ある年の教育哲学会でのシンポジウムでもフロアーからの意見（杉谷の動議）のために議論が中断してしまったことがあった。

杉谷自身が学校教育現場において子どもとの交わりを体験し，子どもの実態把握に積極的に取り組んだ上で，哲学的思索から生まれたものとの融合化を行っていれば，道徳教育に対するより新たな見解も生まれたことであろう。彼自身がそのような活動に入ろうとしなかったのは，年齢のせいもあるかもしれないが，戦後の日本の教育現場におけるアメリカの児童中心主義教育思想に対する根本的対立意識が強かったからではないだろうか。

(5) 今後の道徳教育において再検討されるべき点

　杉谷の道徳教育に対する立場は教育学の実学としての意義をより効果的に実現するための領域として道徳教育をとらえることであった。しかも，道徳教育研究自体が人間の本性研究という教育人間学的領域と善の理念をその目的に据える倫理学研究との融合部分において成立するものと考えていた。
　現在の道徳教育研究の一般的傾向はこのような哲学的研究によって教育や人間の普遍的側面から進める研究よりは，社会の現実や子どもの実態調査に基づく研究にやや傾く傾向にあることは否めない。このような現状において，教育学の「時代と社会を超えた普遍的意義」の探究を基礎にした杉谷流の教育学研究によって，現在の道徳教育の新たな視野が拓けてくるのではないだろうか。
　とりわけ，今後の日本社会が直面しつつある不確実性の時代に向けて生きるべき子どもたちに必要不可欠の教育は，従来の教育学的認識では対応できない要素に対する対応能力の育成である。例えば，世代間の文化伝達というE. シュプランガーの教育概念が成立しない状況がさまざまの分野において生じてきている。つまり，年長世代が用意した文化を年少世代に伝達し，伝達された年少世代がその文化を受け入れつつ既存社会に適合し，同時に社会の発展に寄与できるような構造自体が成立しにくい社会が現れてきているのである。このような現実の社会状況こそが，不確実性の時代における不確実性の社会の現れなのである。
　今後の道徳教育はこのような不確実性の社会においてもなお，生き抜いていくための力である「生きる力」の育成に関わらねばならない。文部科学省が示す「生きる力」は確かな学力，豊かな人間性，健やかな身体によって構成されるが，道徳教育はこのような「生きる力」の育成に積極的に取り組んでいかなければならない。時代の変化に即応した新たな方向性の探究にこそ，哲学的研究は不可欠であり，その意味において，杉谷のような教育哲学研究を基礎に据えた道徳教育研究の必要性は高まってくる。

今後の不確実性の時代において，子どもの表面的実態を基礎に据えた道徳教育研究から子どもの本性の探究によって導かれる道徳教育研究へとそのウェイトは移っていく必要性が現れてくる。その場合，教育現場で実際に子どもたちを指導する教員と，杉谷のような教育哲学を基礎に据えた道徳教育研究者とのより密接な連携がさらに重要性を増してくることが予想される。

　それこそが今後の不確実性の時代に必要不可欠の道徳教育の基本的姿になるのではないだろうか。

（田井康雄）

（註）
1) 杉谷雅文・村田昇編著（1979）『教育学原論』ミネルヴァ書房 p.1
2) 柴谷久雄・杉谷雅文共訳（1960）『テオドール・リット　生けるペスタロッチー—三つの社会教育学的省察—』理想社 p.170
3) 杉谷雅文編著（1970）『現代教育学の動向と課題』福村出版 p.2

〈杉谷に関連する主な論文・著書〉

杉谷雅文（1953）『学習指導法の原理』柳原書店
柴谷久雄・杉谷雅文共訳（1960）『テオドール・リット　生けるペスタロッチー—三つの社会教育学的省察—』理想社
杉谷雅文（1963）『教育原論』柳原書店
杉谷雅文（1970）『現代教育学の動向と課題』福村出版
杉谷雅文・村田昇（1979）『教育学原論』ミネルヴァ書房
全国道徳教育研究者連盟・関西道徳教育研究会会長　平野武夫編（1979）『第30回道徳教育研究全国大会［大会記録］道徳授業の指導過程の再検討—道徳的自覚の深化の過程を踏まえて—』全国道徳教育研究者連盟
金子孫市（1981）『現代教育理論のエッセンス—20世紀教育理論の展開—』ぺりかん社

5．森　昭
―― 道徳教育と人間形成原論 ――

(1)　純粋哲学と教育哲学との間で

①　教育哲学と学問的立場の確立

最初に，森昭をめぐる戦前と戦後の教育哲学に関する記述から始めたい。

昭和11年に京都帝国大学文学部哲学科に入学した森は，大学院では教育哲学を専攻した。自己を語ることの少なかった森が，後年，彼の最後の著作となった，森昭著作集6『人間形成原論　遺稿』[1]で興味深い回想をしている。

「…戦前の教育学者は，「教育」のゼネラリストが多く，…私たち「純粋哲学」専攻の学生どもの目にさえも教育学者の立論の多くは"おそまつ"なものに見えた。…私が大学院で教育哲学を専攻するようになってからは，一般的にいって，哲学方面でさほどの仕事をしていない，どちらかといえば凡庸な先輩たちほど，教育学者を軽蔑した。…それらの体験が年ごとに私の研究態度を規定するようになった。私は哲学と教育学との"媒介的統一"を図るなどと京都学派の切口上をくりかえしながら，実際は両者の間を右往左往した。…」[2]

戦後の教育学の領域に傑出した業績を残した森であったが，これら一連の業績は森個人にとどまらず，戦後の教育学がその地歩を築き始める歩みの中で注目されるべきものである。しかしながら，回想や他の著書を読むと，彼の反骨心と，絶えず自己の学問的立場を乗り越えて前進しようとする学究態度が読み取れる一方で，自身を鼓舞しながらも，混沌とした立場に身を置いている自分に葛藤し，苛立っているようにも読み取れる。

さて，本稿の副題は「道徳教育と人間形成原論」であり，森の最後の著書名が用いられている。人間の生成・形成という観点に，近接する諸科学の研究成

果を柔軟に取り入れながら教育について論じたこの著書を一読すると，そのスケールの大きさに驚嘆させられてしまうが，同時に，本書に貫かれているものは，森の人間そのものに対する大いなる探究心である。

森にとって"人間の存在"とはいかなるものであったのだろうか。それを知る手がかりとして，まず，その生涯と研究の道程に焦点を当ててみたい。

② その生涯と『人間形成原論』までの研究過程

人間の生成・形成という観点から教育哲学の研究に取り組んだ森は，志半ばで病に倒れ，昭和51年12月18日に永眠した。享年61歳。

森は，大正4年に鹿児島県に生まれ，第七高等学校理科乙類に入学の後，昭和11年，京都帝国大学文学部哲学科に入学。学部時代は，「種の論理」を展開し始めた頃の田辺元に哲学（純粋哲学）を師事した。その後，同大学院へ進学し，田辺ならびに西田幾多郎門下の木村素衞のもとで教育哲学を修めた。理科から文科に転学した森の経歴が田辺のそれと同じことから，田辺に対して何か引かれるものがあって，その門を叩いたと思われる。卒業論文は「種の論理」を骨子としたものであった。

大学院では教育哲学を専攻し，田辺哲学の影響のもと，M. ハイデガーやK. ヤスパースなどの実存主義の立場をもとに教育の本質を探究した。そしてそれを『教育理想の哲学的探求』（昭和23年）として出版したのが，教育哲学者としての出発点である。

続いて森は，アメリカの教育学を中心とした活発な戦後日本の新教育運動の中で，教育の過程に，より一層，具体的かつ実践的に踏み込むことのできる教育理論を求め，その研究成果を『今日の教育原理』（昭和25年），次いで『経験主義の教育原理』（昭和27年）に書き表した。ところが，研究を進める中で，新教育運動の思想的背景となったJ. デューイの経験主義的教育哲学は自覚の本質が正しく認識されていないことに気がつき，これを批判的に受け止めながら，実践性と内面性を統一する道徳教育の問題へと新たな思索をすすめた。そして世に問うたのが『教育の実践性と内面性—道徳教育の反省』（昭和30年）であり，これが道徳教育に正面から向き合った最初である。

注目すべきは，本書の最後に，「補説」として"教育人間学の構想"について論じられていることである。この教育人間学という言葉は，彼のJ. デューイ研究を通して次第に中核的な位置を占めるようになってきた「人間生成」という想念から生まれたものである。

　この著書から数年後，人間諸科学の研究成果と哲学的思索によって体系化しようと悪戦苦闘し，その成果を『教育人間学—人間生成としての教育』（昭和36年）にまとめたのだが，これは大阪大学に提出した博士論文がベースとなっている。森は，後年，この著作を"巨大だが失敗作である"と自虐的に評価しているが，彼の実直さが滲み出ていておもしろい。なお，現在でもいくつかの大学で目にする「人間科学部」の嚆矢は，昭和47年に大阪大学に創設された人間科学部であり，それまでの教育哲学講座が人間形成論講座に変更されたのだが，これも森の一連の功績に拠るところが大きい。

　さて，その一方で，戦後の日本が高度経済成長によって加速度的に発展し，変貌を遂げていることも，彼は見逃さなかった。『未来からの教育—現代教育の成立と課題』（昭和41年）は，そのような時代にあって，そこから予想される新しい未来に向けて教育をどのように進めるべきかについて，自説を展開したものである。筆者は，大学在学中にこの著書を図書館で眼にし，"お堅い"イメージがある教育哲学にもこのような切り口があることを知った。

　これは，現代教育を歴史的発展の中に位置づけた上で，教育政策の基本的な課題を抽出したものであるが，同時に科学技術文明の急激な進歩の反面で，人間と教育の未曾有の危機や混迷が深まることを予見し，改めて人間形成の問題を根本から問い直し，自己の研究の座標軸を設定しようと努める契機となった著書である。

　以後，何冊かの著書を出版しながら，また大学で人間形成論講座を担当しながら，次第に『人間形成原論』への思いを強くしていくのである。

(2) 道徳教育と『人間形成原論』の座標軸を求めて

① J. デューイ研究と自覚の本質

　森が道徳教育に傾斜していく契機となったのが，J. デューイに関する一連の研究である。

　戦後日本の教育は，GHQ の統治下のもとでアメリカ自由主義教育が導入され，その中でも J. デューイの経験主義的教育哲学が圧倒的影響力を及ぼしていた。教育哲学の徒を標榜していた森にとって，J. デューイは避けて通ることができなかったことは，ある意味，当然である。

　森が，自覚の本質が正しく認識されていないという点で，J. デューイの経験主義的教育哲学を批判したことは，先に記したとおりである。難解だと思われるかもしれないが，J. デューイ研究が彼のその後の研究生活に重要な問題提起をしたと思われるので，『教育の実践性と内面性―道徳教育の反省』（昭和30年）をもとに，やや詳しく紹介することをお許し願いたい。

　J. デューイによれば，人間の行動は，単に環境の物理的刺激に対する有機的反応ではなく，「意味のうちにある事物への反応」であるという。わかりやすく言えば，いきなり高い音がして，間髪いれずに驚くのは有機的反応であって，その高い音が火事の警報だと察知して，その火事を消そうとバケツを抱えて走り出すのが「意味のうちにある事物への反応」であり，これは人間が精神をもって行動したということである（有意味な行動）。精神とは，J. デューイによれば，「行動の意味を知覚し吟味する思考作用」に他ならず，この「意味」とは「自分がある行動をしようと思う精神の作用」であるから，このような「意味」を知覚し吟味する精神の作用はすでに精神の自覚，反省である，と理論立てたわけである。

　この限りにおいては，J. デューイも人間の自覚や反省を見つめているのだが，J. デューイの場合の反省とは飽くまで行動と探究活動を進めていくための思考作用であり，自覚は常に行動や活動の意味を知覚する作用に他ならず，

両者ともに外部環境と能動的に交互作用をしている限りの一面的なものであると森は解釈したのである。

人間の行う「自分自身との会話」こそが自覚の基本であるとし，自分自身と会話しつつ，外界の物や人と交渉することによって自覚が覚醒する（本格の自覚），と考える森にとって，J.デューイの自覚は，人間が外界と絶えず会話するという一面だけを見て，人間が自分自身と会話するという他の一面を閑却している，と批判したことは，京都学派（森は京都学派第二世代に属する）に属した彼の学問的立場からすると，当然のことであろう。

また森は，道徳教育の学習論についても，J.デューイの学習論を参考に，下図のように整理した上で，自説を展開している。

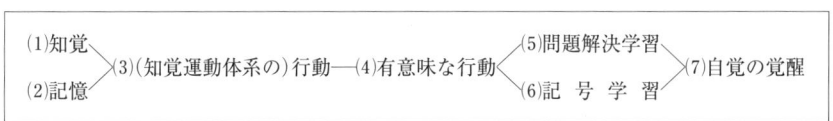

```
(1)知覚                              (5)問題解決学習
        (3)(知覚運動体系の)行動—(4)有意味な行動            (7)自覚の覚醒
(2)記憶                              (6)記 号 学 習
```

(森昭（1955）『教育の実践性と内面性——道徳教育の反省』黎明書房 p.129より転載)

すなわち，(4)有意味な行動→(5)問題解決の指導，ならびに(6)記号（観念や思想）の正しい伝達→(7)自覚の覚醒，これら一連の流れが，事態に応じ，適切に行わなければならず，どれか一つで全体を割り切るのは好ましくない，と主張する。そして，これらが順を追って達成された時，K.ヤスパースがいうところの二重の自覚（自覚の自覚，本格の自覚）が達成されるとともに，その主体こそが真の個性であり，また実存的人格なのである，と結論づけたのである。

本著が世に出たのは昭和30年のことであるが，昭和33年の「道徳の時間」設置に伴う教育界の混乱が政治的イデオロギーとも絡まって，国内に暗雲たる空気をもたらしたこの時期よりも先に，いち早く，教育における実践性と内面性の両輪を掲げ，自説を展開されていた彼の理論はまさしく卓見であると評価できる。

また，自覚について，これを指導することは極めて困難ではあるが，道徳教育の核心に迫るものであり，到達点でもある。J.デューイの教育哲学に対す

る批判の是非はともかく，それを通して，自覚の本質をキーワードに，道徳教育に迫った森の研究業績を再評価する時期にきていることだけは確かである。

② 教育人間学と未来からの教育

J. デューイ研究を通して，森の中に次第に中心的位置を占めるようになってきたのが，教育人間学である。同著には，「教育人間学の構想」（「補説」）と題して，自説が展開されている。

森の構想する教育人間学は，端的にいうならば，「教育科学的認識を教育の哲学的省察に媒介する基本図式を確立しようとするもの」である。

まず，生命存在における個体と環境の関係に注目し，考察を進めるわけであるが，人間生成の過程を追究していく中で，3つの問題点を抽出した。自覚の問題／社会的現実の問題／外的実在の問題，がそれであり，それぞれが，実存／社会／理性，に対応している。そしてこれらは，人間的生活体系に対立する「超在的他者」に関係をもっているとして，現代の人間は，もはや人間的世界の中に直接に安住することができなくなり，加えて，現代の人間は，このような人間的な〈他〉を超越する〈他〉との対決を迫られており，この対決なしには，現代の人間生成は全うされない，と断言している。

このように森はJ. デューイ研究を通して，自らの学問的立場を「人間生成の教育人間学」として確立し，やがてそれを『教育人間学—人間生成としての教育』（昭和36年）で体系化した。この著書は，人間における歴史性と自然性，社会性と個人性，精神性と身体性の分極，を人間存在の基本的"逆説"としてとらえた興味深いものであり，この時点での人間生成に関する研究は一定の成果をもたらした。しかしながら，自己の学問的立場を超越しようとする彼の学究態度は，教育人間学をさらに深化させていくのである。

さて，いよいよ『人間形成原論』が見えてきたのだが，その前に，先の3つの問題点の中の一つ，社会的現実の問題を取り上げた著書，『未来からの教育—現代教育の成立と課題』（昭和41年）について簡単に触れておきたい。

これは，教育哲学者を標榜する森が，教育と社会的現実との関係を正面からとらえた貴重な著書で，「人間生成」から「人間形成」に傾斜する契機となっ

た節があり，また後半部分では道徳教育についても論じている。はじめに，何ゆえ，「未来への教育」ではなく「未来からの教育」なのかについて，少し立ち入ってみたい。

　森によると，人々は，子どもや青年のこれからの発達に現在からよき未来への生活や社会，文化の発展を期待するのだが，これは現代が基点となっている，という意味で「未来への教育」であると定義し，一方で，われわれと青少年を待ち受ける新しい未来からの"挑戦"に対応し，未来に向かって青少年を準備しようとする，という意味で「未来からの教育」と表現した。これは要するに，科学技術の進歩によって予想される未来社会に対応できる能力と態度を教育しなければならない，ということである。

　ちなみに，25年前，教育史を専攻しようと思い立ち，その準備のために訪れた大学図書館でこの著作を目にし，一読したのが，森昭と筆者との最初の出会いである。教育の歴史的発展という切り口でとらえたこの著書が，今思うと当然であるが，読み進めるにしたがって哲学的なものに席巻されていくような感があり，不思議な感覚にとらわれたことを思い出す。

　さて，「未来からの教育」を以上のように定義づけた上で，森は，道徳教育の現代的課題にも言及する。森が言わんとしたことは，科学技術は，これをいかに生かすか，いかなる目的にそれを役立てるか，という問題に関わってくる時に道徳と関係してくるということであり，言い換えれば，人間のよりよい生き方や幸福についての価値基準ないし自覚が人間に対する科学の意味と価値を決定する，ということである。

　なお，別の論文で，「未来からの教育」に対応すべき道徳のあり方，教師や生徒のあり方についても述べているので，ここに紹介しておきたい。

　「いかなる徳目をあげるにせよ，教育者自身が"大いなるものの希求"に生きること，そして大いなるものを希求する心が生徒たちに目覚めること，これが個々の指導に生命を吹き込む道徳教育の核心ではないだろうか。われわれが全力を尽くして努力しつつ，その彼方には，より"大いなるもの"が存在するという謙虚な自覚と，この自覚に基づいて大いなるものに向かって自己超越を

続ける努力こそ，道徳の実存的中核ではないだろうか。この自覚と努力によって，われわれはわれわれ自身の未来を真に意味あるものとすることができるのではないだろうか。私はこれが徳目の再検討の基本的前提であると考える。」3)

(3) 『人間形成原論』への思い

① 「人間形成原論」の構想
　いよいよ「人間形成原論」について記することとなった。結論からすると『人間形成原論』は遺稿集であり，研究書としては未完成である。しかしながら，編集者の意図もあって，必要以上に体裁を整えようとされていないだけに，読み進めていくにしたがって，晩年の森の『人間形成原論』に対する純粋な思いが直に伝わってくる。ここでは，「人間形成原論」の構想を示すにとどめておきたい。

　「人間形成原論」の全体像を構造化したのが右図である。端的にまとめると，生命から人格に至る人間生成の経験科学を媒介としつつ，それの全体について哲学的省察を深めてゆく方向に「人間生成・形成の全体像」が見えてくる。これを理論的に体系化する時，「人間形成原論」が成立する，ということである。

　『人間形成原論』の完成を心待ちにしていたのは，筆者だけではあるまい。そのダイナミックなスケールに改めて感服するとともに，森の膨大な研究成果を，これからの道徳教育の発展にどのように生かすのかを考えていかなければばらない。

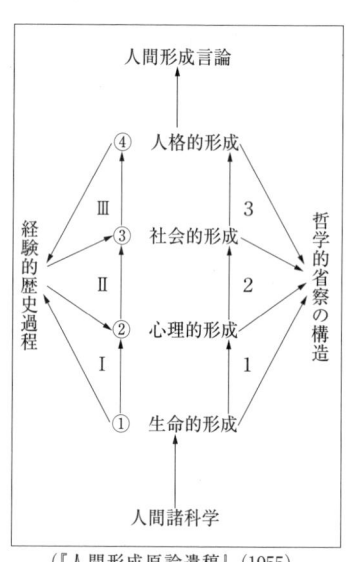

(『人間形成原論遺稿』(1955)
黎明書房p.138図表2より転載)

② 生涯成就と自己超越——"死"との対決——

「人間の出生と死の問題を抜きにして教育は語れない……」 晩年，大学での講義で，森はしばしばこのように発言したという。

『人間形成原論』出版の構想に取りかかってほどなく難病に見舞われた森であったが，病床の身にありながらも類まれなる探究心と闘争心で執筆活動を進めた。その姿は，身じろぎ一つ叶わぬ仰臥の姿勢の中で，やがてペンを持つ手指の力と視力までもが奪われてしまうという真に壮絶なものであったという。以後，著述は口述筆記によって最期まで続行された。

重患の中で森は，宗教の問題に直面していた。興味深いエピソードがあるので，その一部を紹介したい。

友人である久山康氏（当時，関西学院大学院長）が森を見舞った際に，挨拶もそこそこに森は，「実はあなたに逢ってお聞きしたいことがあって」という切り出しで，「…いま人生の最後の時を迎えて，宗教のことを考えずにはおれないのです。…学生時代には田辺先生の思想に影響を受けたけれども，あなたはあの頃から田辺哲学には批判的だったでしょう。むしろ西田先生を尊敬して。私も今では西田先生の生死を超えた体験の感じられる思想に心を引かれるのですが，あなたはどう思いますか」[4]

この問いが発せられたのは，単に死に直面する恐怖から逃れるためではない。死の数年前，シャルロッテ・ビューラーを引き合いに出し，人生が専ら上昇してやまぬ「増成」のみでは成り立っておらず，やがて下降していく「減成」の局面も人間存在の本質に属するという，彼の生涯成就の考え方から発せられた純粋な問いであると筆者は考える。そしてそれを架橋工法からヒントを得た「生命鼓橋」というユニークな概念によって，人生の究極的意味を問い詰めようとされた。しかしながら，森自身の"鼓橋"はついに完成することがなかった。

最後に，死の数か月前に，長年の研究の結果，たどりついた「人間の実相」について記した文章[5]があるので，それを紹介することによって，本稿の終わりとしたい。これが，森昭の"人間の存在"という問いに対する解答といえよ

5．森 昭——道徳教育と人間形成原論　　177

うか。

「人間は自ら求めずして生まれるや否や，時の中に投げ入れられ，教育・非教育のさまざまな影響のもとで発達をすすめつつ，たえず新たなる運命のもとで自己の存在を保ちつづけるのである。しかも発達と変化は一定の時点で完了するのではなく，たえず未来に向かって変化しつづける。その未来は当人自身すら予見できないものであり，しかも当人が望む在り方を実現するに至らぬさきに，しばしば死が人間の存在を否定する。これが正に人間存在の実相であるが，教育・人間形成はまさにそのような「人間」の存在と生成に関わっている。」

（板倉栄一郎）

（註）
1) 本稿では，以後，この著書を『人間形成原論』と記すこととする。また『』は著書名，「」は研究テーマを意味することをお断りしておきたい。
2) 森昭著作集6『人間形成原論　遺稿』(1977) 黎明書房 pp.131〜133
3) 「現代の社会的状況と徳目の再検討─道徳教育観における十二の対立点─」『道徳教育研究協議会・第23回全国大会記録』(1973) p.187
4) 森昭著作集6『月報』1 (1977) 黎明書房 pp.1〜3
5) 森昭著作集6『人間形成原論　遺稿』(1977) 黎明書房 p.3

〈森の主な著書〉
森昭（1948）『教育理想の哲学的探求』黎明書房
森昭（1955）『教育の内面性と実践性─道徳教育の反省』黎明書房
森昭（1961）『教育人間学─人間生成としての教育』黎明書房
森昭（1966）『未来からの教育─現代教育の成立と課題』黎明書房
森昭（1973）『改訂二版　現代教育学原論』国土社

6. 竹ノ内一郎
——道徳授業の創造と道徳的実践力の育成——

(1) 教室の子どもたちの目線で展開する道徳授業創造論

① 実践的道徳授業理論提唱者としての竹ノ内一郎——その略歴

　昭和33（1958）年9月，難産の末にようやく戦後道徳教育の要の時間として，「道徳の時間」はその歩みを刻み始めた。道徳の時間特設に至る事情については他章でも詳しく触れられているので割愛するが，幾多の苦難を経た末にようやく船出した道徳授業に血を通わせ，その教育的意義を知らしめるために奔走した偉大なる先人たちの熱き志を思わずにはいられない。その中で煌星のような威光を放った実践者の一人が，これから語ろうとする竹ノ内一郎（大正3年～平成16年）その人である。

　竹ノ内一郎は大正3年8月，鹿児島県にて出生している。竹ノ内の教師生活は，まだ日本が欧米列強と凌ぎを削りながら軍事力を背景にアジア諸国の植民地化を推し進めていたアジア・太平洋戦争前夜の時代，昭和8年3月に京城師範学校（日本の植民地となっていた朝鮮の首都，現在のソウル市に設置された師範学校）を卒業するところからスタートした。その後，京城女子師範学校附属国民学校訓導（昭和20年）等を経て，戦後は東京都内公立小学校教諭，区教委・都教委指導主事，学校管理職として学校教育の第一線でその職責を担ってきた。そして，昭和50年3月，千代田区立永田町小学校長を最後に退職し，現役教師生活に終止符を打っている。その間，竹ノ内は道徳教育振興に深く関わり，さまざまな公職を経ている。主なものを列挙するだけでも，竹ノ内がどのように優れた実践的指導者であったかが垣間見られよう。

　文部省教材等調査委員・協力者（『小学校学習指導要領』及び『同指導書』編集協力

者，『小学校道徳の指導計画の事例と研究』編集協力者，『小学校道徳の指導資料』作成委員，『小学校道徳教育の諸問題』作成協力者，『中学校における道徳教育』編集協力者，『小学校道徳教育の実践と考察(4)』編集協力者等々），全国小学校道徳教育研究会会長（第6代会長，後に顧問），日本道徳教育学会常任理事，東京都千代田区道徳教育研究会研究部長，東京書籍道徳副読本『新しい生活』編集委員。さらに，校長退職後は東京教育研究所主任研究員として道徳教育に携わっている。

　なお，竹ノ内はその生涯を賭した研究成果を多くの著作に結実させている。それらの著作物に通底するものは，教師が日々対峙している教室の子ども目線での道徳授業創造である。その中で竹ノ内道徳授業理論を最も的確に伝えている代表的著作を筆者の主観で3冊選ぶなら，以下の刊行物があげられよう。
○『道徳授業の深め方―子どもの心にせまる指導』（昭和50年，新光閣書店）
○「価値の一般化を生かす道徳授業論とその展開」現代道徳教育研究会編『道徳教育の授業理論』（昭和56年，明治図書）
○『実践力を育てる道徳授業のくふう』（昭和58年，文教書院）

　② 実践的道徳教育研究者としての竹ノ内一郎の横顔

　竹ノ内一郎は，教師生活の中で多くの時間を実践的道徳授業研究に費やした。その授業実践を背景にした研究業績が膨大なことで，実践的道徳教育研究者と竹ノ内が称される所以となっている。その竹ノ内の研究者像について，当時（昭和50年），お茶の水女子大学教授であった宮田丈夫は竹ノ内の著作へ序文を寄せ，「竹ノ内一郎氏はこれまでも，何冊かの道徳指導に関した著作を公刊しているが，いずれも同氏でなければ書くことのできない，言うなれば，子どもに対する限りない愛情と道徳授業に対するひたむきな探求心によって織りなされているものである。同氏は現場を離れてからも，何回となく教壇に立って道徳授業を実際に行っている。このたびの著作も実際の授業をとおしての子どもとのふれ合いと，授業法の研究をとおしてまとめられたものであり，その点で他の著者の追随を許さないものがある」[1]と賛辞を贈っている。

　この序文の中でも語られているが，竹ノ内は現職当時も，退職後も精力的に各地を巡って示範授業を行っている。そんな竹ノ内の授業にふれて薫陶を受け

た教師は，全国に数限りない。その中の一人に，日本道徳教育学会理事として，また資料「流し雛」等の道徳自作資料作者として活躍した加藤一雄がいる。加藤は昭和42年当時，横浜市立中学校教諭として学校現場での道徳教育研究に打ち込んでいた。ちょうどその頃，生徒指導研究会から独立したばかりの同市中学校道徳教育研究会が市内瀬谷区橋戸に居を構えていた竹ノ内を招聘し，横浜市立吉田中学校で示範授業を実現する機会があった。当日，授業後の研究協議会の司会を務めたのが加藤であった。加藤は，その会で初めて「価値の一般化」を取り入れた生の道徳授業理論に接し，その方法論的な可能性に深く感銘したと後に筆者へ語っている。加藤はその後，横浜市教育委員会道徳担当指導主事，日本教育新聞社編集委員，複数の大学で教職科目「道徳教育の研究」等を中心に教鞭を執り，後進の育成に貢献した。

　ちなみに，筆者も竹ノ内の実践的道徳授業理論に共感し，感化された一人である。筆者が竹ノ内から直接的な指導を最後に仰いだのは平成3年11月のことである。高齢（当時77歳）を理由に出講を渋る竹ノ内に無理をお願いし，川崎市総合教育センターで講話を拝聴する機会をいただいた。竹ノ内の講話は，身体面での衰えを全く感じさせない情熱ほとばしるエネルギッシュさに満ち溢れた内容であったことが今も鮮明な記憶となって残っている。さまざまな著作で，さまざまな講演で，さまざまな授業実践を通して提唱し続けてきた「価値の一般化」を生かす実践的道徳授業理論こそ，竹ノ内道徳の真骨頂であったと考える次第である。

(2) 教室の子どもたちの目線で展開する道徳授業創造論

　① 道徳授業理論としての「価値の一般化」にこだわった理由
　実践的道徳授業理論提唱者としての竹ノ内一郎を広く知らしめたのは，かつて文部省で道徳教育担当教科調査官の立場にあった青木孝頼が道徳の時間の特質を生かした授業展開とするために唱えた指導過程論「道徳価値の一般化」[2]によるものであった。では，なぜ竹ノ内は自ら独自な実践的道徳授業理論を提

唱せずに，青木の「価値の一般化」論を広く普及させることを自らの使命として選択したのであろうか。

　この点についての最大の理由は，やはり，竹ノ内一郎という偉大な教育実践家の生き方がそうさせたと理解するのが最も妥当なことと思われる。事実，竹ノ内は自著『実践力を育てる道徳授業のくふう』の「まえがき」において，「本書は，道徳指導は決して難しいものではなく，人生の先輩として，教師の良心に基づいて，子供とともに考え，悩み，共に伸びてほしいと思ってまとめたものである。したがって難しい理論は述べていない。日々の授業でどのような創意とくふうを凝らせば実践力を育てることができるかをわかりやすく述べたつもりである」と記している。竹ノ内にとっての関心は，新たな道徳授業理論を打ち立てることではなく，道徳の時間が特設されてから四半世紀を経てもその実効性が見えてこない状況の打破に向けられていたのである。現象面の直接指導に追われる生活指導だけでは，それらの行為の奥底にある道徳的価値についての指導は不可能であるから，どうしても道徳授業を充実させていく必要があるというのが学級担任として，教育行政担当者として，学校経営者として，内外いずれの立場から学校現場を知る竹ノ内ならではのいたたまれぬ気持ちがそうさせたことだけは確かであろう。ゆえに竹ノ内は，当時の社会問題であった青少年の非行抑止のためには子ども自身のあり方や行動を価値づける道徳教育の必要性を説き，イデオロギー的反対勢力に人間としてあるべき姿を目指してよく生きることを後押しする道徳教育の必要性を説き，未だに道徳授業の指導方法が分からないという教師たちに先輩教師としてその指導方法論を説くのである。そこには自己主張や功名心にはやる強面な実践家としての姿は全く漂ってこない。まさに目の前にいる子どもたちの成長を願い，支え続けようとする情熱と限りない愛情を秘めた一教師の姿しか浮かんでこないのである。そんな竹ノ内ならではの「価値の一般化」論は，既に独自の威光を放つ立派な実践的道徳授業創造理論であったという確信に至るのである。

　② 「価値の一般化」論の意義とその方法

　先にも述べた通り，ここで取り上げる「価値の一般化」とは，青木孝頼が提

唱した「道徳価値の一般化」論と本質的な部分において同義である。

　価値の一般化そのものの提唱者である青木孝頼は，「道徳指導において『ねらいとする一定の価値の本質を価値として子どもたちに把握させ，体得させること』である」[3]と定義している。つまり，道徳授業のねらいが一定の道徳的価値であるといっても，その価値は常に具体的な生活経験と結びついたものとして子どもたちに指導されるものである。よって，抽象的な道徳的徳目の単なる知的理解のための指導に終始するのでは，子どもたちの具体的な生活経験を通しての価値把握とならない。そこで，道徳的一事例としての素材（道徳教材）における道徳的価値の把握を通して，現在及び将来にわたる子どもの全生活経験と結びつく価値の本質をとらえさせると同時に，その価値に関わる道徳的態度を育成しようとするのが「価値の一般化を図る工夫」となるのである。特設当時より年間わずか35時間しか配当されていない道徳の時間，その授業すべてにおいて特定場面での道徳的把握のみにとどまるのではその指導がもつ特質に照らして効果的でないとするのが，道徳的価値の一般化論提唱の根拠となっているのである。

　竹ノ内は，「価値の一般化」という考え方について，文部省刊行『小学校道徳教育の実践と考察４』の目次項目６の記述にある「資料を通して追求，把握された道徳的価値を現在および将来にわたる児童の生活経験と結び付くものとして主体的に自覚させることが要求されるのである。つまり，ねらいとしている道徳的価値が，特殊な事象にだけ妥協する価値としてではなく，多くの事象にも適応されるべき共通の価値としてとらえさせることが必要となってくる。このための手立てが『道徳的価値の一般化』と呼ばれるものである」[4]という一節をまず引用して説明する。さらに，青木の後任である文部省道徳担当教科調査官の瀬戸真（昭和54年）が『道徳・特活を語る』創刊９月号小論「道徳的価値の一般化」で述べた「一般化という学習過程には，『特定化』とも言える作用があり，その過程を経て一般化されるものとも言える。つまり，『困っている人がいたら親切にしてあげたい』という気持ちが，『ぼくはうちのおばあちゃんのふとんをあげてあげよう』という特定になって考案される。このよう

な特定な事例がいくつか発表されることによって,『ああ,そうか,そんなところにも生かすことができるんだなあ』という一般化を生むことになる。特に,こうした一連の学習過程を,一般化と呼んでおり,児童は『今まで,あるいは今,自分はどうか』という反省から,『これからはこうしたい』という方向を求めていくことになる」[5]という部分を引用し,「道徳の時間では,ねらいとの関連でとりあげた資料の指導に終始することなく,展開の後半の10分内外の時間を資料から離れて,ねらいとする価値について広く,深く考えるようにさせることが大切であるとともに必要なことである」[6]という一節を引用し,「価値の一般化」という道徳授業方法論の理論的妥当性を明確にしていくのである。

　竹ノ内の意図する「価値の一般化」論を要約するなら,道徳授業においては設定した主題のねらい達成に向け,ただいたずらに資料中の道徳的問題を通しての価値追求だけをさせるのではなく,そこでの学習を発展させる形で子どもたちの日常生活との接点をもたせ,日常的道徳生活の具体的場面をイメージしながら道徳的実践へと意欲を喚起できるような学習過程を位置づけるのが望ましいという考え方である。特に,下表のように道徳授業の指導展開における後半10分程度の時間を資料から離れ,さまざまな場面や状況下において価値実現を可能とする内面的資質としての道徳的実践力をはぐくんでいくところに「価値の一般化」の指導効果としての意義を見出しているのである。

展開後段（価値の一般化）
- 能動的経験発表・・今までに似たような行動をしたことはないか。
- 受動的経験発表・・今までに似たような経験をさせられたことはないか。
- 対比的思考・・・・友達や身の回りの人と比べてみたらどうか。
- 自覚促進・・・・・今日の勉強から,自分の勉強や生活に取り入れてみたいことは,どんなことか。
- 意義理解・・・・・○～は,なぜ大切か。　○～とは,どんなことか。

(竹ノ内一郎（1983年）『実践力を育てる道徳授業のくふう』文教書院 p.151より引用)

③ 「価値の一般化」をめぐる解釈と指導過程上の位置づけ

「道徳価値の一般化」という場合，それと類似した意味で使用される「内面化」という用語がある。同様に，意識化，主体化，自覚化，実践化といった用語も混同されやすい。特に内面化については，価値の一般化と何が同じで，何が違うのか，その異同について竹ノ内が所属していた研究グループ「道徳を語る会」の中心的存在である青木孝頼の見解について少し触れておきたい。

青木は，「内面化とは，ひとりひとりの個性に応じて，道徳的価値が意識化の過程を通しながら，道徳的態度にまで形成されていく過程をいう。すなわち，道徳的態度形成の過程を内面化と呼ぶのである」[7]と述べている。つまり，内面化は子どもの道徳性の発達過程と考えるべきで，価値の一般化は内面化における重要な過程ととらえている。ならば，価値の一般化という用語そのものが意味をなさないことになるが，内面化を図るといった場合のそれは一定の安定した状態ととらえられるような性質を有しないため，あえて具体的な生活経験を通しての価値把握という考えに立っての呼称となっているのである。

ただ，竹ノ内はそこまで両者を定義して用いるといった厳密さを求めてはいない。むしろ，竹ノ内が実践的授業研究を通して語る「価値の一般化」という文脈には，道徳資料で追求したねらいとする価値について子どもたちが自分たちの普段の生活の中でも考えてみようと思い至らせる意図が明確に含まれているのである。そこには，教師が意図するしないにかかわらず，普段の授業の中で「価値の一般化」という用語を使わなくても行っている場合が多いのではないかといった現場主義的な教師への信頼感が垣間見られるのである。むしろ，そうとらえることによって，誰もが教科指導と同様に楽な気持ちで取り組めるであろうと期待するのである。

また，道徳授業の指導過程において「価値の一般化」が位置づけられるのは一律ではないが，展開後段部分となっている場合が多い。それは，なぜであろうか。価値の一般化を図る段階が展開後段部分となっているのかという点については，「道徳を語る会」のメンバーが中心となって執筆した青木孝頼編『導入・展開・終末』(明治図書　1968年)，さらには竹ノ内一郎「価値の一般化を生

かす道徳授業理論とその展開」現代道徳教育研究会編『道徳教育の授業理論—十大主張とその展開』（1981年　明治図書 pp.48～64に所収）に詳しい。それらを手がかりに，道徳的価値の一般化を指導過程でどうとらえていたのかを筆者なりに分析・検討してみたい。

　上述の文献によれば，価値の一般化の工夫が道徳授業に取り入れられた当初は，主に指導過程の終末に置かれることも少なくなかったようである。また，先進的な道徳教育研究校の一例として導入段階に取り入れる工夫を試みた事例もふれている。それらの研究校の実践事例を精査していくと，導入段階で子どもたちの生活から入れば，それは生活→資料→生活というよりも，子どもの日常的道徳生活に終始して抜け出せないという価値理解・価値自覚プロセスを欠いた生活指導になってしまうという結論に至るのである。また，終末段階で価値の一般化を図る場合は，資料は資料，生活は生活と切り離されたぎこちない相互補完的な関係を分断するものとなってしまうと結論づけるのである。もちろん，子どもの発達段階的な面を考慮するなら，資料という道徳教材を活用して価値追求・価値把握するプロセスにおいては当然のことであるが，個々の子どもの日常的道徳生活はオーバーラップされるのである。よって，資料は資料，子どもの日常的道徳生活は道徳生活といった紋切り型の授業展開になることは考えにくいし，それをあえて押し通すなら道徳授業の特質を欠いたものとなってしまうのである。

　価値の一般化を図ることの意味は，展開前段で資料での価値追求・価値把握を十分にしておいて，さらにその時間でねらいとして設定した価値内容を含む他の行為を取り上げて，子どもの道徳的なものの見方，感じ方，考え方を広げたり，深めたりするところにあるのである。その具体的方策について竹ノ内は実践的視点から，「価値の一般化を図る場合，話し合いが中心になるであろうが，動作化させたり，書かせたり，静思，内省させたりして，自らの生活をじっくり見つめさせて，あるべき姿を指向させることも大切であろう」[8]と明快に示している。また，子どもの生活と関連づけて一般化を図りにくいような場合は，教師が適切な事例を用意することの必要性や大切さも指摘している。

《価値の一般化による道徳指導の基本過程》

段　階	各　段　階　の　役　割	構成手順
導　入	ねらいとする価値への方向づけ	Ⅱ
展　開	ねらいとする価値の中心資料における追求・把握	Ⅰ
	ねらいとする価値の一般化	
終　末	ねらいとする価値についての整理・まとめ	Ⅲ

(青木孝頼編『導入・展開・終末』(1968年) 明治図書 p.121より引用)

「価値の一般化」による道徳授業を深めるため，竹ノ内は『道徳授業の深め方』(新光閣書店　1975年)で指導過程各段階の役割とすべきことを以下のように述べている。

［導入ですること］
　導入でもたつくと快心の授業にならないことを前提に，ねらいとする価値にかかわりのある生活経験を想起させ，その時どうしたか，どんな気持ちであったか，どうしなければいけなかったのかといったことを考えさせ，学習する糸口をつかませる段階である。

［展開ですること］
　道徳の時間の中心となる段階である。したがって，十分に時間をかけて価値追求させるとともに，価値についての内面的自覚をもたせ，さらにその価値を生活の中に生かそうとする一般化を図っていくことが大切である。

［終末ですること］
　その時間の学習をふり返らせ，子ども個々に把握した価値について自ら整理させ，さらにまとめをさせる段階である。また，把握した道徳的価値を主体的に受け止めさせ，それを実践しようとする意欲をもたせることも重要である。

(3) 竹ノ内道徳授業創造理論の魅力——まとめに代えて

　ここまで語ってきたように，竹ノ内一郎が一教師としてこだわり続けた道徳授業理論「価値の一般化」は青木孝頼の提唱するもので，それは決してオリジナルなものではなかった。しかし，実践的道徳授業創造論という視点で評価するなら，大きな金字塔を打ち立てたとするのが極めて妥当な判断であろうと考える。理論はあくまでも理論であって，それがそこここの学校の日常的な道徳授業風景として実践されなければ机上の空論の域を脱し得ないのである。

　そんな竹ノ内ならではの燦然と輝く名言がある。それは，「道徳教育の窮極のねらいは，実践できる道徳人を育てることである」[9]という一文である。正に実践的道徳教育研究者と呼称される竹ノ内にふさわしい名言である。

（田沼茂紀）

〈註〉
1) 竹ノ内一郎（1975）『道徳授業の深め方—子どもの心にせまる指導』新光閣書店 p.1
2) 青木孝頼編（1966）『道徳価値の一般化』明治図書
3) 青木孝頼編　前掲書 p.22
4) 文部省（1974）『小学校　道徳教育の実践と考察 4』p.28
5) 竹ノ内一郎（1983）『実践力を育てる道徳授業のくふう』文教書院 pp.149〜150
6) 現代道徳教育研究会編（1981）『道徳教育の授業理論』明治図書 p.51
7) 青木孝頼編　前出書 p.29
8) 現代道徳教育研究会編　前出書 p.55
9) 竹ノ内一郎　前出書『道徳授業の深め方』p.23

---〈竹ノ内の主な著書〉---
　竹ノ内一郎（1975）『道徳授業の深め方—子どもの心にせまる指導』新光閣書店
　竹ノ内一郎（1981）「価値の一般化を生かす道徳授業論とその展開」現代道徳教育研究会編『道徳教育の授業理論』明治図書
　竹ノ内一郎（1983）『実践力を育てる道徳授業のくふう』文教書院
　石川佾男・竹ノ内一郎編（1990）『実践力を育てる道徳の授業』国土社
　石川佾男・竹ノ内一郎編（1990）『小学校　新しい道徳の構想と実践』東京書籍

7．山本政夫
──道徳教育における知と実践のズレ──

(1) 山本の略歴と活躍

① 小学校を休職し，高等師範へ

　山本政夫は大正5年4月に兵庫県に生まれ，平成17年1月に兵庫県で死去した。89歳であった。昭和11年3月に兵庫県御影師範学校本科第1部を卒業し，兵庫県の小学校の先生（訓導）になった。その後，休職して，広島高等師範学校教育科に入学，同16年3月に卒業した。さらに広島文理科大学哲学科（倫理学）に進学，同20年9月に卒業，小学校に復職した。

　その後，兵庫県立神戸第3高等女学校教諭（昭和20年12月～同23年4月），大阪第一師範学校助教授（同年4月～），大阪学芸大学講師（同25年4月～），同大学助教授（同28年1月～），同大学教授（同39年7月～），大阪教育大学（名称変更）教授（同42年6月～），そして同57年3月に同大学を定年退官し，名誉教授となった。同年4月からは，武庫川女子大学教授になり，同62年3月に退職した。

② 日本で唯一の「道徳教育教室」の誕生

　東大安田講堂事件を始めとする「大学紛争」が全国に広がる少し前，大阪教育大学では「道徳の時間」（昭和33年特設）に対する関心とは別の関心が，道徳教育に向けられていた。

　それは教員養成大学や教育学部に大学院（学校教育研究科・修士課程）を創設する動きと関係があった。まず，東京学芸大学と大阪教育大学がその創設に取り組んだ。設立にあたっては，「道徳教育」の講義は不可欠である。文部省による担当教官の資格審査もある。当時，文部省と日教組は敵対していたから，「特設道徳」に反対する教育学者たちは「道徳教育」の担当者にはなれないだ

ろうし，またなる気もなかったようだ。

　あれこれの経緯があった後，「道徳教育」は学内の教育学者以外の教官が担当することになった。そして「学校教育専攻」の中に，教育学や心理学の講座と並んで，「道徳教育講座」が設置されることになった。当時の教育学科には「教育学教室」と「心理学教室」の二つがあった。しかし，すでに述べたように，「教育学教室」の教官は誰も「道徳教育講座」を担当しないので，教育学科の中に新たに「道徳教育教室」が設けられることになった。

　「道徳教育教室」の構成は，教授1名・助教授1名，大学院生1学年定員2名，学部学生定員0名であった。2名の教官は大学院の講義・演習の他に，学部の教職必修科目「道徳教育の研究」を非常勤講師の協力を得ながら担当することになった。そして教授には，当時社会科学科（哲学倫理学教室）に在籍していた山本が就任した（「哲学倫理学教室」には大学院は設立されなかった）。そして助教授には学外の人が招聘された。日本で唯一の「道徳教育教室」はこのようにして昭和43年4月に誕生したのであった（「道徳教育教室」は筆者が同大学を退官した平成9年以降も存続した）。

　山本は「道徳教育教室」に移籍した翌年（昭和44年）2月に，附属図書館長事務取扱に任命された。しかし同年5月には辞任した。在任，わずか3か月であった。附属図書館長は同大学では，学長に次ぐナンバー2の地位である。当時の大阪教育大学が大学院創設の余波や「大学紛争」，さらには「3分校の統合移転」などの難題を抱え，学内がもめていたことは，山本のその後の略歴からも推測できるだろう。山本は同年9月から同48年9月まで附属平野中学校校長に併任された。その後も，附属図書館長（同52年5月～同53年3月）や学長事務取扱（同52年9月～10月）を務めた。

　山本は大阪教育大学の外でも活躍した。具体的に言えば，中学校・学習指導要領（道徳）の作成協力者や文部省主催の講習会講師などを務めた他，日本道徳教育学会理事や関西道徳教育研究会講師をも務めた。また大阪書籍の道徳副読本『生きる力』の編集責任者などにもなった。

(2) 山本の「知と実践のズレ」論

① 基本的な考え

　山本は道徳教育の主著の「はじめに」で次のように書いている。「もともと時間をかけて，じっくり練った文章ではないので舌足らずのところや誤解をまねきそうなところもある。これは私の迷いであり，そのまま読者の皆さんへ問題として投げだしてもいいと思い，ことさら書き改めることもしなかった。無責任だとは思っている。」[1]

　略歴からも推測できるように，山本は大学管理などに忙殺されて，研究や著作に専念できなかったのだろう。私は山本の上述のような考えを尊重して，以下，山本自身の文章をできるだけ多く引用し，私の解釈をできるだけ少なくしようと思う。本論の読者もできれば，山本の「問題」に取り組んでいただきたい。

　さて，山本は「知と実践のズレ」に関して次のように書いている。「道徳指導は，その根本において単なる知識の授受ではない。…道徳指導では，新しい知識の教示よりも，むしろ観念として知っていることを，自己反省を通して確認し，心からなっとくし，実践への意欲をふるいたたせることに主眼がある。」(傍点は引用者)[2]「道徳授業の使命は，子どもたちに現在の自分を反省させ自覚を新たにさせるところにある」(傍点は引用者)[3]。これら二つの引用文に，「ズレ」に関する山本の「基本的な考え」が示されていると思う。

　山本によれば，子どもは悪意はなくても，無知のために過ちを犯すことが多い。だから，「なぜ，してはいけないか」などについては教えなければならない。その意味では，道徳の時間における知的な面での指導は軽視できない。だが，「知ってはいるが行わない」ところに「道徳教育のガン」がある，というのも事実である[4]。このことを山本は強く意識していた。

　さらに，山本は他の箇所[5]では次のような趣旨の説明をしている。「人のものをぬすむな」などという「道徳的な知見」は「ある程度は」子どもなりに受

け止めている。「ただそれが観念的な知識の段階にとどまって，現実に生きてはたらく知識にまで掘りさげられていないところに今後の指導上の課題があるといえる」（傍点は引用者）。

　山本理論における「知」には，「道徳知」と「実践知」の二種類がある。山本は定義をしていないが，しかし文脈からはそのように推測できる。「道徳知」（道徳的知見）は道徳の時間などで学習する道徳（道徳的価値）に関する知識であり，「実践知」は実生活に生かされる「道徳知」であろう（もちろん，実生活に生かされない「道徳知」もある）。道徳の時間では，この「実践知」の学習が大切だ，と山本は強調するのである。私も同感である。

　② ズレをなくす手順1──自己反省

　「知と実践のズレ」に関する山本の「基本的な考え」は「自己反省」をキーワードにしていた。もちろん，「自己反省」は子どもだけでなく，教師にも求めた。その理由を山本は次のように説明する[6]。

　取り上げる主題が子どもたちの生活に関わりをもつだけに，教えてやるといったポーズをとると，子どもは子どもなりに自尊心を傷つけられ，反発の構えをとる。それが人情であろう。だから，教師にも自ら反省するという謙虚な姿勢が必要だ。その姿勢が子どもに伝わり，子どもも反省するようになる。

　さらに山本は次のようにも考えた[7]。教師は教科指導を繰り返すうちに，いつのまにか「指導意識」が強くなり，それが「体臭」にまでなっている。そして人間的に立派な教師が人間的に劣る子どもを指導するかのような教師の態度に子どもは嫌悪感を抱くようになる。

　道徳授業は人間の生き方を学ぶ授業である，と考える山本はさらに，次のように述べる。「道徳の授業にのぞむ基本的な姿勢は，まず教師という名のもとにまとっているヨロイを脱ぎすてることから始まる。あからさまな人間として子どもたちの前に立つことである。…この反省こそ，授業への感動の原点ではなかろうか」[8]。本論の(3)でも述べるように，山本は道徳の時間を「師弟ともどもに立ち止まって反省する時間」ないしは師弟ともども「立ち止まって考える時間」だと考えたのである[9]。

③ ズレをなくす手順2——我欲の克服

　山本は「ズレ」をなくすことについて，次のようにも述べる。「知識と実践とのズレを打開する道は…自身にひそみ巣くっている我欲との対決であり，その克服である。道徳の授業で〈わかっているのに，なぜ実行しないのか〉と，子どもを追及するとき，〈しんどいから〉〈めんどくさい〉〈そんなことしたら損や〉といった答えが，おきまりのようにはね返えってくる。これは…道徳的価値と我欲との対決であり，我欲がいかに克服しがたいものであるかを有力にものがたっている。」[10]

　ところで，山本は「我欲の克服」を論じる過程で，話を道徳から宗教へと転じる。そして，仏教やキリスト教など，あらゆる宗教の究極的な教えはこの「我欲との対決」であるという。その上で，「道徳知と実践知——道徳の時間における指導の焦点は，せんじつめると，この我欲なり利己心にどのようにメスをあてるか，これをいかに克服するかにかかる，といえないだろうか」[11]と述べる。

　他方，山本は道徳授業において「実践知へとゆりうごかす」のは「感動」であり，この「感動は…すなおな気持ちで自分を反省し，するどいメスで自身の我欲を切開するきびしさをともなったものであるはずだ」[12]という。ここでは，「すなおな気持ち」と「きびしさ」が同時に求められている。

(3) 道徳授業の普及と定着を目指して

① 道徳授業の易行道

　山本は研究会の次のような実情に不満であった[13]。「道徳の時間が設けられてから，すでに15年余になる。その間，各府県ごとの文部省の指定研究校の発表だけでもおびただしい数だし，道徳教育関係の研究著作はどれほどあるか数えきれない。道徳授業の指導技術は，微に入り細に入って，ずいぶん高い程度にまで進んでいる」。このような状況「にもかかわらず，大学生たちに道徳授業の思い出を聞くと，…道徳の時間はあっても開店休業のケースがずいぶん多いようである」。

山本は道徳授業の研究会で「参加者のみに通用する大げさな専門用語が飛びかい，指導技術や方法の些細な相違に激論がたたかわされている」姿に「どこかピントが狂っている」と感じた[14]。

　山本は道徳授業が特定の学校や特定の教師だけでなく，すべての学校やすべての教師によって行われることを望んだ。多くの教師は忙しく，研究発表会のような「着飾った」授業はできない。「普段着のままの授業」をするしかない。山本はそのように考えた[15]。また次のようにも考えた。「道徳教育は専門家のみの独占物ではないはずだ。およそ人であるかぎり，専門屋としろうととの区別なく，誰もが真剣に話しあえる共通の問題が道徳教育だし，そうでなくてはうそだと思う」[16]。このような考えから，山本は「一人の百歩前進よりも，百人の一歩前進を」求めて[17]，「道徳授業の易行道」を唱えた。

　「易行道」について，山本は次のように説明した[18]。それは，「ひとくちにいえば，仏教を平易化し大衆化する道」である。「仏教の教えは深遠で」ある。だから，高僧たちは難行苦行に取り組んだ。しかし，庶民にはそれができない。そこで，「易行道」が唱えられたのである「ただひたすらに無心になって，南無阿弥陀仏の六字の名号をとなえれば，一切の人—男女・貧富・貴賎・僧俗の区別なしに，だれもが死後は極楽浄土に往生できる」のである。

　仏教を特定の高僧の手から解き放し，庶民に親しみやすいものにしようと努めたように，道徳授業を特定のベテラン教師の占有物からすべての教師のものにしなければならない。そして「道徳授業の普及と定着を目指すためには，もっと授業を手近なものに—できるだけ準備のむだをはぶき，授業を平易に簡潔なものにする必要がある」[19]。その具体策として，山本は「倶学倶進の道徳授業と資料の重視と活用」を提言した。[20]

② 易行道1——倶学倶進・師弟同行

　研究会の時のような「着飾った」授業ではなく，「普段着の授業」をするには，高僧の説教に学ぶ必要がある，と山本は考えた。高僧の説教には，まず，相手を思い，語りかけずにはいられない愛情や熱意がある。次に，高僧の説教は厳しい自省を内に秘めている。高僧の説教が身にしみるのは，説教が求道者

としての体験と厳しい自省の態度に裏打ちされているからである。教師は相手が幼い子どもであるからこそ，悪い意味での指導者意識——高慢な態度をより一層反省すべきである。真の説教者は常に倶学倶進の謙虚さを内包している。そのように考える山本は「道徳の授業の基盤となるのは，やはり師弟の人間関係——理解と愛情と信頼関係である」と結論づけるのである[21]。

ところで，教師の愛情や熱意とは，具体的にはどのようなものであろうか。授業中に子どもが「めんどくさいから」読み物資料の主人公のようにはできない，などと拒否の答えをした場合でも，教師はそれで引き下がらず，さらに「少しでも，そのようになろうと努力したことはないか」と食い下がるか，あるいは教師自身が資料の主人公のように努力した思い出を語ることである。山本は「道徳授業とは本来そうしたものである」[22]と述べ，このような指導を単に指導上のテクニックとは考えなかったのである。

③ 易行道2——資料の重視と活用

道徳授業が教科の授業に比べて，ことさら難しいと感じる一因は，資料に依存する度合が少ないからであろう。そう考える理由を山本は次のように説明する。教科の授業で教科書を読ませ，その説明をしている時は，「教科書を杖に」しているような気楽さがある。杖にもたれ，一服しているような状態である。これに比べて，道徳授業では「資料を」ではなく「資料で」とか，「ねらい優先」などの意識が強く，指導過程の時間配分でも資料を扱う時間を少なくしている[23]。

ここで参考までに，山本が資料の重視と活用の意義について述べた文章を二つ紹介しよう。

A「果実はよく熟してくれば自然に枝をはなれて落ちる。…道徳授業でもそうであろう。利用する資料が適切なものであるかぎり，それをくりかえしよく味わううちに，ことさらむりをしなくても，自然にねらいとする価値を指向するはずである」[24]。

B「もともと道徳の授業はスパイラルなもので，たえず反復をくりかえしながら次第にねらいへと深まっていくのが自然だと思う。…資料の活用は（指導

過程の―引用者）展開段階にかぎられるものではない。授業の実情では，資料は指導過程のすべての段階に底流するものであるし，程度の差はあっても，どの段階でも折りにふれて資料にもどるのは自然であろう。…」[25]

　ところで，山本は「米はよくかみ，資料はよく味わえ」という趣旨のことをよく口にした。この話を聞くと，教師は国語と道徳の指導の違いがわかりにくくなった。この疑問に答える形で，山本は次のように述べる。「まず教師に指導のねらいがしっかりきざみこまれているなら，指導の流れはその線にそって進むだろう。国語と道徳の指導をわかつものは教師の授業にのぞむ心構え，子どもの資料に対する態度によると思う。道徳の指導では，資料を媒体として子どもが自らを反省し，そのその（ママ）発奮へのきっかけをつかむことが肝要だ。資料は自己反省の契機としての意味をもつ」[26]。

(4)　山本理論の継承・発展

　山本の「知と実践のズレ」論には本論(2)の①で紹介したように，未整理ないしは未解決の「問題」があった。読者のみなさんはこれらの「問題」をどのように解決されるのだろうか。ここでは，本論の結びとして，後輩の私たちが山本理論の「問題」解決と継承・発展にどのように取り組めばよいか，について私案を簡単に述べることにする。

ア）山本は「知と実践のズレ」を克服するためには，あらゆる宗教が目指してきた「我欲との対決」が不可欠だとした。しかし，多くの大人が一生かけても克服できない「我欲」を，小・中学生の子どもが週１時間の道徳授業の積み重ねによって克服できるだろうか。できないことは実証済みだろう。「我欲の克服」は人間一生の努力目標だと思う。道徳の時間では，子どもたちが互いに「我欲」の持ち主であることを前提にした上で，「我欲」の持主同士がいかにしてよりよい共同生活を送るべきかについて，学習すべきであろう。

イ）山本理論における「実践知」としての「知」と「実践」との間には，山本が非難するような「ズレ」は起きないだろう。もし「ズレ」が起きるとすれ

ば，その原因は道徳授業ではなく，他にあると思う。今後の課題はその原因を明確にし，道徳授業を正しく評価することであろう[27]。

ウ）山本は，研究会のあり方として「一人の百歩前進」よりも「百人の一歩前進」を求めた。しかし，今日では，両方とも必要であろう。数多くある研究会の主催者たちは，自分たちの研究会がどちらを目指すのか，を明確にすべきである。そうすれば，参加者たちは山本のような非難や失望をしないだろう。

エ）山本は「道徳授業の易行道」を求めた。河合隼雄も仏教に由来する「易行」について次のような趣旨のことを書いている[28]。「易行」とは「型」である。日本の伝統芸能である茶道・華道・舞踊などでは，「型」を身につける方法を「易行」と呼んだ。その「型」は学ぶ人の能力に関係なく誰でも努力さえすれば，身につけることができると教えた。小学校で「漢字の書取り」や「算数のドリル」に多くの時間を取る方法は，「易行」の考えを反映している。日本では，テニスなどのスポーツでも，「型」を身につけることが重視されている。山本の「易行道」には，このような「型」はあるのだろうか。今後の研究課題にすべきだろう。

オ）山本の「倶学倶進・師弟同行」論が教師の授業準備不要論であるならば，それは改善すべきであろう。しかし，教師の「指導者意識」についての山本の指摘は傾聴に値する。また「資料の重視・活用」についての山本の説明も的確だと思う。私たちの今後の課題は，「適切な資料」の選定であろう。

(森岡卓也)

(註)
1) 山本政夫（1974）『道徳授業の易行道を求めて』大阪書籍 p.3
2) 同 p.10
3) 同 p.77
4) 同 p.11, 12
5) 同 p.12
6) 同 p.10参照
7) 同 p.10参照
8) 同 p.30

9）同 p.9, 10参照
10）同 p.13
11）同 p.14
12）同 p.15
13）同 p.18, 78参照
14）同 p.78
15）同 p.19参照
16）同 p.78
17）同 p.19参照
18）山本政夫（1981）「易行道をめざす道徳授業論とその展開」現代道徳教育研究会編『道徳教育の授業理論―十大主張とその展開―』明治図書出版 p.160参照
19）同論文 p.161
20）同 p.161参照
21）前掲書 p.81。なお, p.79, 80参照
22）前掲論文 p.165
23）同 p.168参照
24）同 p.168
25）同 p.169
26）前掲書 p.62
27）森岡卓也（2011）『道徳教育再生のかぎ―政策・現場・学会―』近代文芸社, 第5章参照
28）河合隼雄（1995）『臨床教育学入門』岩波書店 pp.75～79参照

―〈山本の主な論文・著書〉―

山本政夫（1965）「生活体験に根ざした実践知の体得」『道徳教育』1月号, 明治図書出版

山本政夫（1974）『道徳授業の易行道を求めて』大阪書籍

山本政夫（1978）『倫理の探求』大阪書籍

山本政夫（1980）「指導過程の意義と構成」『新道徳教育事典』第一法規

山本政夫（1981）「易行道をめざす道徳授業論とその展開」, 現代道徳教育研究会編『道徳教育の授業理論―十大主張とその展開―』明治図書出版

8．関西道徳教育研究会を支えた指導者たち

(1) 関西道徳教育研究会36年間の概観

　関西道徳教育研究会（以下，関西道研）は昭和25年12月に発足し，同60年8月の研究大会をもって閉じた。この間，実に36年間，一貫して道徳教育の定着を目指して孤軍奮闘したのは平野武夫であった。今では当時の状況を知る者は極めてわずかしかいない。昭和25年頃は「道徳」という言葉を出すこと自体が憚れる時代であったことを思う時，道徳教育研究会の設立を一念発起することは，並々ならぬ決意と勇気とを要することであったが，平野は四面楚歌ともいえる状況の中で打って出た。それは織田信長の「桶狭間の戦い」に似たところがあったかもしれない。

　関西道研の36年間の活動は三つの時期に分けられる。第一期は昭和25年から同34年までの10年間である。この時期は関西道研の基礎固めの時代であったと見ることができる。日教組は関西道研を実力阻止するかもしれない構えをもっていた。平野はこの妨害を懸念しつつも，国民の間に台頭してきた道徳教育への強い要望に応えるために着々と研究会の外堀を固めた。それは彼の恩師である長田新広島大学名誉教授（前広島文理科大学長，日本教育学会長）を担ぎ出し，関西道研の後ろ盾として日教組の妨害に対抗する安全保障を確保することに成功した。長田は日教組にも受け入れられる進歩的知識人の一人であった。彼はしばしば "Das Leben bildet."（「生活が陶冶する」）という言葉を使い，生活主義の教育観をもっていた。

　第二の時期は昭和35年から同49年頃までである。この期間には「大学紛争」が含まれており，平野は第21回（昭和45年）の関西道研の研究大会を休止して

いる。彼は昭和45年３月，京都教育大学を規定により定年退官した。彼は同年４月から奈良大学教授として第二の人生を歩む。彼は昭和36年９月に広島大学から博士（文学博士）の学位を授与された。学位論文は「道徳教育の方法原理についての研究」であり，内容は「価値葛藤の場を生かす道徳教育」であった。昭和34年の研究大会の主題は「価値葛藤を生かす道徳授業の展開過程」であったから，学位論文はこれらの２年間においてほぼ完成していたと考えられる。平野の学位論文が受理されたのは，昭和35年春頃であっただろうと考えられる。筆者はこの頃山本空外教授の研究室を訪れた時，机の上に平野の既刊の本が10冊近く積み上げられていたのを記憶している。

　第三の時期は昭和50年から同60年の10年間である。この時期が一つの区切りと考えられる二つの理由がある。第一は「大学紛争」がほぼ鎮静化したのが昭和50年であったことである。第二は昭和50年以降，研究大会の主題が「実践力」あるいは「道徳的実践力」となっていることである。例えば，第32回全国道徳教育研究大会の『大会記録』の中には平野の論文「道徳的実践力の育成に活路をひらく五つの方途」が掲載されている。

　関西道研の36年間の主題及び参加者数は次の通りである。

　　第１回　昭和25年「修身科復活の是非をめぐりて」　250人
　　第２回　同　26年「学校教育の全面において―その根拠―」　750人
　　第３回　同　27年「生きた道徳を身につけさせるには」　1,000人
　　第４回　同　28年「道徳教育の隘路とその打開」　1,400人
　　第５回　同　29年「道徳計画とその実践」　1,100人
　　第６回　同　30年「道徳教育の内容（徳目）の再検討」　1,100人
　　第７回　同　31年「問題の倫理としての愛国心と孝行」　1,200人
　　第８回　同　32年「道徳基準の設定と道徳科特設の問題」　1,600人
　　第９回　同　33年「全面を踏まえた道徳時間の実践構想」　1,800人
　　第10回　同　34年「価値葛藤の場を生かす道徳指導の要訣」　1,300人
　　第11回　同　35年「価値葛藤を生かす道徳時間の展開課程」　1,100人
　　第12回　同　36年「道徳指導における知と実践の問題」　1,100人
　　第13回　同　37年「道徳性の根基に培う内面的自覚への道」　1,050人
　　第14回　同　38年「道徳授業の展開過程と資料の活用」　1,150人

第15回	同 39年	「倫理観の確立と指導資料の観法」 1,200人
第16回	同 40年	「全体計画の方向と道徳授業の原型」 950人
第17回	同 41年	「道徳教育の構造化とその力動化」 700人
第18回	同 42年	「道徳授業の基本的指導過程の構想」 600人
第19回	同 43年	「知と実践のズレを克服する方途」 600人
第20回	同 44年	「道徳授業の構造改革への道」 600人
第21回	同 45年	（大学紛争のため休会）
第22回	同 46年	「実践力の根基に培う道徳授業」 700人
第23回	同 47年	「道徳時間の存在理由と重点化の問題」 550人
第24回	同 48年	「道徳教育観における12の対立点」 800人
第25回	同 49年	「軌道修正に迫られる道徳教育」 1,100人
第26回	同 50年	「実践力育成へ踏みしめて上る9つの段階」 1,000人
第27回	同 51年	「実践力の育成力を支える価値葛藤論の再認識」 850人
第28回	同 52年	「道徳的実践力を育成する方法原理」 1,100人
第29回	同 53年	「道徳的実践力育成の具体的方途」 1,050人
第30回	同 54年	「実践力の育成をめざす指導過程の再構想」 1,200人
第31回	同 55年	「実践力の育成に活路をひらく五つの方途」 1,200人
第32回	同 56年	「道徳的実践力育成のツボとコツ」 1,150人
第33回	同 57年	「中道をゆく道徳教育の実践構想」 1,100人
第34回	同 58年	「道徳授業の活性化への展開原理」 1,150人
第35回	同 59年	「目的が一貫する道徳授業の展開過程」 1,000人
第36回	同 60年	「道徳教育は教師中心か生徒中心か」 1,000人

(2) 関西道徳教育研究会を支えた人たち

　関西道研が成功したのは，平野の類い稀な指導力に負うところが大きかった。しかし，それとともに全国の小・中学校の現場教師の熱心な協力と大学教授の支援とがあった。彼はこれら両サイドの支援によって毎年，京都市において研究大会を開催することに成功した。まず，大学の研究者たちが平野会長をどのようにサポートしたかを以下概観したい。
　関西道研を外部から支えたのは長田新であった。彼は以下の講演を第4回以降7回にわたって行っている。

第4回「日本教育の進路と道徳教育」
第5回「日本の運命と教育」
第6回「ソ聯・中国の教育を見て―日本の進路と道徳教育―」
第7回「新しい愛国心と孝行」
第8回「道徳教育の目的原理と方法原理」
第9回「道徳教育の問題点をめぐって」
第10回「世界史的展望に立つ道徳教育」

　長田は，周知のように，ペスタロッチー教育学の研究者であり，平野の広島文理科大学在学時代の恩師である。長田の次に，関西道研を支援した著名人は，前文部大臣・天野貞祐である。天野は第3回関西道研（昭和27年）において「道徳教育について」と題した講演をし，平野を勇気づけた。この時，東京から長屋喜一教授が上洛し，挨拶をした。長屋は東京の「道徳教育研究会理事長」であり，平野と相呼応して日本の道徳教育を推進しようという間柄であったと見える。第4回から第7回の関西道徳の研究大会には京都を中心とする著名人が講演をしている。第4回の研究大会では山内得立京都学芸大学学長（関西哲学会会長）が「國民道徳と社会道徳―主として正義について―」を講演している。山内は以前京都大学文学部哲学科の教授としてよく知られていた。第5回の研究大会では湯川秀樹教授が「科学者としての立場―進歩するもの，永遠なるもの―」と題した講演をした。周知のように，湯川博士は昭和24年にノーベル物理学賞を受賞した人として，戦後の小・中・高校生たちに大きな影響を与えた。第5回の研究大会には島芳夫京都大学教授が「道徳の歴史性と永遠性」と題した講演をした。島教授は倫理学の専門家であり，『行為の全体的構造』の著者としてすでによく知られていた。さらに，第7回の研究大会には，末川博（立命館大学総長）が「親と子の法律―孝行を中心として―」の講演をした，戦後の道徳教育の問題は，愛国心や孝行をどうとらえるかが大きな問題であった。長田や末川はこれらの問題を再検討しようとした。下程勇吉京都大学教授も第7回の研究大会では「『愛国心』と『孝行』の教育」を取り上げ，講演をした。下程教授は二宮尊徳の研究者として広く知られていた。二宮尊徳は戦時中の修

身科の教科書にも登場し，校庭の一角にはその銅像が建立されていた。戦後の道徳教育において二宮尊徳を再評価する機運が台頭してきたと見える。下程のテーマと同じテーマを取り上げ，第7回研究大会において「欧米における『愛国心』と『親子関係』」の講演をしたのは，高坂正顕京都大学教授（京都大学教育学部長）であった。すでに，昭和26年9月には「対日平和条約」が調印され，日本は独立国家としてスタートする時期に至っていたので，「愛国心」は重要な問題であった。これが関西道研の主題になったことは時代の要求に応えようとするものであった。

関西道徳研究会を初期（第3回）以来支えてきたのは，村上敏治（京都学芸大学），山本政夫（大阪学芸大学），第4回から大平勝馬（金沢大学），第6回から森昭（大阪大学），第8回から竹田加寿雄（神戸外国語大学）らである。これらの中で将来が期待されていた森昭は昭和51年に死亡。村上と大平は昭和60年（関西道研閉幕）までほとんど毎年講師として指導講演をしてきた。山本も毎年ではないが，最後まで平野を支え，指導講演をした。竹田と森はデューイ研究者として知られ，関西道研の中ではユニークな存在であった。第10回からは村田昇（滋賀大学）が登場する。彼はシュプランガー教育思想の研究者であり，後には関西道研の副会長として平野を支えた。

関西道研の初期（第4回）には東京から徳久鉄郎（上野高校），勝部真長（お茶の水女子大学），渡辺正一（東京教育大学）が応援に来て「分科会」の指導者となっている。第4回の研究大会は昭和28年10月31日（土），11月1日（日），2日（月）の3日間，京都学芸大学において開催された。この年度には関西道研の地区大会として「第1回西日本地区大会」が昭和29年1月22日（土），23日（日）の両日，小倉市天神島小学校で開催され，約1,000名の参加者があった。同29年5月8日（土），9日（日）の両日，「第1回中国大会」が尾道市・長江小学校において開催され，400名の参加者があった。これらの地方大会はその後も続いた。昭和29年11月20日（土）・21日（日），宮崎市・宮崎小学校で「第2回九州大会」（200名），同30年5月13日（土），14日（日），小野田市・須恵小学校で「第2回中国大会」（約600名），同30年6月11日（土），富山県・小杉小

学校で「第2回北陸大会」(約400名)，同30年11月18日（土）・19日（日），大牟田市・駛馬小学校で「第3回九州地区大会」(約500名)，同31年5月26日（土），27日（日），徳島市・助任小学校で「第1回四国地区大会」(約500名)。関西道研は毎年1回秋に京都市内で開催されたが，同じ年に地区大会が1～2回開催された。平野会長の政治力と行動力には驚嘆すべきものがあった。地区大会は少なくとも昭和34年5月の「第3回北陸大会」までは継続していた。これらの地区大会の会場は小学校であり，その責任者は各校の校長である。各校長の理解と協力とがなければ，地区大会は開催できない。道徳教育が重要であるとの認識が各校長にあったと見ることができる。

(3) 関西道研の会則と運営

　関西道研の会則は定められていたが，平野会長一人の責任によってすべては運営された。研究大会の案内等も家族ぐるみの協力によって発送されていたといわれる。『大会記録』の印刷費，講師への謝金，会場貸付の経費等一切の経費は平野個人によって支払われていた。研究大会は「大会々費」の納入によって運営されるシステムになっていた。「経常会費」は徴収されない会則になっていた。しかし，会の運営上，次の役職が置かれていた（昭和37年「道徳教育研究協議会プログラム」より引用）。

会　長	京都学芸大学教授	平野武夫
顧　問	大阪大学文学部教授	森　昭
	広島大学教育学部教授	杉谷雅文
	金沢大学教育学部教授	大平勝馬
	大阪学芸大学教授	西脇英逸
	京都学芸大学助教授	村上敏治
	滋賀大学学芸学部講師	村田　昇
副会長	石川県加賀市錦城小学校長	山下政康
	加古川市加古川小学校長	黒田徳司
	下松市下松小学校長	脇　運雄

徳山市住吉中学校長　　　　重国武夫
　　　姫路市大口書中学校長　　　　中西政康
　　　滋賀県神崎郡能登川中学校長　有川重雄
　委　員　28名（主として指導主事，小中学校長，教頭，教諭等）

関西道研の「会則」は次のように定められている。

1　本会は「道徳教育の原理と実践」の研究を行う。
2　本会は志を同じうする「同人」を以て組織する。
3　本会の趣旨に賛同して入会するものを「会員」とする。
4　本会の開催する大会に参加研究するものを「臨時会員」とする。
5　「会員」は本会の開催する「全国大会」および「地区大会」に出席して研究討議する。
6　大会に出席する「同人」・「会員」・「臨時会員」は「大会々費」を納めるものとする。
7　「同人」「会員」および「臨時会員」は大会において「研究発表」を行うことが出来る。
8　本会の大会運営の経費は「大会々費」を以てこれに当てることを原則とする。
9　本会は当分の間，「経常会費」を徴収しない。
10　本会は大会の外に，「講演会」，「研究会」等を行うことがある。
　（なお，本会の本部は京都学芸大学倫理学研究室，事務所は京都市左京区下鴨泉川町1番地）

本会則は「同人」組織であるという点において日本道徳教育学会と似ている。関西道研は「大会々費」を納め，これによって運営の経費に当てるとされ，「経常会費」は徴収しないとされている。この点は，日本道徳教育学会と若干違う。

　企画については平野会長が「主題」を毎年考え，これに基づいて「全体会議」の提案者（9～10名）を考え，本人に依頼する。大会の指導講演者についても会長が直接依頼していたようである。指導講演は平野を支える杉谷雅文，宮田丈夫，山本政夫，村上敏治，村田昇，竹田加寿雄，行安茂，森岡卓也等であった。これらの他に，文部省から青木孝頼が講師として第19回からほとんど毎年招待され，金井肇も第28回，第31回，第32回，第33回，第34回の研究大会に招待されている。これらの指導講演者の他に，竹ノ内一郎も講師として数年

にわたり招待され，現場の経験を踏まえた講演は参加者から注目された。

　関西道研は，すでに述べたように，「全国大会」と「地区大会」とに分かれて開催された。「全国大会」は京都市内の朱雀第六小学校，京都学芸大学，洛北高等学校，精華館，京都府立勤労会館等において開催された。これらの学校や施設使用の交渉はすべて平野会長によってなされていたようであった。地区大会は，西日本（九州）地区大会（5回），中国地区大会（4回），北陸地区大会（3回），四国地区大会（2回），東海地区大会（3回）が，それぞれ開催された。時期は昭和28年10月以降，九州地区，中国地区，北陸地区で開催，四国地区は昭和31年5月以降，東海地区は昭和32年11月以降，開催された。昭和34年10月以降，地区大会が開催されたかどうかは不明である。昭和28年以降「地区大会」が以上のように広い地域において開催されたことは注目すべき出来事である。これらの大会は昭和33年4月から「道徳の時間」が着々と受け入れられる地盤が形成されつつあったことを示すものとして歴史的意義がある。

(4)　関西道徳教育研究会の全国大会と運営組織

　以下の組織は第33回全国道徳教育研究大会の『大会集録』(昭和57年8月6日)からの転載である。ここに示される同志の方々の氏名と，最後(昭和60年8月6日)の『大会集録』の中の「第36回全国大会の運営組織」の氏名とは若干違うが，定年退職その他の事情によるものと考えられる。

　1　(大会本部)
　　　運営委員長　会長　　　　　　　平野武夫
　　　同副委員長　副会長　　　　　　村田　昇
　2　(大会講師)
　　　講師　　文部省視学官　　　　　青木孝頼
　　　同　　　文部省調査官　　　　　金井　肇
　　　同　　　広島大学名誉教授　　　杉谷雅文
　　　同　　　前お茶の水女子大学教授　宮田丈夫
　　　同　　　大阪教育大学名誉教授　山本政夫

同	京都外国語大学教授	泉　保夫
同	大阪教育大学教授	森岡卓也
同	岡山大学教授	行安　茂
同	東京都教育研究所主任	竹ノ内一郎

3　(大会協力助言者)

助言者	東京都教委指導主事	岩上　薫
同	同	井上裕吉
同	奈良大学講師	田井康雄
同	前新潟県教委指導主事	猪又長智
同	前滋賀県教委指導主事	美濃部好夫
同	兵庫短期大学講師	江見　宏
同	前千葉県教委指導主事	齋藤経治
同	同	大木光夫
同	交野市教委指導主事	大西兵三郎
同	福岡県教委指導主事	町田積穂
同	加古川市教委指導主事	北村義雄
同	前愛知県教委指導主事	深谷暉一
同	京都府山田荘小学校長	島　信昭

4　(大会運営・中央委員)

中央委員	金沢大学付属小	米田　正
同	福島県和田小	沼田　良
同	弘前市和田小	工藤国正
同	倉敷市万寿小	上野卓之
同	水戸市常磐小	平山文夫
同	松山市石井東小	宇都宮正男
同	滋賀大学付属小	福田直博
同	和泉市向陽台小	伊藤丈夫
同	仙台市連坊小	亀山長美
同	小野田市須恵小	野原泰子
同	松戸市北部小	白川恭子
同	豊橋市松葉小	牧野喜久
同	大宮市植竹小	山崎文子
同	岡山市鹿田小	板野敦子

同	長崎県田平北小	七種順子
同	下関市彦島小	有川清美
同	新潟県立仏小(中)	広川正昭
同	長岡市東中	山井宥昌
同	富山市庄川中	金井清文
同	生駒市生駒中	山田義明
同	豊橋市南部中	北河久司
同	津市東橋内中	青木正利

5　（大会運営・協力員）　―氏名省略―
　　（小学校の部）　31名
　　（中学校の部）　21名

　以上，総計88名が大会運営の各協力者である。平野はこれらの人々を「同志」と呼ぶ。関西道研は昭和60年8月6日（火），7日（水），8日（木）を以て閉幕したが，同62年8月7日～8日に「第38回道徳教育研修会」が京都市の「聖護院ご殿荘」において開催された。これは「全国同志代表」の49名の集いであった。これは最後の晩餐会といってもよい会であったように思われる。出席者は次の通りである。

◎大学教授
　平野武夫（京都教育大学），村田　昇（滋賀大学），平石善司（同志社大学），山本政夫（大阪教育大学），森岡卓也（大阪教育大学），行安　茂（岡山大学），大久保　智（京都文教大学），田井康雄（奈良大学）

◎全国同志代表
　三浦修一（仙台市），亀山長美（仙台市），山田　紘（宮城県），沼田　良（福島市），伊藤伸一（埼玉県），白川恭子（千葉県），山田雄二（千葉県），堀内康子（東京都），広川正昭（新潟県），小川　卓（新潟県），古田島祐豊（新潟県），雨池　勇（富山県），米田　正（金沢市），谷口さかゑ（福井市），近藤博文（甲府市），有藤昌男（静岡県），山田正俊（豊橋市），牧野喜久（豊橋市），堀井文男（愛知県），中西恒夫（三重県），中山千年（三重県），福田直博（大津市），辰巳田鶴子（滋賀県），服部慶司（滋賀県），三橋定夫（大阪府），沢井義次（寝屋川市），伊藤研治（大阪府），竹谷ヒサエ（大阪府），大西兵三郎（大阪府），大西経二（兵庫県），柴田浄三（姫路市），塚根君江（鳥取県），板野敦子（岡山市），竹本敷美子（岡山市），田谷喜久子（倉敷市），有川清美（下関市），

鶴田敬一郎（下関市），新居正敏（香川県），町田積穂（福岡県），七種順子（長崎県），遠山清美（豊橋市）

　平野はこの日の講演要旨「問題提案と意見の概要」（手書きのコピー 20枚）を出席者に配布した。問題点等は72項目に及び，平野はこの講演において今後の課題を示し，その解決を同志に託そうとする期待をもっていた。　　（行安　茂）

〈関連する主な論文・著書〉

平野武夫（昭和34年10月21日）『道徳の時間の指導原理』関西道徳教育研究会
平野武夫編（昭和57年8月6日）『中道をゆく道徳教育の実践構想』関西道徳教育研究会
平野武夫（昭和60年8月3日）『道徳教育は教師中心か生徒中心か―価値葛藤の場において―』全国道徳教育研究者連盟
平野武夫編（昭和60年8月6日）『道徳教育は教師中心か生徒中心か』〔大会集録〕関西道徳教育研究会

第４章

戦後道徳教育の推移と21世紀の課題

はじめに

　第4章は，戦後の道徳教育の推移を，特に論争となった点を中心として概観し，今日の道徳教育の方向性を確認しながら，21世紀への課題を明確にしようとするものである。

(1) 終戦から道徳の時間が設置されるまでの動向

　終戦後，焦土と化したわが国は，新政府による新たな国家づくりが始まった。その時の基本理念は，当然のことながら平和国家の建設であった。具体的には日本国民としての誇りをもち，わが国本来の姿である道義国家にしていこうというものである。そのために「国体の護持」に努めるとともに，新たな道徳教育を提案し，教育全体を刷新していこうとした。それは，日本政府によって進められたが，結果的には，GHQの指導によりアメリカの教育が押しつけられることになった。それは，民主国家の建設という面では共通するが，わが国の伝統を生かして日本国民としての誇りを育みながら道義国家の建設を目指そうとする理念からは離れていくことになる。そのことが，戦後の教育に混乱をもたらすことになる。

　その混乱に輪をかけたのが，わが国の知識人たちの根強い道徳教育への不信・反発であった。「子どもたちを二度と戦場に送らない」のスローガンのもとに，戦前の教育をリードした道徳教育への批判を強め，平和国家・道義国家建設のための新しい道徳教育の創造という側面がないがしろにされていった。

　そのような状況の中で，わが国が占領国軍からの独立を果たすにつれ，天野貞祐文相の提案を始めとして道徳教育の見直しが精力的に行われた。そして，昭和33年，独立して最初の学習指導要領の全面改訂において，道徳の時間が設

置されたのである。

　しかし，道徳の時間が設置されたことで，新しい日本を創っていくための道徳教育が確立したわけではない。むしろ，道徳の時間が設置されたことを出発点に，真の道徳教育のあり方について真剣に検討されるようになったということができる。本章では，道徳の時間が設置されて以降，主に文部省・文部科学省が学習指導要領の改訂を通してどのような道徳教育を目指し取り組んできたかを中心に論が展開されている。

(2) 道徳教育の基本的課題

　① 人間としてよりよく生きる力の育成
　道徳教育の目標は，昭和33年の学習指導要領に明記されたことと基本的には変わっていない。道徳教育は，道徳性の育成を図るものなのである。その道徳性は，「人格の基盤をなすもの」であり，「人間らしいよさである道徳的諸価値が統合されたもの」ととらえられる。つまり，道徳教育は，道徳的価値を身につけ人間としてよりよく生きる力を身につけるものだということができる。そのことをどう押さえ具体化していくかが，学習指導要領の改訂のたびに検討され追究されているのである。

　② 人間尊重の精神と生命に対する畏敬の念の育成
　さらに，わが国の道徳教育の基本理念として，人間尊重の精神が掲げられてきた。それは，「生命の尊重，人格の尊重，人権の確立，人間愛の根底を貫く精神」であるとされる。そして，平成元年の改訂から，人間尊重の精神と並んで生命に対する畏敬の念が，新たに加えられた。生命に対する畏敬の念とは，「生命あるものを慈しみ，畏れ，敬い，尊ぶこと」を意味するとされる。そのことによって，人間尊重の精神をさらに深まりと広がりのあるものにし，生命尊重の心を生きとし生けるものすべてに施せるようにしようとするのである。

　③ 指導内容の明確化と子ども自身による発展
　昭和33年の学習指導要領から，道徳教育として指導する内容が明確に示され

た。それは，子どもたちが自らの生活や夢とかかわらせて，人間として生きていく上で必要とされる基本的な道徳的価値を，子どもたちの意識に即して，わかりやすく示したものである。その示し方が，平成元年の改訂によって，構造化され，発達段階ごとに重点的に示されるようになった。

　道徳の指導内容は，4つの視点ごとに書かれている。自分自身，他の人，自然や崇高なもの，集団や社会である。それは，道徳性はさまざまなかかわりを通してはぐくまれることを意味している。そのかかわりを豊かにするために必要とされる心構えが，指導内容として示されている。つまり，子どもたちは，4つのかかわりを中心とした豊かな体験により道徳性の土壌をはぐくみ，道徳の時間によって道徳的価値意識をはぐくむとともに自らを見つめる。そしてまた，体験を豊かにし，道徳性を自ら発展させていけるようにすることを求めているのである（そのことを「豊かな体験による内面にねざした道徳性の育成」といっている）。

　④　全教育活動における取組みと指導体制の確立

　このような道徳教育は，学校教育全体において取り組むこととされている。平成20年の学習指導要領改訂においては，各教科や特別活動，総合的な学習の時間，外国語活動のすべてにおいて，それぞれの特質に応じて道徳の指導内容を適切に指導することが明記された。それは，各教科の学習を，道徳的価値の学習と関連をもたせることで，自らの生活や生き方にかかわらせてとらえられるようにすることを意図している。

　さらにそのような道徳教育を推進するには，チームを組んでの組織的な取組みが不可欠である。平成20年の学習指導要領から，そのためのリーダーとして道徳教育推進教師の配置が明記された。

　⑤　学校，家庭，地域連携

　道徳性はさまざまなかかわりを通してはぐくまれるが，そのかかわりは生活全体である。学校，家庭，地域社会が一体となって取り組むところに成果が生まれる。道徳教育は，人間であれば誰もが課題とすべき事柄である。子どもへの道徳教育を中心として教師や親，地域住民が自らの道徳教育を考える時に道

徳的風土が醸成される。それは道徳文化といってよい。戦後追い求めた道義国家はそのような風土の中でこそ創られるといえよう。

(3) 道徳の時間の充実

① 道徳の授業の多様な展開

　道徳の時間が設置されて以来，道徳の授業をどのように展開するかについて，多くの研究実践がなされてきた。道徳の時間の目標については，学習指導要領の改訂ごとに変化がみられるが，基本的には変わっていない。1) 各教科等で行われる道徳教育を補充・深化・統合するものであること，2) 道徳的価値の自覚を深めるものであること，3) 道徳的実践力の育成を図るものであることである。それらの意味することを端的に述べれば，1) 道徳の時間は他の教育活動における道徳教育と関連を図りながら発展的な指導を行うこと，2) 道徳的価値の理解で終わるのではなく，自らとのかかわりでとらえ追い求められるようにすること，3) 道徳的実践の指導をするのではなく，道徳的実践を支える内面的な力を育てること，ということができる。

　では，これらを1時間の授業の中でどのように取り組んでいけばよいのか。さまざまな取組みがなされる中で，誰もができる基本型が開発された。それは，導入では，本時に取り上げる道徳的価値にかかわる体験の想起をする。展開では，具体的な場面等が描かれている資料をもとに価値の追求把握が行われる。そして，そのことを踏まえて自分を見つめる。終末では，先生のお話を聞いたりして本時で学習した道徳的価値について子どもたちの心に残るようにしていく，というものである。この指導過程は，子どもが日常生活や他の教育活動と関連をもたせながら，道徳的価値を自覚し，道徳的実践力を身につける方法を端的に示しているといえる。しかし，子どもたちの発達段階や，クラスの状況，授業で使われる資料の内容などを考慮しないと，逆に形式ばった，上っ面だけで進める授業になりかねない。そこをどう克服していくか，さまざまな提案がなされてきた。本章ではそれらが論じられる。

はじめに　215

② 道徳教育の要としての道徳の時間

　さらに，道徳の時間の本来の役割を考える上において，キーワードとなるのが「道徳教育の要としての道徳の時間」である。この意味を理解するには，学校における道徳教育について再度確認することが必要になる。1)学校における道徳教育は学校経営の中核に位置するものであり，2)子どもたち一人ひとりの人格の基盤となる道徳性を養うものであり，3)家庭や地域社会と連携して効果を上げていくものである。それらの要として道徳の時間があるとすれば，1)学校経営や学級経営の要となる道徳の時間のあり方，2)豊かな自分づくり・人格づくりの要となる道徳の時間のあり方，3)学校・家庭・地域連携の要となる道徳の時間のあり方が問われてくることになる。これらが今後の課題である。

（押谷由夫）

1．戦後の教育改革と道徳教育の空白

　昭和20（1945）年8月15日，天皇の戦争終結の詔書によって戦争は終わり，鈴木貫太郎内閣は総辞職，東久邇稔彦を首班とする新内閣が直ちに組閣された。文部大臣には前田多門が起用された。終戦直後の道徳教育の問題は，この前田多門がリーダーシップを発揮しながら進展していくことになる。

(1)　終戦直後の道徳教育への対応

　①　終戦直後の文部省の対応
　前田は，文相就任に際し，東久邇首相に「国体護持は勿論のこととして，ここに更始一新，これまでの謬れる軍国主義を一掃すると共に，新たな目標をかかげ，いま疲弊絶望のドン底にある民心を引き立てさせる工夫が肝要であり，積極的に民意暢達を推奨する政策を樹立することをもって文教の基調としたい」[1]旨を話し了承を得る。そして，その具体化に向けて精力的に動きだすのである。

　文部省は，9月15日に「新日本建設の教育方針」を公表し，今後取るべき文教施策の基本構想を示した。これは，終戦後における文教施策に関する最初の文部省の公式見解であった。その中で，まず，文部省は，「従来ノ戦争遂行ノ要請ニ基ク教育施策ヲ一掃シテ文化国家，道義国家建設ノ根基ニ培フ文教諸施策ノ実行ニ努メテイル」ことを明記し，新教育の方針として，「大詔奉戴ト同時ニ従来ノ教育方針ニ検討ヲ加エ新事態ニ即応スル教育方針ノ確立ニツキ鋭意努力中デ近ク成案ヲ得ル見込ミデアルガ今後ノ教育ハ益々国体ノ護持ニ勉ムルト共ニ軍国主義的思想及ビ施策ヲ払拭シ平和国家ノ建設ヲ目途トシテ謙虚反省只管国民ノ教養ヲ深メ科学的思考力ヲ養イ平和愛好ノ念ヲ篤クシ智徳ノ一般水

準ヲ昂メテ世界ノ進運ニ貢献スルモノタラシメントシテ居ル」と示している。さらに,「悠遠ノ真理探求ニ根ザス純正ナ科学的思考ヤ科学常識ヲ基盤トスル」科学教育の振興,「国民道義ノ昂揚ト国民教育ノ向上」のための社会教育の充実,「郷土ヲ中心トスル青少年ノ自発能動,協励切磋」のための青少年団体の育成,国民の宗教的情操の涵養などを挙げている[2]。

　これらの内容は,前田がこの時期に行った講演等において,繰り返し述べているものである。前田自身が残している当時の記録を見ると,この時までは全く文部省が独自に改革を行っているのであり,そのほとんどは前田によってリードされていることがわかる[3]。

　前田の主張を基にしながら,この時期における,文部省の道徳教育改革についての基本的な考え方をまとめれば次のようになる。

　まず,天皇制への対応である。文部省は,終戦直後から一貫して「国体の護持」を主張している。これをどう解釈するかによって,文部省への評価が分かれる。既存の研究の多くは,この時はまだ文部省は戦前の教育の踏襲を考えており,新生日本の建設を考えていなかったと批判するが,必ずしもそうであるとはいえない[4]。ポツダム宣言受諾に際し政府は国体の護持のみを懇請したことを思えば,民主主義国としての我が国の再建において,敗戦という状況の中においても,独立を希求する日本国民としての誇りは持ち続けるために国体護持を強調する必要があったと見ることができる。

　前田は,むしろより積極的に,国体護持と民主主義とは何ら矛盾するものではなく,両者の融合を図ることによって,日本独自の民主主義が打ち立てられると考えた。世界から信頼される「本来の我が国のあり方である道義の国,美の国」としての日本の再建は,このような考え方によって具体化されるととらえたのである。そして,教育勅語は,そのための極めて重要な役割を果たす。つまり,教育勅語は「一つのデモクラシー」を示しているのであり,「その趣旨は……国民であると共に人間でなければならぬ」ことを示している。しかし,軍国主義的な国家主義によって,「人間であるという点が閑却されていたことが今までの教育の非常な欠陥であった」[5]と主張する。

その欠陥を是正していくためには,「新日本建設の教育方針」に示された諸方策を実現することであるが,それをさらに具体化していくために,公民教育構想を新しく提案していくのである。

② 初期の「公民教育構想」の展開

前田の公民教育構想は,まず,朝日新聞主催の「アメリカ民主主義」をテーマとした座談会において披露された。

「……日本は日本流のデモクラシーでやってゆく,そのためには色々な苦心をしているのであるが,さしずめ長い間等閑視せられた公民科を一つ復活強化する。そしてこれを中心としての空論でなく具体的に,みんなが行政,政治のために責任を持ち,みんなが参加するということを子供の時分からクセをつけるということをやって行きたい。それにはアメリカは大変参考になるが,日本の国情と違うところがあるから,十分考えて識者のお考えをもうかがって,日本式の公民学というか,公民科を作りたいと考えている」[6]

この考えは,10月15日と16日の2日間行われた「新教育方針中央講習会」の文相挨拶の中で,さらに詳しく説明されている。まず,道義の昂揚について,教育勅語は「国民たると共に人間として完きものたる事を御命じになっております。然るに近年教育がこの国民たると共に一個の人間とならねばならぬ事につき,問題を等閑に付した事が,最近道義荒廃の原因にもなっていると思うのでありまして,今後の教育としては先づ個性の完成を目標とし,国家社会に対する純真なる奉仕を完うするやう,導いて行かねばなりぬと思います。個性の完成には自由の存在が必要であります」[7]と述べ,自由意思による個性の完成を目指す中で,国家社会の一員としての役割を果たすことの意義を説く。

そして,「教育の新方針として自由に伴ふ責任の強調に就いて,特に一般の注意を促したいと存じます。正しい民意の暢達も畢意この責任観念に基因せねばならぬと思います。所謂民主主義政治とは決して君主統治主義の反対語となるものでなく,貴族政治や立憲政治に対するものであって,ギリシャ語のデモスの政治即ち民衆一般の政治,換言すれば民衆が責任を以てする政治であり,畏くも皇室を上に戴き民衆が政治に関与し,その政府は『権力』と云ふよりは

1. 戦後の教育改革と道徳教育の空白　219

むしろ『奉仕』に重きを置く，これ日本的なる民主主義政治の特長であります」とし，「民衆が責任を以てする正しい民主主義政治は，正しい政治教育の基礎なくして到底行はれ得るものではありません。……立憲政治が如何なるものであり，国際平和が如何なるものであり，個人と全体との関係が如何なるものであるか等に関し，学校の内外を問わず，次の時代に対してこれを教育し，訓練する事に努めねばなりません。そのために文部省は，出来るだけ早い機会に教授要目，教科書其他各種教材の改訂を行ふと共に，今迄閑却せられたる公民科の政治強化を図り，殊にその内容に於て面目一新を期したいと存じて居ります」と述べる。

すなわち，前田の提唱する公民教育は，公民道とでもいうべき道徳的人間のあり方を求めるものであるが，同時に日本的特質を踏まえながら正しい民主主義政治を可能にする政治教育の意味合いを強くもっていたのである。

こうした状況の中で，文部省は1945（昭和20）年9月頃から公民教育についての調査を開始している[8]。そして，後に局長になった久保田藤麿が中心になって，公民教育に関する委員会の設置を推進した。委員長は東大教授戸田貞三，委員は東京文理大教授稲田正次，東大教授和辻哲郎，東大教授大河内一男，東大教授田中二郎で，後に宗像誠也が加わる。文部省から主幹の久保田藤麿，事務担当勝田守一及び教学官ら約20名で構成された。文部省は11月1日に正式に公民教育刷新委員会を設置し，数回の審議を経て12月22日に答申第1号を，また12月29日には答申第2号を出して新しい公民教育の方向を示した。

答申第1号は，公民教育の目標を「総テノ人ガ家庭生活・社会生活・国家生活ニ行ツテイル共同生活ノヨキ構成者タルニ必要ナル知識技能ノ啓発トソレニ必須ナル性格ノ育成」にあることを明記している。そして，戦前の教育が公共生活上必要な性格陶冶が軽視されたことを指摘し，「徳目ノ教授ヲ通シテ道義心ノ昂揚ト，社会的知識技能ノ修得並ビニソノ実践トヲ抽象的ニ分離シテ取扱フガ如キ傾向ハ是正サレルベキデアル」としている。

また，答申第2号では，特に道徳教育について触れ，「道徳ハ元来社会ニ於ケル個人ノ道徳ナルガ故ニ『修身』ハ公民的知識ト結合シテハジメテ其ノ具体

的内容ヲ得，ソノ徳目モ現実社会ニ於テ実践サレルベキモノトナル。従ツテ修身ハ『公民』ト一体タルベキモノデアリ両者ヲ統合シテ『公民』科ガ確立サレルベキモノデアル」と述べている。

　この方針は，昭和21（1946）年5月7日の「公民教育実施に関する件」において一層明確にされている。すなわち，「道徳は元来個人の道義心の問題であるが，同時にそれは又社会における個人の在り方の問題である。従来の教育に於ては，前者を修身科が主として内心の問題として担当し後者を公民科が社会の機構や作用の面から取扱つて来た。新公民科は，人間の社会に於ける『在り方』といふ行為的な形態に於てこの両者を一本に統合しようとする。……従来の修身科，修身公民科及び修身及び公民科を公民科と改称し，修練をもこの中に包含しようとするのは此の精神に基づいてのことである」と述べ，従来の「修身科」と「公民科」を統合し，修練をも含めた「新公民科」の構想が示されている。

　このように，日本側による初期の公民教育構想は，「道徳と社会認識の教育とを遊離させない」という基調に立って，「従来の修身科に代わるものとして」新たな「公民科」の設置を意図したものであった。これは，「昔あった公民科の考えを民主主義的内容において復活し，かつて『修身公民科』として二科を統合しようとする考え方のあったのを想起し，これを公民科の名で打ち出そうとしたもの」であったといえる。

　さらに，「答申」の性格を示すものとして重要な点は，「わが国民教育が『教育勅語』の趣旨に基づいて行われる限り公民教育もその立場にたって行われるのはいうまでもない」という方針を明示した点である。個性の完成を図りながら，民主主義社会を担う一員としての人間のあり方の指針は，教育勅語に示されているということを前提としながらの公民教育であった。そのことによって，公民教育が，戦前の修身教育に代わるものとしての位置づけがなされたわけである。その意味において，公民科は，道徳教育を主体とした教科ということになる。

　しかし次に見るように，実現はされなかった。それには，CIEが主導権を握

るようになったということ，教育勅語の扱いが問題視されたことなどが影響している。戦前の道徳教育との関連での議論は，ここで止まったままになっているといってよい。戦後の道徳教育を考える上において，この公民科構想の内実を検討し，戦前の道徳教育と戦後の道徳教育との関連性と連続性，非連続性を考慮していくといった作業が必要になるのである。

③　社会科の新設

社会科の我が国への導入は，CIE教育課の独自の判断によるものであったといえよう。昭和21年10月21日，有光次郎とトレイナーとの会談で，社会科学習指導要領及び教科書問題を討議し，学習指導要領作成のための作業を，初等と中等の2つのグループで行うことを決定した（Conference Report.23, October 1946）。初等グループは，主担当が重松鷹泰，中等グループは，主担当が勝田守一であった。CIEの方では，初等がハークネス，中等がオズボーンとボールスが担当になった。

重松は，初等グループの学習指導要領作成について，次のように述べている。

「ハークネス氏が，バージニアの学習指導要領をおしつけたように思われているが，彼はインディアナ州の案，サンタ・バーバラ市の案そのほか数種の社会科のプランの序説のごときものをコピーして，私たちに渡し，どれでもよいものをえらべというのである。私たちは，共同してそれを検討したが，どうもこれがもっともすじがよく通っていると考えて，一つのコッピイをえらびだした。するとそれがバージニアの案であったわけである。ハークネス氏はそれをもとにして，私たちに社会科を研究させるのかと考えていたらバージニアの案の問題をスコープとシークエンスにあわせて表にしたものを渡して，君たちもこういうものを作成せよというのである。…ハークネス氏は，次に，バージニアの学習指導要領の一年生の部分を切り取って，私たちに渡し，それを参考にして，日本の一年生の部分を作れ，と指示した。これははなはだ，人を馬鹿にした話で，私たちとしては憤激にたえないが，他に資料がないのでしかたがない。他の学年のもいっしょに貰いたいといったが，一年生のができたらつぎのをやるというのである。」[9]

また，中等グループにおける学習指導要領は，『中等学校，青年学校公民教師用書』の内容が多く含まれており，中等社会科委員会の主体性が見られるが[10]，その内容はかなりバージニアプラン的傾向が強く，当然のことながら，修身科が担っていた道徳教育の側面は，ますます薄められていった。

　なお，昭和22年３月に発行された学習指導要領の一般編では，教育の一般目標を「１　個人生活については」「２　家庭生活については」「３　社会生活については」「４　経済生活および職業生活については」として，具体的な人間像が示されている[11]。これは『中等学校，青年学校公民教師用書』において公民教育の目標として示されたものとよく似た内容になっている。公民教育構想そのものは，日の目を見ることはなかったが，学習指導要領において示された戦後の教育目標に，その理念がしっかりと押さえられているのである。

　社会科編では，社会科の任務は「青少年に社会生活を理解させ，その進展に力を致す態度や能力を養成すること」であるとし，その社会生活の理解には相互依存の関係（特に「１　人と他の人との関係」「２　人間と自然環境との関係」「３　個人と社会制度や施設との関係」）の理解が大切であるとする。そして，その相互依存関係を理解するには，「人間性の理解が伴わねばならぬ」としている[12]。ここでいう人間性の基本が，一般編の教育の一般目標に示されていると考えられる。

　こうして戦後の道徳教育は，学校教育全体で行うことを原則として，特にこのような社会科を中心に展開されることになったが，これで道徳教育の問題が解決したわけではなかった。先に述べたように「公民科」は，戦前の修身科に代わり道徳教育の領域を担う教科として構想されたものであるが，最終的に成立したのは，アメリカのソーシャルスタディーズ（Social Studies）に依拠した「社会科」であった。道徳性の涵養を総合的に図ろうとする「公民科」と，歴史・地理を包括し総合的により社会認識の涵養を図ろうとする「社会科」では，道徳教育への力点が大きく異なることになる。

　昭和22年の学習指導要領社会科編は，その目標を「従来の修身・公民・地理・歴史等の教科の内容を融合して一体として学ばなくてはならない」として

いる。しかし，戦前の教科の中で修身科のみ個別に検討されたことはなく，また，その役割を担うものとして構想された「公民科」も結局は取り上げられなかった。したがって，社会科の中では，修身科は検討の外に置かれていたのであり，修身科の担っていた道徳教育を等閑視したままで，戦後の「社会科」は出発したといえるのである。そしてさらに，このような道徳教育においては，次のような問題点も指摘できる。

　一つは，道徳教育は学校教育と同時に社会教育においても課題とされる，ということである。学校での道徳教育が効果を上げるには，大人や社会における道徳教育との一貫性が大切である。それを切り離して学校教育のみで道徳教育を考えても，十分な効果は期待できない。

　二つは，道徳教育として教えるべき内容が明確でない点である。特に戦前においては，教育勅語に示される徳目をもとに明確な内容が示されていたが，それらに対する対応や，それに代わるべきものの提示がなされなかった（道徳教育に力を入れていた学校では，指導要録に示される行動の記録の項目をもとに計画的な指導を行っていたところもある）。道徳的価値を抜きにした道徳教育はあり得ず，結局そのことは道徳教育を無責任なままに放置することになる。

　三つは，学校教育全体で行う道徳教育と社会科で行う道徳教育との関連である。この段階では，社会科において特に道徳教育を重視するという意味合いが強いが，それでは学校教育全体で行う道徳教育との関連が明確ではない。そのために，社会科における道徳教育が学校における道徳教育の全体であるというとらえ方をされやすい。さらに，社会科自体の内容と指導方法が学校現場において十分に理解されていないことから一層混乱が予想される。

(2)　天野文相時代

　一般には，社会科の設置によって，戦後の新しい道徳教育がスタートを切ったとされるが，道徳教育の課題が解決したわけではなかった。昭和25（1950）年9月に提出された第2次アメリカ教育使節団の報告書においては，「道徳教

育はただ，社会科だけからくるものだと考えるのはまったく無意味である。道徳教育は，全教育活動を通じて，力説されなければならない」とし，社会科を中心とした道徳教育の見直しを求めている。

　これを受ける形で，昭和25（1950）年10月の天野貞祐文相の発言（「修身に代わるべきものと教育勅語に代わるべきものはやはり必要である」）があった。天野の発言は政治的なものというより，むしろ戦後積み残してきた道徳教育の課題に決着をつけようとしたものととらえられる。天野の発言や提案は，組合や進歩的研究者を中心に猛烈な反対を受け（マスコミや国民は必ずしも反対ではなかった），結局日の目を見ることはなかった。しかし，当時我が国を代表する哲学者でもある天野による道徳教育についての新たな提案は，道徳の時間設置においても大きな役割を果たすことになる。

(3) 学習指導要領社会科の改訂

　昭和27（1952）年12月，岡野文相は教育課程審議会に三つの諮問を行っている。その一つが『社会科の改善，特に道徳教育，地理・歴史教育について』であった。諮問理由には，「社会科については種々批判がある。たとえば社会科で行われている道徳教育では不十分であるから道徳教育をさらに強化する方策を考えるべきである」という意見があるとか，「中には独立した教科にしたほうがよいと主張する者もある」と述べている。

　答申は，「道徳教育は，社会科だけが行うもののように考えることは誤りであって，これは学校教育全体の責任である」ことを前提としつつ，「社会科の改善に当たって力を注ぐべき面の一つは，基本的人権の尊重を中心とする民主的道徳の育成である」ことを強調している。

　そして，昭和30（1955）年度改訂版の小学校学習指導要領社会科編では，「社会科の目標と児童の望ましい生活態度（社会科における道徳教育の観点）」の節を設けて，「人間尊重の精神と豊かな心情をつねに日常生活の上に具体的に表現していこうとする生活態度を育てること」などの項目を挙げている。これ

らは，道徳教育の改善は，社会科の改善という立場からだけではなく，全教育課程の改善の中で再度検討すべきことを提案しているととらえられる。

　このような終戦後から「道徳の時間」が特設される以前の道徳教育は，混迷の中で試行錯誤を繰り返しながらも，やはり道徳教育を主とする指導の機会を教育課程に位置づける方向へと動いて行ったことがわかる。それは政府の政策というよりも，学校現場の実態や社会の要請，道徳教育本来のあり方などからも必然性があったととらえられる。

　しかし，道徳教育を主とする時間が教育課程に位置づけられたということで道徳教育の課題が解決したわけではない。教育課程の中でどのように位置づけられるべきなのか，また，道徳の時間を要として学校教育全体で道徳教育の充実をいかに図っていくのか，さらに道徳の時間を要として家庭や地域との連携をどのように具体化するかなど，多くの課題が残っている。　　　（押谷由夫）

(註)
1) 前田多門（1947）『山荘静思』羽田書店 p.8
2) 『文部時報』昭和20年10月号
3) 前田多門「終戦直後五箇月在任の記録」(文部省『文部時報』1945年1月号所収
4) 前田多門（1963）『前田多門　その人・その文』東京市政調査会，安倍能成『戦中戦後』(1946) 白日書院，安倍能成（1958）『戦後の自叙伝』，田中耕太郎（1946）『教育と政治』好学社　を参照のこと
5) 前田多門（1963）『前田多門　その人・その文』東京市政調査会
6) 前田多門「アメリカ民主主義」朝日新聞1945（昭和20）年10月4日
7) 「新教育方針中央講習会（あいさつ）」『歴代文部大臣式辞集』（1969）文部省　所収
8) 以下は国立教育研究所所蔵『戦後教育資料―「公民教育関係」』による
9) 重松鷹泰（1950）『社会科教育法』誠文堂新光社
10) 片上宗二（1993）『日本社会科成立史研究』風間書房
11) 文部省（1947）『学習指導要領一般編（試案）』
12) 文部省（1947）『学習指導要領社会科編(1)（試案）』

〈参考文献〉
押谷由夫（2001）『「道徳の時間」成立過程に関する研究』東洋館出版社

貝塚茂樹（2001）『戦後道徳教育改革と道徳教育問題』日本図書センター
押谷由夫編著（2011）『道徳性形成・徳育論』NHK出版
村田昇（2011）『道徳教育の本質と実践原理』玉川大学出版部

2．道徳教育の論争
―― 特設「道徳」をめぐって ――

　戦後の道徳教育において，最も大きな論争は道徳の時間の設置についてであった。正式には，論争というより批判論が一方的に展開されたといってよい。（文部省や賛成派は，一部の賛成派を除き，ほとんど反論をしていない）。しかし，そこには，戦後の道徳教育の最も大きな課題が語られている。道徳の時間は必要か否かである。道徳の時間が設置されて50年以上経たいま，改めてその時の批判論を取り上げ，それが現在どのようにとらえられるかを検討することから道徳の時間は必要か不必要かの論争に決着をつけるとともに，これからの道徳教育の課題をも明らかにできるのではないか。そのような願いからテーマに迫っていこうと思う。

(1)　「道徳の時間」の設置とその論議

　①　「道徳の時間」設置時の経緯
　占領軍から独立してわが国独自の教育課程の確立を図るべく，1956（昭和31）年3月15日，文部大臣から教育課程審議会に「小学校中学校教育課程ならびに高等学校通信教育の改善について」諮問された。そこでは，道徳に関する教科を設けることについても審議されたが，結論は出なかった。翌年9月に再開された審議会においては，特に「学校教育全体で道徳教育を行うという立場をとりながら，なおかつ道徳教育の徹底を図るために，小・中学校とも道徳的指導のための時間を特設して，毎学年指導する」ことについて集中的に審議された。
　1958（昭和33）年3月15日に出された答申は，基本方針の第1に「道徳教育の徹底については，学校教育全体を通じて行うという従来の方針は変更しない

が，さらにその徹底を期するために，新たに『道徳』の時間を設け，毎学年，毎週継続して，まとまった指導を行うこと」を明記した。そして，3月18日に「小学校・中学校における『道徳』の実施要領について」という文部事務次官通達を送付し，「昭和33年度から，『道徳』の時間を特設し，道徳教育の充実を図ること」を求めた。

② 「道徳の時間」の目的と内容

文部省の主張する「道徳の時間」設置の理由，目的及び趣旨を挙げれば，次のようなものがある。1)教育基本法や学校教育法に定められている目的・目標を完全に実現する一つの方策として実施するものであること。2)学校における道徳教育は学校教育活動全体を通じて行うこと。3)「道徳の時間」における道徳教育はそれらを補充し深化し統合し，またはこれとの交流を図るものであること。4)具体的指導においては徳目の押しつけにならぬよう留意すること。5)「道徳の時間」特設を通して学校での道徳教育の充実を図るとともに家庭や社会における理解を図ろうとするものであることなどである。これらは，戦後ずっと課題とされていた事柄がほとんど押さえられているとみることができる。

③ 「道徳の時間」設置にかかわった主な研究者の主張

これらの説明は，指導書や通達，講習会，文部省発行の雑誌等においてなされたが，「道徳の時間」特設の理論的背景を探るためには，審議会などにおいて中心的な役割を果たした研究者の主張をみる必要がある。ここでは，それらを代表して，天野貞祐，稲富栄次郎，勝部真長，沢田慶輔を取り上げる。

ア 天野貞祐

天野は，審議会の委員ではなかったが，彼の主張が最も大きな「道徳の時間」特設の理論的支柱になっているといってよい。天野の道徳教育論はカントと西田幾多郎の哲学を基盤としている。教育の目的とされる人格は，その中心に人間性があり，それは，「自分の行為に対する自分の責任」の自覚，すなわち道徳的価値の自覚であるとする。そして，これを可能にするのが道徳教育なのである。そのためには，個人が自由の主体であることと，知育と徳育との一致が必要なこと，教師自身がその行為において道徳的価値を実現

することを主張する[1]。この意味において，天野は戦前の修身科を厳しく批判し，知育と徳育との一致を可能にするための「道徳の時間」の特設が必要なことを説くのである[2]。

イ　稲富栄次郎

　稲富は，小学校部会の部会長であり，委員のなかでは最も強く教育論を展開している。稲富は，ギリシャ哲学，特にアリストテレスの道徳観，教育観を拠り所にしている。まず，道徳を「アレテーとしての道徳」と「エトスとしての道徳」の二つの側面からとらえる。稲富の道徳教育論は，この二つが「相合わさって初めて全きをうる」のである[3]。前者は，「広義の道徳ともいうべき人間の全的完成」を目標とするものであり，人間教育の全体である。後者は，「狭義の道徳とでもいうべき習慣性としての道徳」を意味し，「社会生活を通して経験し理解すること」が大切であるとする。そして特にこの面において，「特設授業による指導」が必要になると主張する。この部分を日常生活における経験のみに依拠すれば「相対主義の価値観」に帰結するし，宗教教育の基盤のないわが国において一層考慮しなければならないのである。

ウ　勝部真長

　勝部は，中学校部会の委員であり，もっとも多く「道徳の時間」特設に関する論文を執筆している。特に道徳教育の方法論に深く言及しており，反対論を直接取り上げながらの論を展開している。勝部は，道徳教育を「道徳指導」と「生活指導または生徒指導」とが一つになったものととらえる[4]。それは，道徳教育の直接的方法と間接的方法，理想主義的方法と現実主義的方法と符合するという。すなわち，「道徳指導」を行うために「道徳の時間」が必要であり，そこでは，直接的に道徳的価値について計画的，発展的な指導が行われ，主には理想主義的な生き方について学習することになる。「道徳指導」は，環境への正しい適応のために必要とされる道徳的価値を教えるが，それは，「本来持っている魂を覚醒させるための援助」ということである。このことは，間接的方法，現実主義的方法を主とする「生活指導または生徒指導」との関連において可能だと主張する。

エ　沢田慶輔

　沢田は，小・中学校部会を兼ねて委員を務めている。教育心理学を専門とし，特に道徳性の育成という側面から「道徳の時間」特設の必要性を強調する。沢田は，道徳性の育成が道徳教育の目標であるとし，「道徳的判断だけを養うのではなく，道徳的判断に基づいて道徳的行為を実行する道徳的人格を形成する」ことを目指す[5]。その指導の方法においては，「基本的行動様式と思考・感情・動機の傾向の習慣化」などを挙げ，それらの指導は学校の教育活動全体を通じて行うことを十分に配慮し，各教科等における計画との横の有機的関連を重視し，他の学習活動での学習経験を統合する「道徳の時間」が必要であると主張する。

　審議会委員の主張は，必ずしも一致しているわけではない。「道徳の時間」のとらえ方は依拠する研究分野の違いによって異なるが，「道徳の時間」特設の実施要綱には，大筋においてその共通部分をまとめているととらえられる。事実，内容そのものについては，梅根悟をはじめ反対論者においても「問題はない」と認めている[6]。

(2)　「道徳の時間」特設批判論

　このような文部省が進める「道徳の時間」特設に対して，さまざまな批判がなされた。その代表的なものを政治的・イデオロギー的批判，指導内容に関する批判，方法論・実践論からの批判に分けて見ていくことにする。

①　政治的・イデオロギー的批判

　第1は，道徳教育の理念にかかわって政治との関連でなされるものである。例えば次のようなものがある。法律学者の戒能通孝は，文部省の進める道徳教育は，「政治教育ではなくて政党政治教育ではないか。教育基本法第10条にも反するような道徳教育が政治的干渉によってもたらされていること自体，道徳教育とは縁もゆかりもない修身教育の復活にならないと想像するほうがバカである」と厳しく批判する[7]。また，教育学者の成田克矢は「日本の独占資本と

その政府が天皇主義を採用しつつ，国内の階級的矛盾を調和し，排外思想をうえこんで，その支配体制を強化しようとする政治的要求を，道徳教育政策においてあらわしている」という[8]。

さらに，歴史学者の上原専祿はアジア・アフリカのいわゆる第三世界の国づくりの理念に合わせた道徳教育を[9]，矢川徳光はソビエトが取り組んでいる道徳教育を主張し[10]，宗像誠也や長田新は自ら訪問した中国[11]やソビエト[12]の教育を称賛し道徳教育の理想をそこに求めている。わが国の道徳教育は反対で第三世界や社会主義国での道徳教育は賛成であるというのは，まさに政治論として道徳教育がとらえられていたことを物語っている。

② 指導内容に関する批判

「道徳の時間」特設に対する批判の第2は，道徳の指導内容についてである。例えば次のような批判がなされている。春田正治は「全体をとおしていえることは，日本社会の矛盾にふれるような争点にはいっさい目をつぶり，言葉のうえでの形式的な枠をしめすという考え方につらぬかれていることだ」[13]と述べ，川合章も，「『要綱』の道徳の性格は，ひとくちにいえば，近代主義的なよそおいをもった徳目主義である」と批判する[14]。

さらに，梅根悟は，小・中学校「道徳」実施要綱の批判を要約して，「示された道徳の内容そのものは，それが一般におそれられていたような保守反動的なものではなく，一応教育基本法の精神にそった近代的，民主的道徳の線，従って在来の社会科で示されてきた道徳教育の目標の線を守り，貫いている点で，保守政党や政府当局の意図に遠いものになっている。（中略）しかしこれは一応の肯定であって，更に本質的に検討するならば，それが単なる近代倫理に止まっていて，現代の歴史的現実において要請される，新しい社会倫理への志向を欠いている点，また，依然として徳目の羅列主義に陥り，矛盾にみちた今日の社会において，しばしば，子どもたちが直面する諸徳目の矛盾相克をどう克服し，そのような危機場面においてどう行動し，どう生きるか，という問題を回避している点，社会認識に裏づけられない，単なる心情の倫理，内面道徳を強調することによって，社会的解決への意欲を解毒し去る危険をはらんでいる点

など，重大な欠陥をもつものである」と述べている[15]。

道徳の内容そのものについては，一応の評価が得られているものの，その全体及び解釈において依然として前近代的，あるいは資本主義的偏りがあると指摘する。

③ 方法論・実践論からの批判

「道徳の時間」特設に対する批判の第3は，道徳教育の方法論・実践論からのものである。例えば次のような批判が展開されている。宮坂哲文は，「生活指導の視点から，『特設道徳』は，学級活動・ホームルーム活動を道徳性の希薄なものにするか，変質させるか，あるいは故意に道徳性の希薄なものとみなすか，のいずれかの方法によって自らの存立をたしかなものにしようとしている」[16]という。勝田守一は，「戦前から私たちの先輩たちが『生活指導』ということばであるいはまた『自治活動の指導』という概念で切り開いてきた努力の伝統を思います。それは，権力的な形式的な『修身』という道徳教育のくさびから，子どもたちの人間的な要求と知的能力とを解放しつつ，人間を高めるためのそして幸福と結び合う道徳教育の伝統だといってよいと思います」[17]と，「道徳の時間」特設による道徳教育の方法を批判する。梅根悟も，「道徳の時間」特設は，戦後の「社会科」と「生活指導」とを中心とする道徳教育体制から戦前の「修身」と「訓練」とを中心とする道徳教育体制へと逆行するものであると批判している。「修身―訓練」体制とは，「社会認識に支えられない超越的な倫理的教条の教え込み」であり，「鋳型へのはめ込み」であるという[18]。

このような批判と同時に，新しい道徳教育の方法を提案した研究者もいる。春田正治は「これらの内容について子供を教育する方法は大きく三つに分ける事ができる。第一は学級および学校生活の実践的向上をはかること，第二には諸教科のなかで，それぞれの教科の本質に従って人権についての理解と認識を深めていくこと。第三にはでき得れば憲法学習の講座を設け，日本国憲法を中心に，広く各国の憲法と国連憲章や世界人権宣言にもふれて特別の学習をするということである」[19]と提案する。

また，上田薫は，「毎週定期的に同じ形式でやらねばならぬということは，

もっとも道徳教育に適しない場をつくることだと言わなければならない」とし，「時間と指導を固定させるな。わたしはくりかえして，特設時間に直面させられた教師に呼びかけたい」と提案する[20]。宮嶋肇も生活指導的道徳教育の立場から，道徳の時間を有効に活用することを呼びかける[21]。さらに，小川太郎も，国民一人ひとりの人間としての願いを基礎に，今日求められる道徳の内容として六つの願いを挙げ，「道徳の時間」の特設の場合とは別に，道徳と道徳教育に固有の問題として，「内面性」と「計画性」の必要性を述べている[22]。

このような反対論は，いずれも戦前の修身科に対する不信感から，あるいは戦前の道徳教育の反省からの生活指導，科学的・社会的認識能力の育成を主とした道徳教育への期待感からの主張であることが分かる。

(3) 批判論に対する今日的検討

「道徳の時間」特設批判論に対して，今日的視点から評価するとすれば，どのようにまとめられるだろうか。もちろんそれらの批判は今日でも依然として解決していないものもある。それらを検討していく中から，これからの道徳教育の課題が見えてくるといえよう。

① 政治的・イデオロギー的批判の検討

教育と政治は，相即不離の関係にある。旧教育基本法には，前文に「われらは，さきに，日本国憲法を確定し，民主的で文化的な国家を建設し，世界の平和と人類の福祉に貢献しようとする決意を示した。この理想の実現は，根本において教育の力にまつべきものである」と述べられている。だとすれば，教育と政治が結びつくことは必然である。

ここで問題となるのが，特定の政党との結びつきである。「道徳の時間」特設において，問題となったのは，「道徳の時間」特設が特定の政党の主張を一方的に取り入れたものになっているという批判である。果たしてその後の道徳教育が批判どおりになっていったかどうかを，特に次の2点において見ていきたい。

ア 「道徳の時間」特設によって，戦前のような天皇制が復活したか

　否である。さらに，最も強く批判された戦前の天皇を絶対視する教育勅語や修身科の復活がなされたかといえば，これも否である。道徳の時間の充実に関しては，特に子どもの実態や社会の実態に応じた方法を求めている。道徳の時間の指導においては，読み物資料や副読本の必要性が叫ばれ，そのためのさまざまな施策が行われている。その中で，天皇を神格化するような読み物や副読本が出版されることもないし，そのような主張も聞かれない。

　なお，道徳の時間を教科にしようとする主張は，根強いものがある（例えば内閣総理大臣のもとで発足した「教育改革国民会議」では，小学校で道徳科，中学校で人間科，高等学校で人生科の設置を提案している）（『教育改革国民会議報告』平成12年12月22日）。しかし，それは，修身科の復活という視点からではなく，社会の一員としての自律的な生き方の確立を一層充実させるという視点から主張されている。

イ 「道徳の時間」特設によって，学校教育が政党色を強めたか

　これも否である。道徳の時間の指導に関する学校現場への政党の不当介入ということとは別に，道徳教育の充実に向けた取組みはむしろ学校現場のニーズに応じて展開されていったと見ることができる。1957（昭和32）年7月に文部省が各都道府県教育委員会に対して「道徳教育生活指導関係資料を作成しているか」を照会したところ，全国から100以上報告されている[23]。また，文部省編『初等教育資料』（東洋館出版社）には，毎年道徳教育の実践報告が取り上げられるが，それらを見れば，道徳の時間の指導が学校の実態に応じて主体的になされていることが確認できる。

　問題なのは，教師側の対応である。ことさら，「道徳の時間」特設を政党の思想や施策との関連でとらえたために，道徳の時間の指導をどうするかということよりも，道徳の時間の存在そのものをいかにないがしろにするかに関心が向けられたことである。そのような論争に終始している限りにおいて，道徳教育を政党間の政争の具としてとらえていることになり，国民の期待に応えることはできず，むしろ国民から批判を浴びることになる。

また，当時の批判派が理想としていた中国やソビエトの道徳教育の現状はどうであったか。体制も歴史もまったく異なる外国の教育を絶対視し，それに依拠しながら批判を徹底させることは，やはり限界がある。

　このように，当時の政治的・イデオロギー的批判を総括してみると，はやくこのような政治的・イデオロギー的論争からの脱却を図らなければならなかったのである。繰り返しになるが，国民の道徳教育への関心は，そのようなところにあるのではなく，新しい時代においてどう生きるかの指針を与えてほしかったのである。「道徳の時間」特設は，義務教育段階においてその指針を示した。その内容や方法にかかわって，家庭や地域での道徳教育も含みこんで具体的取組みを一般国民の興味・関心のレベルで考え，実践し，提案し，練り上げていくことこそ求められていたのではないか[24]。

　「道徳の時間」設置後は，そのような視点から道徳教育の充実が図られたが，いまだに政治的・イデオロギー的批判の影響が色濃く反映し，十分な成果が上げられていないと見ることができる。例えば，2002（平成14）年度から全国の全小・中学生全員に無料配布されるようになった道徳教育用学習教材『心のノート』は，2011（平成23）年度からは配布されなくなっている[25]。その背景には政権交代などが影響している。

② 指導内容と方法に関する批判の検討

　では，指導内容や方法に関する批判については，どのように評価できるだろうか。この部分に関しては，多くが今日に持ち越されているといってよい。それらは常に，時代や子どもの実態等において考えなければならないものだからである。ここでは特に次の3点について見ていこう。

ア　指導内容の反動性について

　指導内容についての批判の第1は，指導内容そのものは，反動的なものだというものであった。反動的というのは，批判的，創造的精神を養うのではなく，保守的で現状肯定型の人間を養うものだということである。

　このことについては，示された指導内容そのものの分析を行う必要がある。ここでは，現在の学習指導要領に示されている道徳の指導内容を見てみよう。

大きく4つに分けて示されている。「自分自身のこと」「他の人とのかかわり」「自然や崇高なものとのかかわり」「集団や社会とのかかわり」である。つまり，道徳性はさまざまなかかわりを通してはぐくまれるというとらえ方である。そのかかわりを豊かにするために必要な心構え（道徳的価値意識）を指導内容として，発達段階に応じて示されている。そして，子どもたちはそれぞれの指導内容を窓口として自らの道徳性を発達させられるように「児童（生徒）が自ら成長を実感でき，これからの課題や目標が見付けられるように工夫する必要がある」と述べられている[26]。当然のことながら，子どもたちの批判的，創造的精神をも養うのである。

イ　徳目主義批判について

　内容に関する批判の第2は，徳目主義批判である。徳目主義とは，一定の価値を押しつける指導について使われているが，徳目そのものが悪いわけではない[27]。この批判は，修身科の指導との関連で行われていたといってよい。修身科は，明治37（1904）年に国定教科書が発行され，以来徳目を前面に出しての授業が行われた。

　修身科の国定教科書は，4回改訂されている。それぞれにおいて違いはあるが，基本的には一つの徳目についての表題をつけ，そのことにかかわる事例や考え方を先人のエピソード等をもとに文章化している。これらの表題は，教育勅語に示されている徳目と合わせて考えられている。徳目は，いわばキーワードであり，それが何を意味するかは，その説明（指導）や社会的風潮（社会的通念）に関係する。徳目に関して，こうしなければならないという行為を結びつけるのは後者によってである。子どもたちが主体性を発揮するとは，その説明（指導）や社会的風潮（社会的通念）等を考慮して自分なりの判断や行為を行うことができるかどうかである。徳目をぬきに道徳教育を行うことは不可能である。

　「道徳の時間」特設後の道徳教育を見ると，徳目そのものについての押さえができていないように思える。それは，基本的に子どもたちの中に価値意識が育っていないということである。確かに，子どもたちは，思いやりが大

切であるとか，命を大切にしなければならない，整理整頓が大切であるといったことは知っている。しかし，それが自分が生きていく上で大切にしなければいけない価値であることに気づくことが重要である。そして，同時に，基本的な価値全体についての理解をしながら，それぞれの価値について考え，自分らしくはぐくんでいくことが求められる。このような指導が欠けていたといえる。

　修身の教科書では，目次を見れば心がけねばならない基本的な価値の全体が理解できるようになっている。そのことがあって，価値と価値との葛藤も全体的な人間としてのあり方や生き方という視点から考えることができるようになる。修身科の残像による過度の徳目主義への警戒が，かえってその後の道徳教育を停滞させたといえるのではないか。

ウ　道徳の時間を特設することの弊害の検討

　指導方法上の批判は，「道徳の時間」特設は，道徳教育の指導を歪めるものであるという点に集約できる。この点については，どのように評価できるだろうか。

　まず，「道徳の時間」特設によって，各教科等における道徳教育がどのようになったかである。学習指導要領では，従来どおり，学校における道徳教育は，「学校の教育活動全体を通じて行うことを基本とする」としている。道徳の時間は各教科等における道徳教育を補充，深化，統合，交流するものである，とされていることは，道徳の時間によって各教育活動の特質に応じて行われる道徳教育を一層充実させるということでもある。平成20年に改訂された学習指導要領では，このことを一層重視し，道徳の時間を要とした指導が充実するように，各教科や特別活動，総合的な学習の時間等の特質に応じた道徳教育の充実を具体的に示している。

　しかし，「道徳の時間」特設反対派の人たちは，道徳の時間が特設されることによって，各教科等から道徳教育が抜き取られたととらえた。そして，道徳の時間が現実の生活や学習活動と離れて理念的な（押し付け的な）指導が行われると批判した[28]。「道徳の時間」特設後の動向を見ると，この批判は，

ある程度当たっているように思える。それは，学校現場において，道徳の時間の正しい認識ができていなかったことも影響している。教科的にとらえれば，各教科は独立して存在しているから，道徳の時間で道徳教育が独自になされると考えられるからである。そしてまた，文部省においても，道徳の時間の確立を図るために，道徳の時間の授業の独自性をことさら強調したことも影響しているといえよう[29]。混乱の中で進められた道徳の時間を確立するには，このような指導が行われるのは当然である。しかし，このレベルでとどまっていては本来の道徳の時間を中心とした道徳教育のダイナミックな展開はできにくい。

そして，道徳の時間が確立されていくにしたがって，各教科や特別活動における道徳教育について話題にされることが少なくなっていった。例えば各教科の研究会において道徳教育との関連について発表されることはほとんどない。

しかし，このことは，道徳の時間は必要ない，ということではない。道徳の時間を他の教科と同様にとらえれば，このような結果になるということである。道徳の時間の本来の目的が理解されるようになるにつれ，道徳教育の充実に果たす道徳の時間の役割の重要性が改めて認識されている。そして，道徳の時間が教育課程に位置づくことによって道徳教育の効果を高める実践が報告されるようになってきた[30]。道徳の時間を充実させることなく道徳教育を充実させたという実践は聞かない。道徳の時間があることによって，基本的な道徳的価値に関する計画的・発展的な指導ができるし，そのことによって，具体的に各教科等における道徳教育を意識し，連携を図ることができるようになる。

このような実践は，道徳の時間が観念的な指導になり，具体的な日常生活や学習活動の中に生かされなくなる，という批判にも答えることになる。日常生活や学習活動の中で道徳的価値について意識を深めることは可能であるが，それはあくまでその活動を充実させることが主であって，道徳的価値はそのための手段としてとらえられてしまう。人間としての生き方やあり方を

考えるには，それらの体験をもとにしながら，再度道徳的価値を正面にすえて日常生活や学習活動をとらえなおすことが必要なのである。道徳の時間の指導方法に関する批判については，ようやく道徳の時間の大切さが理解されてきた今日において，再度耳を傾け，その克服を図ることが必要だといえよう。

　また，先に見た，宮坂哲文や勝田守一の生活指導の視点や梅根悟の社会認識を重視した道徳教育，春日正治の実践へとつき動かす道徳教育，上田薫の適宜の指導，小川太郎の人間的な願いを土台とした道徳教育などの主張は，道徳の時間と対立するものではない。それらの脈々と受け継がれてきた道徳教育の方法は，道徳の時間を工夫することによって一層効果を発揮するのではないか。そのような研究が，これから大いに求められるといえよう。

（押谷由夫）

(註)
1) 天野貞祐（1971）「道理への意志」（『天野貞祐全集　1』）栗田出版会
2) 天野貞祐（1959）「道徳教育について」(文部省『新しい道徳教育のために』)東洋館出版
3) 稲富栄次郎（1979）「人間形成と道徳教育」（『稲富栄次郎著作集9』）学苑社
4) 勝部真長（1967）『道徳指導の基礎理論』日本教図
5) 沢田慶輔（1960）『道徳教育と生活指導』光風出版
6) 梅根悟「まとめ」（雑誌『カリキュラム』昭和33年5月号付録）
7) 戒能通孝「道徳教育と憲法」（雑誌『教育評論』昭和32年11月号）
8) 成田克矢「道徳教育政策の矛盾をつく」（雑誌『教育』昭和33年4月号）
9) 上原専禄・五十嵐顕「対談　アジア，アフリカの新しい動向と日本の道徳教育」（雑誌『教育』昭和33年4月号）
10) 矢川徳光「社会主義社会における政治と教育」（雑誌『教育』昭和33年4月号）
11) 宗像誠也「中国を見てきて」（雑誌『教育』昭和32年2月号）
12) 長田新『ソ連に自由ありや』雑誌『教育』昭和31年9月号
13) 春日正治「小・中学校『道徳』実施要綱のイデオロギー性について」（雑誌『カリキュラム』昭和33年5月号付録）
14) 川合章「道徳教育問題（とくに道徳内容の観点から）の性格」（雑誌『教育評論』昭和33年特別号）
15) 梅根悟「まとめ」（雑誌『カリキュラム』昭和33年5月号付録）
16) 宮坂哲文「当面の道徳教育問題―生徒指導と道徳教育についての再論―」（雑誌『教

育』昭和33年8月号）
17）勝田守一「教師の自由と道徳教育」（雑誌『教育』昭和33年11月号）
18）梅根悟「道徳教育の原則とその歪曲」（雑誌『教育評論』昭和33年特別号）
19）春日正治「改訂教育課程の全体構造」（雑誌『カリキュラム』昭和33年12月号）
20）上田薫（1993）「道徳教育論」（『上田薫著作集　6』）黎明書房
21）宮嶋肇（1960）『現代道徳教育論』明治図書
22）小川太郎「道徳教育の計画はたてうるか」（雑誌『教育評論』昭和33年4・5月号）
23）文部省『初等教育資料』（昭和32年12月号）東洋館出版 pp.32〜33
24）福岡県大野城市学校道徳教育実行委員会編（2002）『市民総参加の生き生き「心の教育」』東洋館出版社　等が参考になる。
25）文部科学省のホームページにはアップされている。
26）文部科学省（平成20年）『小学校（中学校）学習指導要領』
27）徳目主義については，上田薫（1993）「道徳教育論」（『上田薫著作集　6』）黎明書房 pp.21〜24が参考になる。
28）例えば，日本教職員組合（1959）『新教育課程の批判―学習指導要領はどう変わったか―』など。
29）当時の道徳担当の教科調査官の指導に端的に表れている。青木孝頼（1995）『道徳で心を育てる先生』図書文化社，瀬戸真（1987）『自己を見つめる』教育開発研究所　等を参照。
30）例えば，押谷由夫編著（2003）『豊かな自分づくりを支える道徳の授業』（全6巻）教育出版，押谷由夫編著（2010）『道徳で学校・学級を変える』日本文教出版社　等を参照のこと。

3．学習指導要領が描く道徳教育

(1) 「道徳性」の育成を目指す道徳教育

　学習指導要領は，小・中・高等学校ともに，「総則」において，「人間尊重の精神と生命に対する畏敬の念を」，具体的な生活の中に生かすことや，国際社会の中で生きるのに必要な資質能力を列記した上で，「その基盤としての道徳性を養うことを目標とする．」と明記し，以下全般にわたって，内容項目の取り扱い方に至るまで，「道徳性」を育成するという目標に従った指導にすることを明記している。

　しかし，学習指導要領の道徳教育を，内容項目を一見しただけで，それが学習指導要領の道徳教育だと思い込んでいる場合が多い。教育の専門外の立場ならともかく，研究者といわれる人々までそうであるという例を見る。文部科学省が教育論的な吟味をしないまま規定をつくるはずはない。では，その「道徳性」とは何か。

　「道徳性」の語は，カントがいう意味などいろいろあるが，学習指導要領は学習指導要領の立場で「道徳性」の語を用いている。その道徳性とは何か。道徳教育は小・中・高等学校を通じて積み上げていくように行われることになっているので，高等学校から見た方がはっきりしやすい。

　① 道徳性とは何か

　『高等学校学習指導要領解説　総則編』には，高等学校の道徳教育は，人間としてのあり方生き方の教育を通して，一人ひとりの行動基準，判断基準となる，一人ひとりの人生観・世界観ないし価値観を育てるのだと明言されている。

　小・中学校における道徳性の育成は，高等学校の人生観・世界観ないし価値

観に発展するように道徳性を育てることになる。だから，小・中学校の道徳教育で育てる道徳性は，『小学校学習指導要領解説　道徳編』(以下『解説』と略記)には「道徳性とは，(中略)道徳的諸価値が一人一人の内面において統合されたもの」と説明されている。第3章の目標の「道徳的価値の自覚を深め」を受けて，児童生徒が内容項目に含まれている道徳的価値の自覚を深める，つまり道徳的価値をしっかりと心に受け入れさせれば，それらの価値は一人ひとりの心の中で，一人ひとりなりに構造化されて価値体系をつくり，道徳的価値の統合としての道徳性がつくられる。これが道徳性の本体である。道徳的諸価値の統合は，毎時間ごとに指導される道徳的価値が，心のどこに位置づけるかという子ども自身の価値の序列づけによって，一人ひとりなりに行われる。仮に，ある序列づけを教師が指示してみてもそのようにするとは限らない。またその指示をすることは思想統制になるので，子どもの自由に任せておく方がよい。一人ひとりにつくられる道徳性は，それぞれに個性的なものだが，その道徳性をつくる素材となっている道徳的価値は，社会的に容認されているものだから，つくられた道徳性は，社会的に容認されるものとなる。

　すると，子ども一人ひとりなりの道徳性がつくられるから，高等学校で見た一人ひとりの人生観・世界観ないし価値観に直結することになる。だから，道徳教育は全体として，一人ひとりなりの行動基準，判断基準となる価値観を育て各自の生き方を見いだす能力を育てることになるのである。

　学習指導要領の描く道徳教育は，このようにして，自由な社会に生きる基本となる主体的価値観を育てるものなのである。

　② 道徳性を育てる指導のあり方

　学習指導要領は，上述のように，自由な社会に生きる能力の基本となる主体的価値観を育てるものである。それが，目標とその解説，内容項目の扱い方にまで一貫している。内容項目はそのまま指導するものではなく，「内容項目を児童の実態を基に把握し直し，指導上の課題を児童の側から具体的にとらえ，児童自身が道徳的価値の自覚及び自己の生き方についての考えを深め発展させていくことができるよう，実態に見合った指導をしていくことが大切である」

(『解説』)と，道徳的価値の自覚を深めるように指導することが求められている（中学校も同じ）。その指導のあり方については「児童の発達段階や特性等を考慮した創意工夫ある指導を行うこと」など，随所に教師の工夫によって指導すべきことが規定されていて，どのような指導の仕方で指導すべきかについては何も規定されていない。全面的に教師に任されているのである。

多くの教師たちの間で通用している指導過程の組み方とか資料の扱い方とか発問の仕方などは，学習指導要領では何も規定していない。「悩みや葛藤等の心の揺れなどを取り上げる」などの配慮事項が書かれているだけである。指導過程や指導方法は全面的に教師の工夫に任されている。そこを，どのように指導すべきかを，指導過程や指導の方法が決まっているかのように主張する人がいるが，その人の言に従う必要は全くない。それを言う人が指導的立場の人であれば，越権行為であり学習指導要領違反である。

学習指導要領の道徳教育は学習者一人ひとりの個性的な価値観を育てる指導を目指し，その能力としての道徳性を育てるために道徳性の構造やその育成のための筋道を描いている。道徳的価値の自覚を深めれば，一人ひとりの道徳性が育つという筋道まで描き，そのために必要になる内容項目の取り扱い方などすべてにわたって道徳的価値を心に受け入れさせれば道徳性が育つという筋道を描いている。その上で，道徳的価値の自覚を深める部分だけを教育の専門家としての教師に委ねている。

つまり，学習指導要領の道徳教育は，法的基準性をもつだけでなく，極めて優れた指導論，教育論をもっている。どの道徳教育学者よりも優れた指導論，教育論をもっている。

③ 道徳性の様相とその本体

第3章「道徳」の目標には，「道徳的な心情，判断力，実践意欲と態度などの道徳性を養うこととする」とあり，目標の後段において，「道徳的価値の自覚及び自己の生き方についての考えを深め，道徳的実践力を育成するものとする」と定められている。道徳的実践力と生き方については，目標のまとめとして書かれているが，「道徳的な心情，判断力，実践意欲と態度」は，『解説』に

おいて，道徳性の「様相」と呼ばれている。「様相」という言い方は，これまでも言い習わされてきた。「様相」は，働き・機能として現れるものであり，目標であるから，目に見える形で言い表されている。目標だからそれでよいが，この様相と後段の「道徳的価値の自覚を深め」を直接結びつけた指導も行われてきた。「心情教材を用いて道徳的心情を育てる指導」だとか，「判断力教材を用いて道徳的判断力を育てる指導」などの言い方で，このような指導が行われてきた。しかし，このような指導が，指導論として成り立つかどうか。

　道徳に限らず，目指す機能を直接つくることは人間にはできない。人間にできるのは，目指す機能を表すことのできる本体をつくって，その本体から目指す機能が現れるようにすることだけである。例えば光をつくろうとすれば，光を出すことのできる本体をつくって光を出させることができるだけである。判断力教材を用いて道徳的判断力をつくる指導などは，本来成立しない。指導論から見れば，どのような筋道で道徳性が養われるかという筋道がはっきりしなければ，的確な指導をつくることはできない。

　その点を，平成10年の学習指導要領とその『解説』がはっきりさせた。上に引用した「道徳性とは，道徳的諸価値が一人一人の内面において統合されたもの」という説明が，適確な指導をつくる筋道をはっきりさせた。つまり，道徳の時間ごとに指導する道徳的価値を子どもの心に受け入れさせれば，それらの価値が心の中で統合されて道徳性がつくられる。これが道徳性の本体である。ここから，目標にある道徳性の様相，機能などが生じる。

④　道徳性の本体が道徳性のすべての機能をつくる

　道徳性の本体と様相ないし機能の関係を，道徳的判断力を例にとってみる。

　例えば父親が癌で，医師からあと3か月の命と告げられたとする。この場合，「正直」に父親に告げるか「思いやり」を優先して励ましを言うかの場合で考える。「正直」と「思いやり」の二つの価値を並べてもどちらをとるかは判断できない。当人の好みや感情で決めれば，それは道徳的に判断したことにならない。

　父親の「人格尊重」という価値に照らして考えれば，どちらの価値をとれば

よいかが判断しやすくなる。これを原型として，この場合の判断に関わり合う価値をあげてみれば，「家族愛」，「社会的責任」，「生きがい」など，いろいろな価値が関わり合う。これらの価値を組み合わせて，答えを見いだして判断することができる。こうして出された判断は，成人の判断として通用するレベルの判断ということができる。このような判断をするためには，その判断をする時以前に，組み合わせて判断する際に必要となる道徳的価値を，すべて心に受け入れておかなくてはならない。

したがって，道徳的諸価値が心の中で統合されたもの，としての道徳性を育てておかなくてはならない。この道徳性の本体から，判断力などの機能，様相が生じるのである。

前述したように，道徳性の様相，機能などを直接つくることはできないが，道徳的諸価値が統合された道徳性は，道徳的価値を一つ一つ心に受け入れさせればよいのだから，それをつくる筋道・原理ははっきりしており，その筋道・原理で道徳性の本体をつくり，その機能として，第3章の目標にある諸機能，様相をつくることができる。この筋道で第3章の目標に達することができる。

(2) 独立の領域としての道徳教育

道徳教育は，各教科等と区別して，独立の領域として位置づけられている。平成20年の改訂にあたって，道徳教育を教科にせよ，という声が強かった。教育に限らず常に発言している高名な人々が，一斉に教科にせよという声を上げた。現状のどこに問題があるか，教科にすればどうよくなるかという吟味をしないで，ただ教科にせよという声だけが強かった。

しかし，学習指導要領の道徳教育の位置づけは現状のままである。なぜか。

道徳教育は，昭和33年の道徳の時間の発足の時から，独立の領域であった。その時の文部次官の通達には，「児童生徒の具体的な生活に即しながら種々の方法を用いて指導すべきで，（中略）教師の一方的な教授や徳目の解説に終わることのないように」とあり，「道徳の時間の指導は学級を担任する教師が行う

ものとする。これは，児童，生徒の実態を最もよく理解しているということ」や，道徳教育を全教師の関心のもとにおくこと，教師と児童・生徒がともに人格の完成を目指して進む態度が大切であることなど，道徳教育の特性をあげている。

その同じ考え方が，『解説』の内容項目の扱い方で，「児童の実態を基に把握し直し，指導上の課題を児童の側から具体的に捉え」児童自身が道徳的価値の自覚や生き方についての考えを深めていくことができるように，児童の実態に見合った指導をするよう求めていることにも現れている。

つまり，教科書を用いて，どの児童生徒にも同じように指導する各教科の指導とは全く違う指導をするのである。形だけでなく，真に身につく指導をするために，最善の指導を目指しているのである。

だから，道徳の時間の指導を，資料（教材）中心の指導にすることは，各教科の指導に近くなり，道徳の時間の指導とはかけ離れてくる。

内容項目の扱い方に到るまで，子どもの心がしっかり受け止める指導ができるように細部にわたって規定がつくられている。その上で，指導過程や指導方法は，教師の工夫に委ねられている。これも最善の指導が行なわれる条件を確保しているのである。その上で，校長の指導や道徳教育推進教師など，道徳教育全体の充実を図る体制をつくるようにしているのである。

(3) 道徳性を育てる指導の筋道

『解説』には，道徳性を発達させる着眼点を3つあげている。
　ア　よりよく生きる力を引き出すこと——これは幼児からできるとされている。
　イ　関わりを豊かにすること——さまざまな関わり合いが道徳性を発達させる。
　ウ　道徳的価値の自覚を深めること——ここが指導する際のポイントとなる。
学校で指導する際，特に道徳の時間で指導する際，道徳的価値の自覚をどのようにして深めるか，それがどのようにして道徳性に結びつくかという筋道ないし原理をはっきりさせて指導する必要がある。

この点については，すでに述べたように，学習指導要領は，内容項目に含まれている道徳的価値を子どもの心に受け入れさせれば，その道徳的諸価値が心の中で統合されて道徳性を形成するという筋道を描いている。その筋道の最後のところ，指導する道徳的価値を子どもの心に受け入れさせるところは，前述したように，教師に委ねている。

　しかし，道徳授業の現状は，実態から見れば，学習指導要領とは無関係の指導過程や指導方法がいくつかのパターンで行われていて，どんな指導でも道徳の時間の指導を行いさえすれば学習指導要領の規定に反しないと思われているかのような現状である。学習指導要領にはほとんど目を向けていない。その現状にあって，指導の効果が上がっていればともかく，文部科学省が5年ごとに実施している「道徳教育実施状況調査」では，学級の児童生徒全員が道徳の指導を受け入れている割合は7.9％で，いつの調査でも大同小異である。つまり，現状のままでは，道徳指導の成果は極めて限られている。『道徳教育』97年7月増刊号に見る児童生徒の道徳授業に対する反応を見ても，日本教育文化研究所の『心にしみ込む道徳授業の実践』に見る児童生徒の反応調査もほぼ同様であり，道徳授業の成果はあまり上がっていない。学習指導要領の道徳教育が，極めて優れた指導論をもっているのに，これが生かされていないのである。

　一方，「全国『倫理』『現代社会』研究会」（全倫研）の調査（平成3年）によれば，「時々自分はだめな人間だと思う」という自己評価の低い生徒が約7割いて，生徒たちの学校教育に望むものは「人間の生き方など人格形成の指導」がダントツに多く，教科指導を望む者は8.1％（この調査は選択肢のうち一つだけ選ぶ調査）で，自分に自信のもてる人間になりたい者が圧倒的の多いことを表している。中学校の生徒も同様の実態にある様子が，前記の調査に現れている。その願いに応えて，生徒たちが必要とする能力を育てようとしているのが学習指導要領の道徳教育である。

　その道徳教育が十全に機能していれば，高校生になって上記のような姿にならずに済んでいるはずである。当然のことながら，この能力は，高校生になってから育てようとしても間に合わない。小学校の時から前述した道徳性を育て

る筋道を生かした指導を積み上げてこなければ間に合わない。

　そうした現状にあって，学習指導要領の道徳教育は，その優れた指導の筋道を生かした指導は，まだ少数である。現状のその姿の最大の原因と見られるのが，学習指導要領の筋道を生かした指導が，道徳的価値の自覚を深めるという部分，教師に委ねられている部分が十全に機能していないところにある。

(4) 道徳的価値の自覚を深める構造化方式

　学習指導要領の描く道徳性を育てる筋道のうち，道徳的価値の自覚を深める部分だけは教師に委ねられていると前述した。道徳の時間の指導にあたって，教師の工夫を制約する規定は何もないのであるが，どうすれば子どもの心に結びつく指導ができるかについて，教師の工夫の参考になる原理はあった方がよい。

　この位置づけで開発されたのが「構造化方式」である。構造化方式では，学修指導要領が描いている道徳性を育てる筋道と，道徳的価値の自覚を深める指導では，資料中心ではなく，子ども中心の指導を描くよう，人間の本性（自然性）に即して価値の自覚とを深めるようにしている。

　学習指導要領は，指導する道徳的価値を，上から説き聞かせるのでなく，子どもの実態に基づいて子どもに即して指導することを求めている。その考え方に基づいて「構造化方式」は開発されている。道徳的価値は，人間のあらゆる側面にすべて関わっているので，人間のもつさまざまな側面（ペスタロッチの用語を借りて「自然性」と呼んでおく）に道徳的価値がどのように関わっているかに着目し，そこから価値の自覚を深める。

　例えば，いじめられている子をかばえば，自分もいじめに標的にされることを恐れてかばうことができない場合のように，人間には道徳的価値に反する弱いところがある。釣り銭が多かった時に誘惑を感じる場合も同じである。この場合は道徳的価値は人間の弱さ醜さの側面と逆方向にある。自然性のこの側面を乗り越えて価値の自覚を深めるには，道徳的価値の方がより大切だという考

えに導いて，道徳的価値を心に受け入れさせる。その原理は，拙著『道徳授業の基本構造理論』(明治図書) に詳しく述べている。

　人間の自然性には，道徳的価値に合致する気高い側面もある。この場合は，子ども自身に，自分の中にもこの気高い側面があると気づかせることで価値の意識が充実する。この点に気づかせることで，子どもに，自分に自信をもてるようにするという副産物もある。

　人間には道徳的価値を直接求めている側面もある。よい友達が欲しい，人から認められたいなどである。この場合は，どうすればその願いが実現できるかという角度から指導する。

　人間が有限であるという側面に関わる価値は少なくない。人間は時間的にも空間的にも有限で，知りうることもなし得ることも有限である。その側面に関わる価値を，その有限な側面をよく見つめさせることによって，自覚を深めることができる。

　人間には，日常性を超えて気高い価値が表れている場合に感動する側面がある。その感動は，当人が価値を認めている対象にしか生じない。芸術作品でも，当人が理解できる対象には，それが極めて高い作品には感動する。道徳的価値の場合は，日常性を超えて高い現れ方とともに，子どもにとって人間の真実だと受け止めることができる姿で現れているのでなくては感動にならない。絵空事と受け止められるようでは感動どころかしらけてしまう。

　これらの点を考慮して，道徳的価値の感動を深めることができれば，道徳的価値は自覚が深まり，さらにその周辺の価値へ広げて行くことができる。

　構造化方式はこのようにして人間の本性に基づいて道徳的価値の自覚を深めることができる方式である。自覚を深めた価値が心の中で統合されて，学習指導要領の描く筋道によって，道徳性が形成される。

　構造化方式では，心の中で価値が統合された道徳性を上段にし，自然性を下段にした鏡餅のたとえで説明し，上段を，下段の発達に遅れないように育てていくことが大切としている。

　今日行われている道徳の時間の指導論は，いずれもその論者独自のもので，

学習指導要領の描く筋道とは関わりのない，それぞれの主張である。

　学習指導要領の描く道徳性を育てる筋道は，極めて優れたものである，その筋道に沿って，子どもとの接点で道徳的価値の自覚を深める原理，教師の工夫の参考となる原理は，今のところ「構造化方式」だけである。学習指導要領の描く道徳性を育てる筋道を「原理1」とすれば，それに接続して道徳的価値の自覚を深める原理は「原理2」と位置づけることができる。「原理2」は，今のところ「構造化方式」だけであるが，「原理2」に当たる指導方式が，他にも開発されてくることを期待したい。

道徳性の構図（イメージ図）

善い，美しい，正しい　　価値意識，後天的
感覚，感情，欲など　　　自然性，先天的

（金井　肇）

〈参考文献〉
金井　肇（1996）『道徳授業の基本構造理論』明治図書
金井　肇（2007）「学習指導要領に即した道徳教育"学"のすすめ」日本道徳教育学会『道徳と教育』No.325
日本教育文化研究所（平成19年）『心にしみこむ道徳授業の実践』
文部科学省（2008）『小学校学習指導要領解説　道徳編』
文部科学省（2008）『中学校学習指導要領解説　道徳編』
文部科学省（2009）『高等学校学習指導要領解説　総則編』

4．資料中心の道徳教育
――「資料を」か「資料で」か――

(1) 「資料を」か「資料で」かの問題

① 生活主義の道徳から資料中心主義の道徳へ

　道徳の時間は昭和33年に学校の教育課程に特設された。しかし，とりわけその初期の頃には政治的，思想的な対立軸が強く見られ，紆余曲折のスタートとなった。道徳の時間は教科ではない。だから，教科書を用いず，成績上の評価もしない。そのことから，生活指導的な方法で授業が行われることも多かった。特設に対する批判や，特設以前の生活主義を支持する考えから，生活指導の機能をもたせた授業観に踏みとどまろうとする力が働いたのだといえる。

　その流れが大きく転換されるきっかけとなったのは，昭和38年7月の教育課程審議会による「学校における道徳教育の充実方策について」と題された答申であった。

　そこでは，道徳の時間の実施状況について「学校や地域によってはかなりの格差があり，一般的にはじゅうぶんにその成果をあげているとは云えない」とし，その理由として，1)教師に価値観の相違があり，指導理念を明確に把握していないこと，2)効果的な計画や教材の選定に種々の困難さがあること，3)学校経営の弛緩が見られること，4)家庭教育や社会教育との価値観の相違や動揺が見られること，5)教育委員会の指導体制が不十分なことをあげていた。

　その上で，今後の充実方策として8項目にわたって提言している。その2と3を要約するならば，およそ次の内容であった。

　〇教師用の指導資料をできるだけ豊富に提供し，読み物資料，視聴覚教材の利用その他各種の指導方法をも解説するなどの配慮をすること。

○道徳的な判断力や心情を養い，実践的な意欲を培うために，児童生徒にとって適切な道徳の読み物資料の使用が望ましい。また，道徳教育の性格にかんがみ，これを適切に活用できるように配慮すること。

　いわば，教師用及び児童生徒用資料をしっかりと準備すべきとの方向性が示されたのである。これに基づき，文部省では昭和39年から3年間にわたって『道徳の指導資料』の第1集から第3集を，小学校第1学年用から中学校第3学年用まで毎年9冊，全27冊作成し，無償配布した。その後も，各種指導資料を年度ごとに作成・配布することが既定路線となった。

　② 「資料を教える」のか，「資料で教える」のか

　この施策が大きな力となり，道徳の時間の指導において資料を使用することが前提となった。そこで，次に議論となったのが，道徳の時間は「資料を教える」のか，それとも，「資料で教える」のかという問いであった。

　初めのうちは，資料の位置づけについても生活主義的な考えが反映され，いわゆる「生活─資料─生活」という流れが強く意識された。

　例えば，お茶の水女子大学教授の勝部真長は，価値の内面化を重視しつつも，大枠としては「生活から─内面化する─生活へ」という原型を示し，学級集団の共同思考を生かした指導過程を提唱している。

　当時，金沢大学教授であった大平勝馬も，道徳の指導過程の基本的構造を「生活から出発して，生活へ帰る」こととし，「事前指導→導入→展開→終末→事後指導」の五段階を前提とした。その上で，展開段階について「問題の分析・具体化」「問題の追求・深化」「問題の究明・理解」の流れを構想した。

　これらの指導過程は，いずれも，生活にとって大切なことを「資料で」学ばせ，内面化・深化を図り，生活につなげるという色彩が強かった。

　ところが，このような指導の型が反復される中，生活問題に重ねて行為の変化を促す指導のマンネリ化，平板化の傾向が見られるようになった。それとともに，「資料で教える」とする考えを問題視する傾向も強まった。また，資料中の人物の行為を批判するなどして「君ならどうするか」「どう考えるか」と問うた時の発言が建前的な答えに終始しないかとの声も強くなった。

そのような声とともに，その同時期から，「資料を教える」とする指導観も意識され始めていた。資料内容やそこに含まれる道徳的価値を手がかりに，いわば資料に含まれるものを学ばせようとする資料中心主義，または価値主義に立つ授業論がさまざまに出されてきたのである。この考えに立つ道徳授業のあり方を学校教育の中に広く根づかせていく力となったのは，当時，我が国の教育行政に携わっていた文部省の教科調査官の指導であった。
　以下では，その二人に着眼して当時からの動きを考えてみようと思う。

(2) 井上治郎と「資料即生活論」

① 「資料を」教える立場で中学校道徳を主導した井上治郎

　まず，昭和40年前後から，「資料を」の指導観の普及に極めて大きな影響をもった一人が井上治郎である。
　大正12年生まれの井上は，昭和24年に東京文理科大学を卒業した。そして，昭和40年代から50年代初めの10年にわたり文部省にて中学校道徳担当の教科調査官を務め，退任を機に筑波大学に教授として赴任した。その後，東京電気大学教授を務めている。その間，埼玉県やその近隣の研究同志を中心に昭和44年に組織された「全国道徳授業研究会」の指導リーダーとして活躍した。
　井上は，「資料を」か「資料で」かの議論に関わって，明治図書の月刊誌『道徳教育』（昭和42年3月号）の紙上で，「筆者はためらうことなく『資料を』という立場をとる」と表明している。さらに43年9月号では，「みずからの主張と立場を旗幟鮮明にしろといわれれば筆者は，ためらうことなく『資料主義』ないし『資料即生活主義』をもってしたいと思う」と述べ，この時が「資料即生活」という言葉を用いた最初であったと，後日の同誌で言及している。
　このように，井上は自らの言葉によって自身の道徳授業論を「資料を教える」ことに徹する「資料即生活論」と名づけ，位置づけているのである。そして，「生活─資料─生活」の授業方式は誤った生活主義にもつながりかねないとして，それを徹底して排除する姿勢を貫いた。例えば，導入段階での子ども

の生活経験の話し合いを否定し,展開段階で資料の内容についての葛藤場面などで「君たちだったらどうするか」という話し合いを持ち込むことにも反対し,そして,終末では問題を子どもの生活に戻す方法も好ましいものとはいえないと主張した。その上で,「『資料で』の立場の流した害毒はあまりにも深い」とまで述べたという[1]。文部省の政策推進者である彼のこの言葉は,当時,大きな反響を呼び,議論となった。

それとともに,井上は,道徳の時間が「道徳的価値や徳目を教える」ような授業になることに対しても,強い拒否的な姿勢をもっていた。「資料で教える」という時,その「資料で」には,そこに「～を」と続く何かが想定されなくてはならない。それが「価値」や「徳目」になることもあり得る。このような「資料で価値(徳目)を教える」という授業のあり方は,戦前の修身科時代の道徳教育に戻ることと同じあると批判し,戦後日本の価値の多様化した状況下にはふさわしくないと考えたのである。

② 「間接経験資料」の「同質性」を生かす指導過程論

井上の授業論は,子どもの生活経験の世界と資料内容の世界は「同質性」の強いものであるべきとの考え方に立つ。それが「資料即生活論」の根幹であり,その時の資料とは,「間接経験資料」のことである。そして,資料のもつ「同質性」(子どもが自分にもありそうだと考えられること)に関わって,「けなす」ことや「ほめる」こと(批判―弁護)を通して,集団の中で考えを深めていくという指導方法を授業論の中軸としている。

この考えによれば,おおよそ右の図のような指導過程が描き出される。

一方,「異質性」(とうてい自分にはありそうもないと感じること)のある資料を用いることについては否定的であった。

導　入	資料を与え,その内容をつかませる
展　開	第1段階　初発の感想を出し合わせる 第2段階　共通の問題意識をもたせる 第3段階　前半部と後半部に分けて,話し合いをさせる
終　末	話し合いをまとめ,学んだところを確認させて締めくくる

図:「資料即生活論」に基づくおよその指導過程

偉人の伝記のような子どもの生活からかけ離れた資料には異質部分が強く，子どもの生活場面に取材したものには同質部分が強いため，必然，子どもに近く実感が伴いやすい同質的な資料を開発し，多く用いることになる。

それゆえ，井上は，「資料は自前で」との心意気を学級担任にもってもらうことを強く願っていた。実際に，井上の指導を仰ぐ「全国道徳授業研究会」のメンバーの作品を中心とした『小学校道徳資料集』『中学校道徳資料集』の各3冊をはじめ，教師の手による自作資料集がいくつも発刊されている。

③ 学級経営的視点を含む多時間扱いとコールバーグ理論との符合

多時間扱いの道徳授業を推奨している点も，井上理論の特色である。上記の指導過程による授業の第1段階には読解過程があり，資料中の主人公との対話が始まる。その際，長文の資料の中で内容の押さえを行う学習段階を保証しようとすれば，複数時間を越えた授業もしばしば構想されるはずである。

また，道徳授業の展開は，1年間の学級経営にも生かされていく。例えば，年度も後半になれば，そこで用いられる資料は「直接経験資料」，つまり，学級の中で現に当事者がいるような資料を生かすことへと漸次比重を移していくべきだともしている。子どもの批判や反発も予想されるが，そこで生かす資料は，その批判や反発を克服できる学級集団ができているかどうかを確かめるリトマス試験紙的な役目にもなると考えた。

後年，彼は，コールバーグの授業論も，同様の視点に立つ有力な方法だとして，自分の考えと比較させながら紹介している。その授業論は，二者択一的な道徳問題について「どうすべきか」を問うことで道徳的理由づけがなされる。彼は，「お株を奪われたかの感をいだいた」「それは私の，『資料を教える』道徳の授業論と，あまりにも酷似しているからである」と述懐している[2]。ただ，コールバーグの考えは資料が作為的すぎること，話し合いの組織化への積極的な自覚に欠けていることなどを課題としてあげている。

井上と，彼を指導者と仰いだ「全国道徳授業研究会」は，彼らの考えを『道徳授業入門』にまとめた。この書籍は実に多くの版を重ねた。その第二章では研究同人が次の「道徳授業の三つの原則」なるものを提示している[3]。

1　道徳を意識させない授業を心がけること
　　2　生活経験の発表を催促しないこと
　　3　資料から離れない姿勢を貫くこと
　このように，井上は，資料に始まって資料に終わるという資料中心主義の立場を揺らぐことなく貫き，しかも，道徳的価値を直接教えるような「道徳くささ」のある授業をも否定していたのである。

(3) 青木孝頼と「価値の一般化論」

① 資料中心の小学校道徳に大きな影響をもった青木孝頼

　もう一人，資料中心主義の道徳授業の広がりに大きな影響力のあったのが青木孝頼である。それは井上の主導した授業論とは異なる性格をもっている。
　大正13年生まれの青木は，昭和23年，東京文理科大学卒業後，同大学及び改編後の東京教育大学副手，助手を務め，昭和33年に文部省に赴任する。そして，まもなく小学校教育担当の教科調査官となり，昭和55年まで務めた。その後，視学官，主任視学官を経て筑波大学教授に赴任し，退任後，埼玉短期大学で教鞭をとった。その間，昭和38年より「道徳を語る会」の指導者として，また昭和52年からは全国組織となった「全国道徳特別活動研究会」の中心的な講師として，永く道徳の授業研究を指導してきた。
　このように概観してみると，井上と同じ大学の後輩であった青木は，井上と年齢もほぼ同じであり，極めて似た経歴をもっていることに驚かされる。
　青木は，「生活―資料―生活」という発想は生活指導的であり，一定の価値を追求する道徳の時間の特質が十分に生かされにくいとの考えから，井上とは異なる角度から指導のあり方を提唱した。前述したように，井上は，資料から離れない姿勢を授業内で貫くべきであるとするのに対し，青木は，授業の各段階において生活経験を発表したり，話し合ったりすることを，ことさら否定する立場には立っていない。
　青木は，自らの立場が「資料を」か「資料で」かのどちらであるかを明確に

はしなかったが，価値の追求・把握を軸とした価値理解が授業の中で大事にされており，井上の解釈に従うならば，「資料で価値（徳目）を教える」という考えであるといえなくもない。しかし，間瀬正次は，青木の道徳授業論に関わって次のように述べている。

「文部省のある教科調査官は，価値主義の立場から資料＝価値として，わずかな『道徳』の時間の指導では，なるべく資料を中心として特定の価値を教えるのがよいと主張し，この傾向が一時現場を支配するようになった。」[4]

この「ある教科調査官」とは青木孝頼のことであり，この考えによれば，彼の授業観は，「資料を生かすこと＝価値を把握させること」，すなわち，「資料即価値論」ともいえるものであった。

②「価値の一般化」を生かした「基本過程」の提唱

青木の道徳授業論の中心は，「価値の一般化」の考え方であり，それを生かした「基本過程」の枠組みである。

青木は，道徳の時間が生活指導と極めて類似しているといわれる問題に対して，それらの違いを次のように簡潔に整理して示している（一部要約）[5]。

○道徳では一定の価値が優先し，生活指導では一定の現象面が優先する。
○道徳では一定の価値への展開だけが要求されるが，生活指導では一定の現象面の問題に内在する多くの価値への展開が要求される。
○道徳では問題に対する直接的な指導の効果を期待しないが，生活指導ではその直接的な効果を期待する。

このように道徳の授業と生活指導とを鮮明に区別し，道徳の時間においては，「生活指導に終わってはならない」，また「生活指導を行なわないことが必要である」とした。そして，生活の中の多様な場面や現実の中に含まれる価値の大切さについて自覚することが必要であるとし，そのための価値の内面化を図る指導段階を着想し，それを「価値の一般化」と呼んだ。

彼によれば，この「価値の一般化」とは，道徳の指導において「ねらいとする一定の価値の本質を価値として子どもたちに把握させ，体得させること」である。資料の内容が特例かつ特殊な内容の一事例であるため，多様な場面を

「列挙」したり，中心資料とは異なる事例を「対比」させたりして，「価値の一般化」を図るべきであると主張した。

こうして，青木の授業論では，ねらいとする価値を先行させ，「資料をもとに価値を教える」という視点が一層鮮明になった。

続いて，その考えを織り込んで「基本過程」を提唱する。昭和43年，道徳の時間が特設されて10年目，編著『導入・展開・終末』に次の図表を掲載したのである[6]。私の知る限りでは，青木の授業論が「基本過程」という明確な形で出版物に提示されたのは，この時が最初である。

本誌が取り上げるように，当時は既にさまざまな研究者によって道徳の指導過程論が提唱されていた。文部省の教科調査官であった青木孝頼が，それらも意識しながら，自ら中心となって平易な形で整理したというのが実態に近い。

段　階	各段階の役割	構成手順
導　入	ねらいとする価値への方向づけ	②
展　開	ねらいとする価値の中心資料における追求・把握	①
	ねらいとする価値の一般化	
終　末	ねらいとする価値についての整理・まとめ	③

図：青木孝頼の「道徳指導の基本過程」

それまで研究していた「価値の一般化」を位置づけ，「だれもが正確に，平易に，しかも効率的に」取り組むことができるものとしたのである。これは，行政の立場からの簡潔な枠組みの提唱であっただけに，その後の道徳授業に与えた影響も大きかった。

③　「資料活用の四類型」の提唱とその後の展開

続いて，青木は昭和50年秋の全国小学校道徳教育研究大会（福井大会）での講話を機に，「資料活用の四類型」を提唱するようになる。その四類型とは，1)資料の共感的活用，2)資料の批判的活用，3)資料の範例的活用，4)資料の感動的活用の四つであり，同一の資料でも授業での生かし方を多様に発想できるとの視点に立つものである。この類型が提案された背景には，当時の中学校と小学校の授業のあり方の差があまりに大きく，その協同的研究を可能にしたいという願いがあったと青木は述べている。井上が提唱していた「批判―弁護

論」に立つ授業や「同質性・異質性」の観点での資料類型に基づく指導方法のみでなく、ある1つの資料を生かす場合においても多様な授業展開の可能性があることを示し、当時、批判があがり始めていた指導過程の形骸化への批判を解こうとする意図もあったようだ。

　しかし、青木は、最初、『季刊・道徳教育の課題』第9集（明治図書、昭和52年）において、四つの類型のうち「資料の範例的活用」を第1としてあげていたものの、2年後の昭和54年の編著『道徳資料の活用類型』（明治図書）では、「資料の共感的活用」を第1に位置づけ直した。その後、この「共感的活用」に基づく指導を中軸に授業を進めることを強く期待するようになった。このことが、いわゆる主人公の気持ちを問い続ける「共感型」の授業が広がる一つのきっかけになり、それがまた、道徳授業が心情主義に偏りすぎ、形骸化しているのではないかとの批判を生み出すことにもつながったと考えられる。

　ちょうどその頃の昭和52年に全国組織として出発したばかりの「全国道徳特別活動研究会」は、彼の「基本過程」や「価値の一般化」の考えを受け止め、「価値の一般化の発問類型」や、子どもの発言を類別する目安となる「価値観の四類型」を生かした指導方法を提示するなどして、当時からの道徳授業の考え方を牽引した。それは、現在に至る小学校道徳授業の中心的な流れの一つになっている。

(4)　井上と青木の立場の違いとその後の展開

　今まで概観してきたように、井上と青木は、両者ともに資料中心主義に立っていたが、二人の間には考えの一定の違いをめぐる攻防があった。例えば、井上は、資料から離れない授業展開を主張し、主人公や筆者を批判させることが大事であると考えるが、青木は、主人公への共感を通した自我関与を大切にし、資料を基に自己を振り返る授業を主張する。そのことは、青木と井上が奇数号誌と偶数号誌を交互に責任編集をした雑誌『季刊・道徳教育の課題』（第1～10集、明治図書、1974～1976）の中に詳しく表れている。井上は、10集までの季刊誌

の刊行途中に文部省から筑波大学に転任するが，発刊当初は，その雑誌が，まさに中学校道徳担当と小学校道徳担当の教科調査官の「対決のステージ」ともいえる異色のものであった。

　この季刊誌の内容は，各号の巻末に「連載討論」が1から10まで掲載されており，その第1回の討論の場で井上は次のように切り出している。

　「いつも思うのですけれども，道徳の授業についての青木さんの考えと私の考えというのは，意外に似ているところがあるんです。似ているところが多いから，違っているところが余計に違っているような印象を与えているふしもある…と思うんです。」[7]

　井上のこの言葉が示すように，両者の考えは対比的に見られることは多いが，確かに類似点も多い。初心者にも道徳授業を行いやすくするための枠組みを考えたこと，資料を中心とし，資料中の人物の行為の主体的な読み取りを強調したことなどがそれである。しかし，この「連載討論」では相互の問題点を指摘し合うことが続き，最後までかみ合わずに終わったという印象が強い。いうならば，「井上方式」と「青木方式」の授業論の違いは，もとより中学校段階と小学校段階の学校教育上の特色や課題などの違いからくる必然的なものでもあった。このように，井上と青木は主管する学校種が違うとはいえ，両名ともに行政的立場であったこともあり，二人の資料中心主義の授業観が学校現場に広く波及することになったのだといえる。

　しかし，道徳の時間の歩みの中で不幸な部分があるとするならば，上記のように，中学校と小学校の行政担当者が，共通の「資料を教える」という資料中心主義に立ちながらも，小学校から中学校への一貫的な理解や，共通の基盤に心を十分に向けずに，それぞれの主張をそれぞれの研究会を足場にして行い，相互に学び合うというよりも，むしろ違いを意識してきたことがあげられるだろう。それは，学習指導要領において，小学校と中学校の道徳の内容項目が，平成元年の改訂まではその構成自体が異なり，一貫性が十分ではなく，学校現場に一定の混乱を招いてきたことにも端的に表れているように感じられる。

　私見ではあるが，井上の授業論には，子どもが資料の世界で生活を自ずと意

識しながら考える「資料で」の視点が含まれ，青木の授業論にも，「価値の一般化」を通して生活の中に広げて考えることが志向されている。共に厳密な意味での「資料を」の立場に閉じた発想とは考えにくい。道徳の時間の指導は，必ずしも「資料を」か「資料で」かの二つに鮮明に区分できるものではない。その時のねらいや資料，指導する子どもの状況などによって，「資料を」か「資料で」のいずれかに相対的に重点がかかり，必要に応じて相互乗り入れするものとは考えられないだろうか。どちらかの方法に強く依拠して授業を展開しようとし，しかも提唱する指導過程を金科玉条のごとき枠組みとしてその通りに授業を進めることを求める時，道徳授業はその活力と弾力を失い，硬直化・形骸化への道を進むしかなくなるのである。　　　　　　　（永田繁雄）

〈註〉
1) 間瀬正次（1982）『戦後日本道徳教育実践史』明治図書 p.118
2) 現代道徳教育研究会編（1981）『道徳教育の授業理論』明治図書 p.21
3) 井上治郎・全国道徳授業研究会編（1975）『道徳授業入門』明治図書 pp.16～27
4) 間瀬正次（1989）『今後の道徳教育を考える』教育開発研究所 p.239
5) 青木孝頼編著（1966）『道徳価値の一般化』明治図書 p.14
6) 青木孝頼編著（1968）『導入・展開・終末』明治図書 p.121
7) 青木孝頼・井上治郎編（1974）『季刊・道徳教育の課題』1集，明治図書 p.149

〈参考文献〉
井上治郎編著（1973）『中学校道徳の授業と学級集団』明治図書
井上治郎・宇佐美寛（1977）『論争・道徳授業』明治図書
井上治郎編著（1978）『多時間扱いの道徳授業の再構想』明治図書
青木孝頼編著（1979）『道徳資料の活用類型』明治図書
青木孝頼編著（1980）『道徳授業の指導過程と基本発問』明治図書

5. 人間としての生き方の自覚と道徳の時間

---

(1) 道徳的価値及びそれに基づいた人間としての生き方についての自覚

① 自覚とは

　私たちは，道徳の授業のねらいとしてしばしば「道徳的価値の自覚を深める」「人間としての生き方についての自覚を深める」という。けれども，そもそも「自覚」とは何なのか，その語の淵源をたどることはそれほど容易ではない。昭和33年版学習指導要領の「第3　指導計画作成および指導上の留意事項」において，すでに「生徒の道徳的な自覚」と記されている。

　一般的意味としては「自分の行為を反省すること」としてとらえられる傾向がある一方で，「自覚」に対応するself-consciousness（英語），Selbstbewußtsein（ドイツ語）などの語に着目すると，「自己の意識」というニュアンスが強調されるように思われる。ただし，哲学的意味をもっていわれる際に，「理解」や「認識」の次元とは異なって「人間が物を知るとき，自己のいだく知識内容の真実性に関し，あるいは自己が真実と思って語り行うことに関し，はたして真実か否かという真理性，誠実性との関係において，自己を反省すること」[1]をも含意していることを踏まえておきたい。少なくとも，道徳の時間においても表層的に自己の行為を省みるだけでなく，自己の魂の真実性や誠実性との関係において「自覚」をとらえる必要がある。

② 道徳的価値の自覚とは

　前回の学習指導要領において道徳の時間の特質を一層明確にするために「道徳的価値」の自覚を深めることが加えられた。その意味ではこの表記の登場は比較的新しい。もちろん道徳的価値は道徳の内容との関わりでとらえるべきも

のであろう。『中学校学習指導要領解説　道徳編（平成20年9月）』では，それについて押さえておくべき3つの事柄が示されている（p.31）。あくまでも例示に過ぎないが，それを簡潔に表現すると次のようになる。

○　道徳的価値についての理解
○　自分とのかかわりで道徳的価値がとらえられること
○　道徳的価値を自分なりに発展させていくことへの思いや課題が培われること

『中学校　心に響き，共に未来を拓く道徳教育の展開』（文部科学省）によれば，これらは，道徳的価値の自覚を深めるために，指導者が心得ておかなければならない要件として提示されている。また，「道徳的価値を理解すること」は「人間理解，他者理解」を深めることへ，「自分とのかかわりで道徳的価値がとらえられること」は「自己理解」を深めることへ，「道徳的価値を自分なりに発展させていくことへの思いや課題が培われること」は「自己や社会の未来に夢や希望」をもてることへとそれぞれ深化・発展の方向性も示されている。

道徳的価値の自覚については，生徒の発達の段階や内容項目及び資料の特質によって多様に考えられるわけであるから，この三つの要件によって，道徳の時間の指導過程を機械的に三つに区分してしまうこと自体は"形式化"との誹りを免れない。しかし，生徒が自覚へ至るプロセスを構想する際の手がかりになる。

③　人間としての生き方についての自覚とは

昭和52年版学習指導要領において，第3章「道徳」の目標の部分に初めて「人間の生き方についての自覚を深め」が加えられた。『中学校指導書　道徳編』（昭和53年）によれば，道徳が「もともと人間の生き方の問題であり，究極的には実践の問題」であるとの認識に立って，道徳の時間の指導において目指すべきものが，端的に「人間の生き方についての自覚を深め」と「道徳的実践力を育成する」として示されているわけである。とりわけ道徳の時間の指導においては，「生徒の自我意識の発達に伴い，その生き方についての関心にこたえて行われること」が大切であるので，この「人間の生き方についての自覚を

深める」ことが重視されたと考えられる。したがって，ここでの「人間の生き方についての自覚」は，道徳的な判断力，心情，態度及び実践意欲の指導にあたって「その根底に置かれるもの」(p.28)（傍点筆者）と規定されている。

　平成元年版学習指導要領では「人間の生き方についての自覚」が「人間としての生き方についての自覚」に，さらに今回の改訂では「それに基づいた人間としての生き方についての自覚」とされた。『中学校学習指導要領解説　道徳編』（平成20年）では「道徳の時間の目標」の中に，「人間としての生き方についての自覚」に関わる説明が再掲されているので，要点と考えられる部分を抜粋してみよう（p.31）。

○中学生の時期は，…〔中略〕…人間としての生き方を主体的に模索し始める時期である。
○人間にとって最大の関心は，人生の意味をどこに求め，いかによりよく生きるかということにあり，道徳はこのことに直接かかわる。
○人間は，自らの生きる意味や自己の存在価値にかかわることについては，全人格をかけて取り組むものである。
○生徒自身の，道徳的価値に基づいた人間としての生き方についての自覚を深めることにかかわって指導されてこそ，真に道徳的実践力の育成が可能となる。
○人間としての生き方についての自覚は，人間とは何かということについての探求とともに深められるものである。

　中学校段階における道徳の時間のあり方を考える時，特にこうした点を押さえて指導にあたることが求められている。「人間としての生き方についての自覚」は，道徳の時間の指導を構想する際の根幹に関わる部分でもある。この理解なしには，指導方法の創意工夫への視点は生まれないように思われる。

(2) 生き方教育の前提としての人間性とは

① 人間性についての理解

　実は「人間としての生き方についての自覚」は，昭和44年版学習指導要領の「人間性についての理解を深める」へと遡ることができる。『中学校指導書　道

徳編』（昭和45年，文部省）には，「狭義の道徳の時間の目標」の一つに「人間性についての理解」という項目が立てられ，「人間性」が次の二つの観点から論じられている（同書 pp.40～41）。

> ア　人間が人間であるかぎり，だれしもが等しく持ち合わせている性状や傾向，したがって，人間を他のいっさいの存在から区別するにふさわしい性質を意味する。
> イ　人それぞれに多様な現われ方をすることによっても特徴づけられる。

アについては，生物として霊長類に属する人間が，本能や衝動に関するかぎり人間性の一面として広く動物に類するものを認めつつも，他面において古来より「社会的動物」あるいは「考える動物」などと特徴づけられているように，「未来を予測しこれに備えることや，つかの間の欲望を押さえて理想を求めることなどの高度の精神生活」が人間ならではの特徴的性質である，と解説されている（p.41）。

イについては，その現われ方が「単に人それぞれに多様な現われ方をするにとどまらず，同一人についてみても，時と所に応じてこれが具体的な姿はたえず変転する」ことを踏まえ，特定の時点における個人のものの考え方や行為の評価をもって，その人の人間としての値うちをはかってはいけない，と戒めている（p.41）。

いずれにしても，この二点が指摘されているのは，「人間尊重の精神」を具体的な生活に生かすために，「人間を人間たらしめる人間性」（傍点筆者）と「これが具体的な現われ方」（傍点筆者）について理解する必要があるためである。それを支えているのは，何よりも道徳性が「人間に固有な人間らしいよさ」であり，「人間における人間性がよりよく実現された状態」であるという認識である。中学校の学習指導要領「道徳」には，こうした観点が通奏低音のように脈々と流れている。

② 人間性を理解するための手がかり

確かに，多くの動物は，自然を対象としてみごとな巣作りをしたり，時には

人間以上の洞察力をもつ。では,「人間を人間たらしめる人間性」を理解するための手がかりをどこに見出したらよいのだろうか。

例えば,A. ゲーレンによれば,人間は動物と比較してその身体の力は弱く,それゆえに道具をもって身を守り言語や技術を用いて周辺の環境を変えていく存在であるという。そういえば,B. パスカルの「考える葦」は,風にそよぐ葦にたとえられる無力で惨めな人間がそれにもかかわらず考えるところに偉大さをもつことを象徴していた。ここに彼は思考する主体としての「人間の尊厳」の根拠を見出していたのであろう。

また,H. ベルグソンは,人間を「道具を使ってものをつくり出す,工作にたくみな人」という意味で「ホモ＝ファーベル (homo faber)」とし,J. ホイジンガは,「遊ぶことから文化をつくり出す人」という意味で「ホモ＝ルーデンス (homo ludens)」とした。さらにE. カッシーラーやM. メルロ＝ポンティは,人間をある音声や事物を何かの信号として理解するだけでなく,すべてのものをシンボル的機能において把握し,自らシンボルを作り出す存在だとした (animal symbolicum)。ここで人間論をめぐる哲学史を講ずる意図はないが,その興味は尽きない。また,思索への手がかりを提示してくれている。

翻って,『心のノート　中学校(平成21年度改訂版)』の「生きる」(p.14),「人生とは……」(p.31) には,次のような箴言が紹介されている (一部抜粋)。

○「人間にとって『生きる』とは単に『存在する』ことではなく『よく存在する』ことを意味する。」　　　　　　　　　　オルテガ・イ・ガセット
○「人間の目的は,生まれた本人が,本人自身に作ったものでなければならない。」　　　　　　　　　　　　　　　　夏目漱石『それから』
○「生きるということは,心の中の未知のものを追求して,自分が自分自身になることだ。」　　　　　　　　　　　　　福永武彦『風土』
○「人生とは,切符を買って軌道の上を走る車に乗る人にはわからない。」
　　　　　　　　　　　　　　　　　　　　　　　　　　　　　　モーム

「人間を人間たらしめる人間性」と「これが具体的な現われ方」とを取り結ぶ作業が待ちかまえているが,それを通して,またその上で,生徒たちはどの

ように人間としての生き方について自覚を深めるのであろうか。そのためには道徳の時間にどのような資料を用い，どのような問いを発して，生徒同士の対話へと導くのか。具体的な道徳的行為の場面を取り上げるのだろうか，あるいは先人の生き方そのものを取り上げるのだろうか。教師の教材に対する深い洞察力と実践における教育的タクトが求められるゆえんである。

(3) 「自らの生きる意味，自己の存在価値」と道徳の時間

　『中学校学習指導要領解説　道徳編』(平成20年)には，「人間は，自らの生きる意味や自己の存在価値に関わることについては，全人格をかけて取り組むものである」(p.31, 再掲)とある。「自らの生きる意味や自己の存在価値」，それらはまさに人間としての生き方に関わる主要な命題であろう。では，「自らの生きる意味や自己の存在価値」とは何だろうか，きわめて難解な問いである。が，ここではあえて人物（先哲）の生き方を手がかりにしながら，その一端をのぞいてみたい。
　我々は，一人ひとりが，他の人と代わることができない「唯一無二」の存在として生きている。生そのものは，自らが与えたものではなく，根源的に与えられたものである。だから，与えられたこの生をどのように生きればよいか，人間は自分が生きていることの意味を求めようとする。
　例えば，精神分析学者Ｖ.Ｅ.フランクルは，Ｓ.フロイトの創始した精神分析学についてリビドーを中心とする自然的・生物的な見方にかたよっていると批判し，人間を自分が生きることの意味を考えたり求めたりする精神的な存在としてとらえた。第二次世界大戦中のアウシュヴィッツ収容所での体験から，フランクルは「生きる意味」について次のように問い[2]，その転換を迫った。

| 「人生から何をわれわれはまだ期待できるかが問題なのではなくて，むしろ人生が何をわれわれから期待しているかが問題なのである。」 |

　言い換えれば，死の恐怖や飢えなどの極限状態におかれても，他者への愛や

奉仕などの使命感をもって人間らしい態度で生きることを，人生がわれわれに期待し，またそのように生き抜くことを求めていると解釈もできよう。フランクルは，そこに人間としての尊厳を見出している。

また，生きることの意味は，「生きがい（甲斐）」という概念にもつながっている。かい（「甲斐」）が「行動の結果として現れるしるし」や「努力した効果」のことであることを踏まえれば，生きがいは「自分が生きていることに対して，まわりの人々や世界から手応えや反応がかえってきて，自分が生きていることの実感をもつことができること」であろう。そう言えば，神谷美恵子は，その生涯をハンセン病患者の医療に尽くし，人間としての生きがいとは何かについて，例えば次のように追究している[3]。

> 「（もっとも生きがいを感じる人は，）……自己の生存目標をはっきりと自覚し，自分の生きている必要を確信しその目標に向かって全力をそそいで歩んでいるひと，いいかえれば使命感に生きているひとではないだろうか。…〔中略〕…それ（使命感）は，自分が生きていることに対する責任感であり，人生においてほかならぬ自分は果たすべき役割があるのだという自覚である。」
> 　　　　　　　　　　（引用文中の（ ）内の文言は筆者が補足したもの）

幸福の語義が，取りあえず「満ち足りていること。不平や不満がなく，たのしいこと。また，そのさま」（『大辞泉』）であるとするならば，「生きがい感には幸福感の場合よりも，いっそうはっきりと未来に向かう心の姿勢がある」[4]と語る神谷の言葉は，こちらの側の生きる構えそのものを問い返してくる。

翻って，人生に創造的に関わることだけが生きる意味であるとするならば，それは一面的な理解に終わってしまう。ただただ美しい音楽や絵画にふれて感動した瞬間，素直に素朴に「生きていてよかった」と感じることもある。

さらに，不治の病などそのような体験さえも閉じられている場合はいかがであろうか。例えば，古東哲明は著書『〈在る〉ことの不思議』の中で，次のような明石海人の短歌を取り上げている[5]。

> 「薔薇が咲き日がさしそれがみえてゐる　そんなことさえただごとなのか」

薔薇が咲いていること、日が射していること。それだけでなく周囲すべてのものが、「いまここに在る」というただそれだけのことで、海人の心をとらえ、ただごとならぬ存在の極み（神秘）と見えてくる。そのことが、ただごとではないのである。「生きがい」といえるどうかはここでは問わない。ただ夏のひと日の情景に胸打たれ、その存在の生起に感動する姿がここにはある。この時期、海人は末期のハンセン病患者であったという。

「自らの生きる意味、自己の存在の価値」への問いは、「人間の生き方」そのものに直接に関わっており、人それぞれに多様な人生のテクスチャー[texture]をなしている。『中学校指導書　道徳編』（昭和53年）にも示されているように、「人間の生き方についての自覚」が、道徳的な判断力、心情、態度及び実践意欲の指導に際して、その根底に置かれるものである」ことがあらためて呼び起こされる。道徳の時間の指導に際して、その明確な解答を導出できるかどうかは別として、こうした問いへの探求心（アプローチ）を忘れてはならないように思われる。

(4) あらためて「人間とは何かと問うこと」と道徳の時間

さらに『中学校学習指導要領解説　道徳編』（平成20年）には、「人間としての生き方についての自覚は、人間とは何かということについての探求とともに深められるものである」(p.31, 再掲)とある。ここでは、言ってみれば、人間の生き方についての自覚を深めるための着眼点が示されている。それは「人間とは何か」という問いである。

「人間とは何か」という問いによって、一つにはホモ・サピエンス[homo sapiens]と呼ばれうるような生物学上の概念が想起されうるが、ここではそれだけを意味しているのではない。規範的なあるいは価値的な意味を含んでいる。古来よりそれは、哲学の中心問題の一つとして多くの哲学者たちの頭を悩ませてきた「問い」なのである。いわば「自己省察を特性とする人間が常にくり返し立ててきた、人間に本質的な問い」[6]でもあることをまずは踏まえてお

く必要がある。

　ここでは,「人間とは何かと問うこと」について,ソクラテスの生き方や思索を手がかりにしながら考えをさらに深めてみよう。

　「汝自身を知れ」。デルフォイのアポロン神殿の柱に刻まれたこの格言は言うまでもなく,ソクラテスの人間探究の出発点となった標語である。ソクラテスは自分に与えられた「ソクラテス以上に知恵あるものはいない」という神託をこの格言と関連させ,自分の生き方の根本について無知であることを自覚し,それを出発点に魂がそなえるべき徳とは何かなど,常に真の知恵を探究し続ける者としてあるべき人間を位置づけたのである。

　そして,真の知恵を得るためのソクラテスの探究方法が「問答法(助産術)」[dialektike]であった。アゴラ[agora]における公開の場で,相手が当然のごとく知っていると思っていることを語らせてから,相手と共同で問いと答えを繰り返しながら,相手の説明に含まれている矛盾を指摘し,相手に無知を自覚させる。それを出発点により高い次元の考え方へと導き,真の知恵を発見させようとしたのである。自ら無知をよそおい振る舞いながら話し相手に近づき,反対に相手の無知をさらけ出させることを「エイロネイア(皮肉)」[eironeia]というが,ここにソクラテス流のイロニー(irony)の真骨頂がある。

　「道徳の時間の話し合いは,語り合い(対話)である」ということを時として聞くことがある。もちろん「問答法」や「エイロネイア」の意味するところを注意深く踏まえなければならないが,少なくとも道徳の時間で求められる教師と生徒との「対話」の淵源もこのあたりにもあるのではなかろうか。道徳の時間の要諦も,実践的なパースペクティヴとして「対話」をとらえ直し,あらためて「人間とは何かと問うこと」の中にあるのではないだろうか。

(本文中の傍点はすべて筆者)(谷田増幸)

(註)
1) 下中邦彦編 (1981)『哲学事典』平凡社 p.564
2) V. E. フランクル／霜山徳爾訳 (1961)『夜と霧』みすず書房 p.183
3) 神谷美恵子 (1982)『生きがいについて』みすず書房 p.38

4) 同上，30頁
5) 古東哲明（1992）『〈在る〉ことの不思議』勁草書房 p.306
6) 岩田靖夫（1998）「人間観」，廣松 渉他編『哲学・思想事典』岩波書店 p.1229

〈参考文献〉
文部省（1970）『中学校指導書（道徳編）』大蔵省印刷局
文部省（1978）『中学校指導書（道徳編）』大蔵省印刷局
文部科学省（2002）『中学校 心に響き，共に未来を拓く道徳教育の展開』
文部科学省（2008）『中学校学習指導要領解説 道徳編（平成20年9月）』日本文教出版
文部科学省（2009）『心のノート 中学校（平成21年度改訂版）』

6．生きる力を培う道徳授業と生徒指導

(1) 道徳教育における体験重視の背景

　平成元年改訂の学習指導要領「第１章　総則」の２では，豊かな体験を通して児童生徒の内面に根ざした道徳性の育成を図るよう配慮することが明記された。そして，平成10年６月の中央教育審議会の答申では，地域社会における体験の機会を広げ充実させることや，学校教育において体験的な道徳教育をこれまで以上に推進することが求められた。また，同年７月の教育課程審議会の答申では，ボランティア活動や自然体験活動などの体験的・実践的な活動を積極的に取り入れる必要性を指摘するとともに，道徳教育の改善の基本方針の第一に「体験活動等を生かした心に響く道徳教育の実施」が示された。このような趣旨を反映して，平成10年改訂の学習指導要領「道徳」においては，これまで以上に体験を重視した道徳教育の方向が打ち出された。このような方向は，児童生徒が夢や希望をもち自らの人生や社会を主体的に切り拓くよりよく生きる力をはぐくむ上からも大変重要なことであった。

　そして，平成20年の学習指導要領の改訂に際して，同年に出された中央教育審議会の教育課程部会の答申においては，以下のような視点から，あらためて体験活動の充実の必要性が求められた。まず，改正教育基本法等の教育理念や現在の子どもたちの課題への対応の視点から示された六つのポイントのうちの一つ「豊かな心や健やかな体の育成のための指導の充実」の中で，「大人や異年齢の子どもたちとの交流，自然の中での集団宿泊活動や職場体験，奉仕活動などの体験活動」が，「他者，社会，自然・環境との直接的なかかわりという点で極めて重要である」と述べられている。この背景には，平成18年２月の

「審議経過報告」の中で指摘された「体験は，体を育て，心を育てる源」であり，これらの体験が「子どもの成長にとって貴重な経験となる」という認識がある。そして，「教育内容に関する主な改善事項」の一つとして「(5) 体験活動の充実」が取り上げられ，「体験活動の重要性を一層明確にし，その内容に即して小・中・高等学校でそれぞれ重点的に行う体験活動について記述すること」を求めている。

以上の経緯を踏まえ，総則の第1の2において，従来のボランティア活動や自然体験活動に，「集団宿泊活動」や「職場体験活動」が加えられた。そして，「第3章 道徳」の第3の3で道徳の時間における指導にあたっての配慮事項として，これまでの「創意工夫ある指導」について述べていた「体験活動を生かす」ことと「魅力的な教材の開発や活用」を分けて記述し，「体験の重視」についてより一層明確に示している。

しかし，このような方向における実践の中で今後問題となるのは，まず第一に，豊かな体験を通して内面に根ざした道徳性の育成を図ることよりも，体験活動を行うことそのものが目的化することである。そして，第二は，体験活動さえすれば道徳教育がうまくいくかのような錯覚に陥ることである。大切なことは，児童生徒にとって本当に意味ある体験となっているかどうかであり，具体的にはどのように体験活動を生かした道徳教育を工夫推進するかである。すなわち，体験活動を，単なる体験活動にとどめず，道徳教育の視点に立った体験学習として位置づけることである。このことに関して，村田は「体験を知的に考察し，意味付けし，主観性を克服し，さらにそこから拡大・深化すること」が不可欠であるとして，体験に根ざした学習の必要性を説いている[1]。

そこで，本稿では，あらためて道徳教育における体験活動の意義について確認するとともに，体験活動を生かした道徳教育のあり方について，特に道徳の授業との関連を踏まえ，①意味ある体験となっているか，②体験が十分生かされているかという二つの視点から考えたい[2]。そして，最期に体験を効果的に生かした道徳の授業の事例を紹介したい。

(2) 道徳教育における体験活動の意義

　道徳教育において，職場体験活動やボランティア活動などの社会体験や，自然体験を重視することの意義は，まず第一に，道徳的価値に関わる考え方を深めたり，道徳的実践への志向を促したりすることにつながるということである。体験不足が指摘される今日の児童生徒にとって，さまざまな体験は道徳的価値を自己との関わりにおいてとらえることを助ける。また，生活体験や自然体験の豊富な子どもほど「友達が悪いことをしていたら，やめさせる」「バスや電車で席をゆずる」といった道徳観や正義感が身についているという調査結果（平成10年文部省「子どもの体験活動等に関するアンケート調査」）もある。
　第二は，職場体験活動やボランティア活動などの社会体験は，社会性や人間関係を育成するとともに自分自身を高めることにつながるということである。具体的には，地域社会の一員であることの自覚を促すことや，互いが支え合う社会の仕組みを考えること，さらには向社会的な活動を通して自己存在感や自己肯定感，成就感をもてること，他人を思いやる心，協力すること，望ましい勤労観をもてること，社会的なルールや礼儀を学ぶことなどがあげられる。
　第三は，自然体験は，共に生きること（共生）や生命の大切さを実感したり，自然に対する畏敬の念やその美しさに感動する心をはぐくむことにつながるということである。具体的には，大自然の中で生かされている自己を認識したり，動植物が一生懸命生きている姿に接したりすることにより自他の生命を尊重すること，自然の厳しさの中で共に助け合って生きること，自然のもつ美しさや偉大さを実感することなどがあげられる。
　第四は，前向きに生きるエネルギーをはぐくむことにつながるということである。職場体験活動やボランティア活動などの社会体験を通して，自分は他者によって生かされていることや他者の働きのおかげで生きていることを実感し，そのことへの感謝の心をもち，自分自身を大切に思うとともに，自らの人生を大切に生きていこうとする意欲や態度を引き出すことにつながる。また，他者

のために一生懸命努力し工夫して働くことは，充実感や成就感をもたらし，生きがいを得ることにもつながる。このように生命にふれる自然体験とも併せて，自他を大切にした生き方の実現につながる。

　昨今，青少年による凶悪な犯罪が多発し，大きな社会問題となっている中で，生命の大切さや，よいことはよい，悪いことは悪いといった社会のルールをきちんと指導することの必要性があらためて叫ばれているが，社会体験や自然体験は，そのような問題への対応につながるという点でも重要な意義をもっている。

(3)　体験活動を生かした道徳教育のあり方

　① 意味ある体験となっているか
　学習指導要領「道徳」の「第3 指導計画の作成と内容の取扱い」の2では，「第2　内容」で示した内容が道徳の時間だけで行うものではなく，学校教育全体の中で行われるものであることを明確にするとともに，児童生徒が自ら道徳性をはぐくむためのものであり，その際，児童生徒自らが成長を実感でき，これからの課題や目標が見つけられるよう工夫する必要があることが述べられている。つまり，道徳教育における指導が価値の押しつけとならず，児童生徒自身が主体的に学び身につけていくものとなるよう工夫することが求められているのである。

　したがって，道徳教育における体験も，当然学ぶ主体である児童生徒にとって意味ある体験となっているかどうかが問われなければならない。ただ体験活動をするだけではなく，その体験を通して児童生徒自らがどのような道徳的価値に関わる気づきや課題意識をもったり，そのことについて感じ考えたりできるのかが重要である。そのような，児童生徒が自らの生き方について主体的に考えることを促す体験こそが意味ある体験として求められている。

　では，児童生徒にとって意味ある体験とするためには，どのような点に配慮する必要があるのだろうか。

ア　ねらいの明確化

　　まず第一は，ねらいの明確化ということである。

　　体験そのものは，それが教育課程上大きく位置づけられていればいるほど，そこにこめられるねらいは当然幅の広いものとなる。また，体験は総合的，個別的であるという特質をもっているため，一人一人の児童生徒はその体験から幅広くさまざまな視点で個性的に学び取ることができる。しかし，それゆえ，十分な配慮のもとに指導が行われなかったり，体験しただけで終わったりするならば，児童生徒一人一人が自らにとって価値あるものを，せっかくの貴重な体験から十分引き出せずに終わることにもなりかねない。また，一般に人気や評価が高く成果がよく現れるからといって，そのような体験を安易に取り入れ，ただ活動させるだけでは見た目の活動に終わり，児童生徒にとって意味ある体験とはならない。

　　そこで，「第3章　道徳」の「第2　内容」に示された内容を踏まえ，総合的な学習の時間や特別活動等における体験を通して何を児童生徒に気づかせたり，感じ考えさせたりしようとするのか，また何を得させようとするのかといったことについて十分吟味して「ねらい」を明確にもち，その具体化に向けて十分配慮した上で，意図的計画的な指導を展開することが望まれる。そのことにより，初めて児童生徒にとって意味ある体験の展開が可能となるであろう。

　　体験活動そのものは先に示した職場体験やボランティア，自然体験の外，伝統と文化に関わる体験や福祉に関する体験などさまざまなものが考えられる。要は，総合的な学習の時間や特別活動等その領域固有のねらいと併せて，道徳教育の視点からねらいとする道徳的価値への気づきや，そのことについて感じ考えられるようにするためにどのような体験を行うとよいのかが吟味される必要がある。つまり「活動」ありきではなく，「ねらい」ありきである。

イ　教育課程全体を視野にいれた体験活動の精選

　　第二は，教育課程全体を視野に入れた体験活動の精選である。

体験活動は時間がかかる。手間がかかる。したがって，それが有効だからといって，学校の教育活動のすべてにおいて，しかも十分なねらいと配慮をもって展開するとなると自ずと限界がある。あるいは，児童生徒や教師に繁雑さや多忙感を招き逆効果ともなりかねない。そこで，あれもこれもではなく，限られた時間枠の中で，効率や効果を考えて体験活動を精選する必要がある。その際，各学校の教育目標や課題，あるいは道徳教育の重点目標，児童生徒や地域の実態等から，どのようなねらいをもちどのような体験活動を展開するとよいかを検討するとともに，各教科等との関連を配慮することにより，教育課程全体を視野に入れた体験活動の精選，つまり重点化を図ることが可能となる。

　また，学校の中だけでなく，家庭や地域社会においてもさまざまな体験を行うことのできる場がある。それは学校という枠組みを超えているがゆえに，学校で行う以上に豊かで幅広く，より価値ある体験を行うことができる。それらの体験を教育課程に位置づけることにより，それらを生かした創意工夫ある，特色ある教育課程の編成も可能となるし，時間的な制約を補うこともできよう。

② 体験が十分生かされているか

ア　体験を生かして深め，生きる力を培う道徳の授業

　道徳の授業はともすれば知的な学習が中心となりがちである。しかし，「生きる力」は，知・徳・体がバランスよくはぐくまれる必要がある。そこで，道徳教育においては，道徳の時間を要として，他の教育活動との関連を十分図り，よりよく生きる力が効果的に育成できるよう指導上の配慮をする必要がある。そのような意味からも，頭だけでなく心や体に働きかける豊かな体験を重視し，それを生かした道徳の授業の充実が求められているのである。とりわけ，豊かな感性をはぐくむ自然体験活動や，人との関わりや思いやりの心を促す職場体験活動やボランティア活動などは，よりよく生きる力を育てる上で今後一層その活動が重視される必要がある。

　ところで，体験重視の方向は，これまでの知識偏重の学習の問題点を是正

するために打ち出されたものであるが,だからといって,何も知的な学習をおろそかにするものではない。体験をすればどの子も一様に学べるわけではない。確かに先にも述べたように,ねらいを明確にもち十分な配慮のもと体験活動を展開するが,それでも学べる子もいるし,学べない子もいる。また,課題意識のもち方や気づきのレベル,感じ考え方はさまざまであり,まさに個性的,個別的である。体験をしただけで終わるならば,学習は一人一人の段階にとどまり,学習の深まりは必ずしも期待できない。

したがって,児童生徒一人一人が体験を通して気づいたことや感じ考えたことを,互いに交流し,読み物資料やさまざまな教材,教師の助言等をもとに深めていくことによって,道徳的価値の自覚を深め,自らの生き方に資する考え方をはぐくむための場の設定が不可欠となる。その意味で,道徳教育の要としての道徳の時間の役割はこれまで以上に重要となるのである。

今回の改訂における,「職場体験活動,ボランティア活動や自然体験活動などの体験活動を生かす工夫」については,道徳の時間において職場体験活動,ボランティア活動や自然体験活動などの体験活動そのものを目的として行うことを意味しているのではない。あくまでも道徳の時間のねらいを達成すること,また,要としての道徳の時間の役割を果たすことを前提として,例えば学校行事等における体験などをどのように生かすと,道徳の授業が児童生徒にとってより一層充実したものになるかということが重要なのである。当然,その時間のねらいに効果的に迫らせるために,道徳の授業において,役割演技や実際にそのものに触れてみるなど可能な限り体験的な活動を指導過程上に位置づけて行うことは,これまで以上にさらに充実させる必要があることはいうまでもない。補充,深化,統合を図る要としての道徳の時間の役割がより一層機能するよう,これまで以上に他の教育活動との関連を図る意味からも,体験活動を生かした指導の工夫が求められているのである。

その際,体験と思考をつなぐ表現を重視する必要がある。体験を生かし,道徳の授業において考えを深めるためには,一人一人の気づきや考えが表現され,それを互いに交流し深めることが必要である。そのためにもさまざま

な表現活動が工夫され，児童生徒一人一人が自らの考えの深まりを確かめられることが必要である。また，表現されたことを通して子ども理解を深め，教師と児童生徒の互いの信頼関係を深めることもできよう。
イ　重点化を図ったプランづくり（総合単元的な道徳学習）
　先にも述べた通り，体験活動を精選し，児童生徒にとって意味ある体験活動，すなわちその体験を通して自らにとって価値あるものを引き出し，その値打ちに気づき，自らの生き方につなげていけるような道徳の授業が成立するためにも，ねらいを明確にした体験活動そのものの充実と，それを生かす道徳の授業との関連を図った指導が求められる。
　すべての内容項目について，体験活動を軸にさまざまな教育活動と道徳の授業との関連を図った指導を行うことはむずかしい。それゆえ，その学校の教育目標，学校課題，重点目標等をもとに，内容項目を絞るとともに，それと深く関わる体験活動を精選充実させ，道徳の授業との関連を深め，その内容項目の指導の一層の充実を図ることが必要となる。このように，各学校において教育課程全体を視野に入れた体験を軸とした道徳教育を展開する，重点化を図った特色あるプランづくりが求められる。
　総合的な学習の時間においても体験活動を中心に道徳的価値に関わる内容についての問題解決的な学習を行うことが考えられるが，ここでいう重点化を図ったプランづくりは，道徳の時間を要として，体験活動を軸に他の教育活動との関連や家庭や地域社会との連携を図った単元的構想であり，各学校の教育目標や道徳教育の目標の達成に大きく関わっているものである。

　以上，「体験」と「道徳」について，特に①意味ある体験となっているか，②体験が十分生かされているかという二つの視点から考えた。意味ある体験となるためには，体験活動のねらいを明確化し，その指導の充実を図るために教育課程全体を視野に入れて精選することを述べた。そして，その体験が十分生かされるためには，体験したことをもとにそれを深めるための道徳の時間の役割が重要であり，その道徳の時間を要として体験を軸に他の教育活動との関連

や家庭や地域社会との連携を密にした重点化を図る，特色あるプランづくりが必要であることについて述べた。

(4) 体験を効果的に生かした道徳の授業

　最後に，体験を効果的に生かした道徳の授業例を一つ紹介する[3]。
　「新ちゃんの流しびな」という資料（加藤一雄作）がある。「新ちゃん」は，未熟児として，自呼吸が十分できない状態で生まれた。そして，わずか16時間この世の空気を吸っただけで亡くなった。内輪だけで野辺の送りを済ませた後，主人公は一人旅に出た。その旅先の鳥取の砂丘で知り合った老婆から赤ちゃんの供養のためにもらった流しびなが，主人公には亡くなった新ちゃんの形見のように思えたという資料である。
　福井県小浜市立小浜第二中学校（当時）の加福秀樹先生は，この資料を用いた道徳の授業を産院で行った。まず，生徒は，授業前に新生児と母親に会い，赤ちゃんを抱かせてもらい，お母さんにインタビューをする。こわごわ，おそるおそる，どきどきしながら，あるいは恥ずかしそうに赤ちゃんを抱き，汗をかきながらも抱いたときには思わず笑顔が出てくる。
　その後，赤ちゃんの温もりを手に残したまま，階下の会議室で道徳の授業を行い，「新ちゃんの流しびな」の資料と出会う。みんなから祝福され，温かい笑顔に包まれていた，先ほど自分が抱きその命の鼓動を肌で感じた赤ちゃん。一方，わずかな時間生きていただけで死んでしまった新ちゃん。その両者を比べながら話し合う生徒の心の中に生命の重さはどのように響くであろうか。
　授業の最後に，この資料の主人公でもある作者が登場し，生徒に語りかけた。赤ちゃんを抱いた時の感想を尋ねた後，自分が新ちゃんの父親であることを告げ，自分が抱いた時にはもはや新ちゃんは冷たくなっていたことを語った。やさしく語りかけられた一人の生徒は思わず涙を流していた。
　この授業の後，産院でも歌った生きることをテーマとした「僕らの世界」という歌を合唱コンクールで心をこめて歌い優秀な成績をおさめた。また，家庭

では，各自が，産院での体験や新ちゃんの道徳の授業，そして，合唱コンクールのことを語り，親子の対話がなされている。

以上簡単に，生命尊重をねらいとした道徳の授業の一例を紹介した。

この道徳の授業が，いかにこの間の改訂の趣旨に即したものであり，生徒の豊かな心や生きる力を培う授業の改善につながるものであるか考えてみよう。

まず第一に，体験を生かした授業である。授業前に誕生の喜びや生命の鼓動を身をもって体験したことが，それと対照的な死を扱った資料を前にした生徒にとって，生命の重さを実感的にとらえ考える上で効果的な働きをしている。

第二は，第一と関連しているが，資料の提示の工夫である。どんなにすばらしい資料も，ただ生徒に投げ出すだけでは，そこから自らにとって価値あるものを引き出すことは難しい。体験を生かし，そのことを資料と対比的にとらえさせることにより，授業のねらいに効果的に迫らせている。

第三は，すぐれた人材を活用した授業の工夫である。本事例では，作者が授業の最後に登場し，生徒に語りかけることによって，学習の中で話し合いを深めたことが，一人一人の生徒にとってより一層感動的にとらえられていた。

第四は，家庭との連携である。本事例では，学級での学びにとどまらず，学んだことや感動を家族に伝え話し合っている。授業が，生徒と保護者の心をつなげ，学校だけでなく，保護者とともに生徒を育てる連携が図られている。

以上，本実践のように，特に「生命尊重」など重点的な指導を意図した授業では，道徳の時間を要として，他の教科等との関連や家庭・地域社会との連携を図ることが不可欠である。児童生徒の心に響き，一人一人の生き方に迫り，生きる力を培う道徳の授業を行う上で，体験を生かすことは，これからの指導において一層重視される必要があろう。

（七條正典）

（註）
1）　村田昇（2011）『道徳教育の本質と実践原理』玉川大学出版部 p.139
2）　七條正典（2009）「道徳教育とこれからの体験活動」『中等教育資料』文部科学省 pp.16〜21
3）　七條正典（1998）「道徳教育改善の具体化に向けて(6)」『中等教育資料』文部省 pp.80〜81

7．心理教育と道徳授業

(1) なぜ心理教育なのか

① 心理教育とは何か

　心理教育は，心理教育的家族療法として，1980年代後半に日本に紹介されたといわれている。そのきっかけとなったのは，家族療法家アンダーソンらの著書『分裂病と家族』の翻訳出版である。彼らの心理教育的アプローチは，おおまかにいえば，疾病の知識・情報を心理的な面に留意しつつ患者やその家族に伝えるという側面と，困難への対処技能の習得を支援するという側面をもち合わせている。

　これだけのことであれば，それがいかに重要なアプローチであったとしても，道徳教育との関わりは考えにくい。しかし，現在の日本では，こうした心理教育的アプローチはもっと幅広くとらえられている。例えば，岡林春雄氏は，「心理教育とは，生徒たちに心理的なスキルを教授することに焦点を当てた教育フレームからの広い意味でのカウンセリングのアプローチである」[1]と述べている。そうした観点からいえば，構成的グループエンカウンターやさまざまなスキルトレーニングなど，人間関係をスムーズにつくり上げるための，集団を対象とした取組みは，広い意味で「心理教育」としてとらえることができるだろう。そして，そうした心理教育は，ときおり道徳授業にも取り入れられることがあるが，それは道徳教育としてはどのような意味を有しているのであろうか。

　ここでは，こうした広い意味での心理教育と道徳授業との関係を考えてみよう。

② 社会的背景

　心理教育という概念が日本に入ってきたのは1980年代後半であるが，その必要性が，学校教育現場で，また道徳教育の領域で強く意識され始めたのは，1997年以降だといってよい。

　その頃，子どもたちが加害者となった大きな事件が立て続けに起こり，マスコミも，子どもたちが変化し始めているかのように報道した。

　1997年には，神戸児童連続殺傷事件が起こった。数か月にわたる通り魔的な犯行が世間の耳目を集めた。被害者の頭部が中学校の正門前に置かれるなど，凄惨な事件であったが，「酒鬼薔薇聖斗（サカキバラセイト）」と名乗った犯人が中学生であったこともまた世間を驚かせた。

　1998年には，黒磯教師刺殺事件が起きている。授業に遅刻した生徒が，校舎内の廊下で女性教師に注意され，かっとなって，持っていたバタフライナイフで教師の腹部を刺し，さらに数回にわたり胸や背中を刺し，死に至らしめた事件である。

　2000年には，豊川市主婦殺人事件が起きている。17歳の男子高校生が主婦を刺殺した事件である。「人を殺してみたかった」という殺人の動機が，世間を驚かせた。その事件の2日後には，同じく17歳の少年による西鉄バスジャック事件も起こっている。

　マスコミがセンセーショナルに報道したこともあって，この前後に青少年犯罪が多発したかのように見える。しかし，統計的にはそうした事実はないという見解もある。ここでは，その真偽を確定する必要はないだろう。そのような事件があり，報道があり，それに合わせて，「心の教育」を何とかしなければいけないという世論が形づくられていったということなのである。その「心の教育」は，道徳教育に限定されたものではなかった。道徳教育に反対する論者たちに対しても，「では，代わりにどうするのか」という問いが投げかけられたのである。それに対する一つの答えが心理教育の導入といえよう。

　1998年6月には，中央教育審議会より，『「新しい時代を拓く心を育てるために」―次世代を育てる心を失う危機―』というタイトルの答申が出されている。

これは，当時の小杉隆文部大臣からの「幼児期からの心の教育の在り方について」の諮問を受けて出されたものである。この答申では，学校教育のあり方についてのみ語られているのではなく，家庭教育の見直しや，地域社会の力を生かすことなどにも言及されている。とりわけ，これまではプライベートな領域と見なされ，文部省が十分には言及してこなかった家庭教育のあり方にまでこの答申がふれているのは，画期的なことである。また，道徳教育にもふれられてはいるが，それは，「第4章　心を育てる場として学校を見直そう」の中の一つの項の中でふれられているのであって，心を育てる作業は，道徳教育だけが関わっているのではないと考えられている。例えば，カウンセリングの重要性などについても言及されている。そもそも文部大臣の諮問においても「道徳教育」ではなく「心の教育」のあり方が問われているという点は，時代状況を映しているといえるのではないだろうか。

　だが，学校教育のカリキュラムの中には，「心の教育」という時間はない。それは，従来の「道徳」や「学級活動」の時間に行わざるをえないのである。

(2) 道徳授業を補うもの

① 道徳授業の前と後

　ときおり，道徳の時間に，構成的グループエンカウンターやソーシャルスキルトレーニングなどの，よい人間関係づくりのエクササイズが行われることがある。そうした授業を公開すると，必ずといっていいほど批判が出る。「これは道徳授業ではない」とか「これは道徳の時間に行うべきことではない」という批判である。道徳教育では，取り上げるべき内容（道徳的価値）が，学習指導要領によって決められているのであるから，エクササイズが中心となっていて道徳的価値の学びが十分ではない道徳授業は批判されても仕方がない。だが，そうした批判が出るとわかっているにもかかわらず，こうしたことが繰り返し試みられるのはなぜか。道徳教育には，道徳的価値を教授すること以外にも必要なことがある，と多くの教師たちが考えているということではないのか。

ごく単純に考えてみても，道徳授業がうまくいくためには，準備段階において必要とされることがあるだろうし，また，道徳授業で学んだことを実践につなぐためには，授業後に試みるべきことがあるだろう。
　前者は，近年，その重要性が説かれる自尊感情や，あるいはそれに類する自己効力感や自己肯定感などである。自尊感情は，すぐれた自分を自慢するような自尊心ではなくて，ありのままの自分を受け入れる感情である。そうしたものが育っていないと，「友情は大事ですよ」とか，「親切にすることは大切なことですよ」と伝達されても，心の底から納得してそれを受け入れることにはつながらないのではないかと思われる。自尊感情は，学習指導要領において道徳的価値の中には位置づけられていないが，文部科学省が出している『学習指導要領解説　道徳編』には記載されている。
　後者は，学んだ道徳的価値を実行に移そうとする強い意志や，模擬的な体験活動などである。そうしたこととの関連を仕組むことができてはじめて，道徳的価値を学ぶ道徳授業が有意義なものになるといえるだろう。そうした前後の取組みとしても心理教育は意味があるといえるのではないか。
　② 　価値主義と心情主義
　道徳的価値を教えるということは，道徳的価値に関する知識の伝達を行うということである。とはいっても，現在の道徳授業の一般的なやり方は，直接的に知識を教え込んでいるわけではなくて，心情面に訴えて，その上で，道徳的価値を納得させ受け入れさせるという形をとっている。何を教えるのかという視点で見れば，道徳的価値を教えているという意味で，価値主義的だといえるし，どのような方法で行っているのかという視点で見れば，心情面に訴えているという意味で心情主義的だといえるのである。
　ただし，心情主義的だとはいっても，心理教育が個々人の心の状態を考慮しながら支援を行うのとは違っている。道徳授業ではどうしても，「ここは悲しい場面だから，悲しめ」「ここはうれしい場面だから喜べ」といった指導になりがちである。それは，おそらく，心情を織り込んだ資料を用いて道徳授業をすることが一般的だということと関連している。例えば，悲しい場面では悲し

んでもらわなければ，ねらいとする道徳的価値へとつなぐことが難しくなってしまう。

　そのことが，結果として，道徳授業を推測ゲームのようなものにしてしまう危険性がある。教師が何を教えたいと思っているのかを子どもたちが推測して，それを当てるゲームになってしまう，ということである。こうしたやり方では，学びを行動にまでつなぐことは難しい。例えば，友情をテーマとした授業において，子どもたちは友情の大切さを正しく答えるのだが，休み時間にはイジメが行われているといった事態だって生じかねない。

(3)　構成的グループエンカウンターと道徳授業

　① 構成的グループエンカウンターとは何か
　広義の心理教育の中で，学校現場に広く浸透しているのは，構成的グループエンカウンターであろう。これは，國分康孝，國分久子が，ロジャーズの来談者中心療法や，パールズのゲシュタルト療法など，さまざまな心理療法や集団体験の技法などを基にして考案したものである。折衷主義的な立場に立っているので，そこには，さまざまな理論やエクササイズが含まれている。構成的グループエンカウンターのエクササイズ集をひもとけば，例えば，目隠しをして級友に学校内を案内してもらうトラストウォークや，いす取りゲームの一種であるフルーツバスケット，凍り鬼や泥警などのさまざまなタイプの鬼ごっこなど，これまでも子どもたちの間で遊びとして行われていたような種類のエクササイズがたくさん掲載されている。

　子どもたちは，エクササイズを通して楽しいひとときを過ごしながら，自己開示をし，他者理解を進め，信頼関係を構築し，よい学級集団がつくられていく。

　一見したところ，遊びと変わらないかのようにとらえられ，批判されることもあるが，しかし，十分に計画された活動だといえる。最初のアイスブレーキングの段階で，心を解きほぐし，その後エクササイズを行う。行った後には，

感じたことなどを分かち合うシェアリングが仕組まれている。シェアリングがあるからこそ，深い気づきが起こるのである。

② 構成的グループエンカウンターと道徳授業

先にも述べたように，道徳の時間に構成的グループエンカウンターを行うと，「それは学級活動の時間に行うべきものだ」と批判される。集団活動を通して望ましい人間関係づくりを行うことは，学習指導要領によれば，学級活動の時間に行うべきことだからである。

しかし，むしろ積極的に，道徳の時間に構成的グループエンカウンターを実践しようという提案もある。そうした提案を行っている諸富祥彦は，「道徳授業でエンカウンターをやる場合，『どんな"ねらいとする価値"を達成するために，なぜ，このエクササイズを行うのか』ここを明確に押さえておく必要がある」[2]と述べている。道徳授業の目的は，道徳的価値を教えることであるから，そこの部分についてはしっかり確定しておこうということである。

(4) スキルトレーニングと道徳授業

① ソーシャルスキルトレーニングとライフスキル教育

スキルトレーニングもまた心理教育の一つである。国際的に広まっているのは，ソーシャルスキルトレーニングとライフスキル教育である。

ソーシャルスキルトレーニングは，ロバート・リバーマンの提唱したコミュニケーションスキルの訓練法で，精神科医療の技法としてスタートしたが，現在では，学校教育や会社の研修会などにも広く取り入れられている。

ライフスキルは，世界保健機構（WHO）が「日常の様々な問題や要求に対し，より建設的かつ効果的に対処するために必要な能力」と定義づけたスキルのことであり，それを教えるのがライフスキル教育である。

ソーシャルスキルトレーニングも，ライフスキル教育も，スキルの獲得と同時に自尊感情を高めるなどの効果があるともいわれている。

こうしたスキルの教育は，学校では，学級活動や道徳の時間にも行われるこ

とがあるが，構成的グループエンカウンターと同様に，「道徳の時間に行うのは適切でない」という批判的な意見もある。学習指導要領に基づいて，道徳の時間には，道徳的価値を取り上げ自覚させることが望ましいと考えられているからである。

もちろん，道徳的価値の自覚は，大切なことである。例えば，親切という道徳的価値を知らなければ，親切な行為をするということは難しいことになるだろう。しかし，一方で，知っているだけで，行動に移せないとしたらどうか。道徳の時間には道徳的価値を教えたからといってもそれが行動にまでつながっていかないとしたら，本当に道徳的価値を教えたことになるのだろうか。

道徳的行動がとれない理由はいろいろあるだろう。本当は，その価値の重要性をわかっていないのかもしれないし，意志の弱さが原因かもしれない。また，行動の仕方を知らないというだけかもしれない。それぞれの原因に応じて対応の仕方は異なるとしても，スキルの獲得という形で行動の仕方を教えるソーシャルスキルトレーニングやライフスキル教育が，その解決策の一つの選択肢にはなりうるだろう。

② モラルスキルトレーニング

そうしたスキルトレーニングを道徳授業で実践するということを意識して開発されたのが，モラルスキルトレーニングである。モラルスキルトレーニングの要件は，道徳教育であるということと，スキルトレーニングであるということが同時に成立しているということにあるので，具体的なプログラムはさまざまに展開可能である。が，典型例として示されている授業は，以下のような流れで行われている。

まず「資料提示」の段階である。これは，道徳的な価値を含んだ資料を提示する段階である。道徳的価値の自覚を促すには，やはり資料を使うのが適切だと思われる。

次に「ペアインタビュー」の段階である。ここでは，二人一組になって資料の登場人物になりきり，インタビューし合う。モラルスキルトレーニングで用いるロールプレイングは，心理的抵抗を引き起こしやすい。つまり，「嫌だ」

とか，「恥ずかしい」とかというような気持ちが起こりやすい。それをなくすためには，通常ではウォーミングアップに時間をかける。しかし，道徳の時間に，それをていねいに行うと時間が足りなくなる。そこで，資料理解にも役立ち，ウォーミングアップにもなるようにと，ペアインタビューが導入されている。

　続く「ロールプレイング1」は，実際に演じる段階である。この段階は「リハーサル」や「アクション」ではなく，「ロールプレイング」と呼ばれている。それは，「あいさつは，45度に腰を折って」というような「型はめ」をさせるのではなく，もう少し自由度をもたせて，場に応じた適切なやり方を子どもたち自身に考えさせようとするからである。ロールプレイングにもさまざまなスタイルがあるが，その祖型のサイコドラマにまでさかのぼって考えると，それは，シナリオのない演技であるから，そうした自由度の高い演技を表す言葉として適切だと考えられる。

　その後の「シェアリング」は，プレイの後の意見交換である。やってみた時の気持ちの変化を尋ねるような発問をすると，子どもたちも答えやすい。

　次いで，「メンタルリハーサル」の段階では，最初に提示した資料から離れ，類似した場面を子どもたちに頭の中でイメージさせる。これは，スポーツの世界でも用いられているイメージトレーニングを模したものである。

　さらに「ロールプレイング2」では，「メンタルリハーサル」の段階でイメージしたものを再度演じてみる。

　そして「シェアリング」でもう一度，意見交換する。

　最後に「課題の提示」の段階では，例えば「今日学んだことを実際に毎日やってみようね。毎朝，先生に報告してね」というような指示を出して，子どもたちが実践場面で，今日学んだスキルを使うよう促す。

(5) 多様性と道徳授業

① さまざまな道徳教育事情

　各国で行われている道徳教育やそれに類する教育を比べてみると，文化差が見えて興味深い。西洋社会では，アメリカやフランスのように，道徳教育は宗教教育になってしまうので公立の学校では行ってはならないと考えている国がある一方で，イギリスやドイツのように，最近では事情が少し変化してきているものの伝統的には，宗教教育をやれば道徳教育は十分だと考え取り組んできた国がある。また，東洋社会では，宗教とは切り離された道徳教育をカリキュラムに組み込んでいる国も多い。

　こうした事情もあってか，道徳教育については国際的なスタンダードを提示することは難しい。例えば，国連は，人権教育に関しては，さまざまな宣言や行動計画などを出しているが，道徳教育については同種のものは存在しない。かといって，道徳教育はやらなくてもよいということではない。道徳教育を禁止している国々でさえも，シティズンシップ教育や，子どものための哲学，品性教育など，さまざまな形で道徳に関連する事柄が教えられている。道徳教育にはさまざまな形が可能なのである。

　日本でも，ここで取り上げた構成的グループエンカウンターやスキルトレーニング以外にも，道徳教育との関連性を見いだせるようなさまざまな取組みが，すでに学校教育の中に入り込んでいる。例えば，さまざまな体験活動，小学校でも必要だといわれているキャリア教育，単なる給食指導にはとどまらない食育などである。また，学校によっては，自尊感情や，自己効力感，自己肯定感などをはぐくむことをテーマに掲げているところもある。こうした，従来の科目の枠には収まらないような教育活動が増えていく背景には，学校教育に求められているのが単なる知識教育だけではなくなっているという事情があるといえよう。高度に情報化が進んだ社会（ときにそれは知識基盤社会とも呼ばれる）では，知識は，どこでも誰にでも簡単にアクセスできるものなのであり，

学校で知識を教えられても,「そんなことは必要な時にインターネットで調べればよい」ということになってしまう。

　何も知識教育を全否定しようというのではない。知識の伝達もまた学校教育の重要な役割である。ただ,同時に,人間性や道徳性の育成,人間関係づくりの能力の開発,自己の考えを表現する力,人間としてのあり方や生き方を教える教育もまた必要なのではないか。そのためには伝統的な道徳教育だけでは足りないといえよう。

　② 道徳の多様な内容

　道徳には,普遍性の高いものと局所的なものが混在している。例えば,伝統や郷土愛などのように,概念としては普遍的でも,具体的には局所的なものとして教えざるをえないものもある。また,社会的なものと個人的なものも混在している。世の中のルールを守ることは社会的なものであるが,プライベートなレベルで生活習慣を身につけることは個人的なものである。会社に出勤する時間は守らなければならないが,社会に迷惑をかけるのでなければ何時に寝ようが何時に起きようがかまわないともいえる。そうした事柄が,同じ「道徳」の名前で教えられる。しかも,現状では,読み物資料を使いながら道徳的価値に気づかせるという形で教えられるのが一般的である。

　しかし,なぜそれが最上の方法だと見なされているのだろうか。多様な内容のそれぞれに合わせて,ふさわしい授業方法を選択するということはできないのだろうか。そうしたことを望む声が,心理教育を道徳授業に導入するという形になって現れているとはいえないだろうか。多様性ということは,人権教育の一つのキーワードだが,価値観を扱う道徳教育もまた,基礎の部分で,多様性を認めるというスタンスに立たなければならない。

(林　泰成)

(註)
1) 岡本春雄(1997)『心理教育』金子書房 p.41
2) 諸富祥彦他編(2002)『エンカウンターで道徳』(小学校低学年編)明治図書 p.5

(参考文献)

相川充,津村俊充編(1996)『社会的スキルと対人関係』誠信書房
岡本春雄(1997)『心理教育』金子書房
WHO(1997)『WHO・ライフスキル教育プログラム』大修館書店
諸富祥彦他編(2002)『エンカウンターで道徳』(小学校低学年編,中学年編,高学年編,中学校編)明治図書
林泰成編(2008)『小学校道徳授業でクラスづくり・仲間づくり モラルスキルトレーニングプログラム』明治図書

8．学校の全面で取り組む道徳教育
——「道徳教育推進教師」の役割と指導体制づくり——

(1) 学習指導要領と道徳教育

　道徳が初めて学習指導要領に示されたのは，昭和33年10月1日の文部省告示第80号からである。この時の小学校学習指導要領は「第1章　総則」「第2章　各教科」「第3章　道徳，特別教育活動および学校行事等」の3章立てで，指導すべき内容が示されている。

　道徳については，「第1章　総則」と「第3章　道徳，特別教育活動および学校行事等」に具体的に示されている。「第1章　総則」には，第1の「教育課程の編成」，第2の「指導計画作成及び指導の一般方針」に続き，第3に「道徳教育」として，以下のような記述がある。

> 　学校における道徳教育は，本来，学校の教育活動全体を通じて行うことを基本とする。したがって，道徳の時間はもちろん，各教科，特別教育活動および学校行事等学校教育のあらゆる機会に，道徳性を高める指導が行われなければならない。
> 　道徳教育の目標は，教育基本法および学校教育法に定められた教育の根本精神に基く。すなわち，人間尊重の精神を一貫して失わず，この精神を，家庭，学校，その他各自がその一員であるそれぞれの社会の具体的な生活の中に生かし，個性豊かな文化の創造と民主的な国家および社会の発展に努め，進んで平和的な国際社会に貢献できる日本人を育成することを目標とする。
> 　道徳の時間においては，各教科，特別教育活動および学校行事等における道徳教育と密接な関連を保ちながら，これを補充し，深化し，統合し，またはこれとの交流を図り，児童の望ましい道徳的習慣，心情，判断力を養い，社会における個人のあり方についての自覚を主体的に深め，道徳的実践力の向上を図るように指導するものとする。

このように，学校のすべての教育活動を規定する総則において，道徳が示されていることは，道徳教育が昭和33年に設置された道徳の時間だけでなく，各教科でも特別教育活動でも学校行事等でも行われるべきものであることを意味している。このことを確認するために，「第3　道徳教育」の冒頭に，学校における道徳教育は，本来，学校の教育活動全体を通じて行うことを基本として，道徳の時間はもちろん，各教科，特別教育活動及び学校行事等学校教育のあらゆる機会に，道徳性を高める指導が行われなければならないことが記されているのである。

　なお，昭和26 (1951) 年に文部省が示した「道徳教育のための手引書要綱」においても，道徳教育は，「学校教育の全面においておこなうのが適当である」ことを押さえ，「しかしそのことは，いうまでもなく，学校教育のあらゆる部面において，道徳に関する内容を直接とりあげ，また強調しているということを意味してはいけない。すなわち，ところを選ばず無計画に道徳教育をおこなうことを意味しているのではない」として，計画的な指導について示唆している。

(2)　学校として組織的に行う道徳教育

　道徳教育を道徳の時間だけでなく，学校の教育活動全体を通じて行う場合，押さえるべき二つの事項が考えられる。

　第一は，学校の教育活動全体を通じで行う道徳教育を具現化するための計画であり，第二は，学校の道徳教育を推進するための組織である。

　第一の計画について，学校が意図的，計画的，あるいは，系統的，発展的に教育活動を推進するためには，指導計画の作成は必要不可欠である。昭和33年告示の学習指導要領においては，「第3章　道徳，特別教育活動および学校行事等」の「第1節　道徳」の「第3　指導計画作成および指導上の留意事項」に，道徳の時間の指導計画にかかわって，「指導計画は，学校における道徳教育の全体計画，地域や児童の実態等を考慮して，具体的に立てる事が必要であ

る」としている。学習指導要領においては，道徳教育の全体計画にかかわる記載は前述の通りであるが，同年9月の小学校道徳指導書においては，指導計画と指導方法を章立てして，学校における道徳教育の全体計画について，「道徳教育を実施するためには，道徳教育に関して学校の全教育活動にわたる全体計画をもっていることが必要である。この全体計画は，道徳教育に関する基本的な方針であるばかりでなく，各学年における具体的な指導計画を作成するための基盤ともなるものである」と説明している。ここでいう指導計画とは，道徳の時間の年間指導計画を指している。

第二の組織については，学習指導要領には具体的に示されていないが，昭和33年の指導書では，全体計画の作成にかかわって，全教師の参加・協力によって全体計画を立案することを示し，全教師の参加・協力は道徳教育実施上欠くことのできない要件であって，全体計画の作成においても同様に極めて重要なことであるとしている。

(3) 昭和42年の小学校道徳指導の諸問題に示された組織的な道徳教育の推進

学校の教育活動全体を通じて道徳教育を行うために必要な計画である全体計画については，学習指導要領にふれられ，指導書にも示されているが，組織についての記述は極めて少ない。そのような中で，昭和42 (1967) 年に文部省から出された『小学校 道徳指導の諸問題』には，道徳教育の研究組織について具体的に示されている。この「研究組織」の文言については，昭和33年に道徳の時間が設置され，文部省から指導書や指導資料集が出されているにせよ，内容としては，学校において道徳教育を効果的に進めるための校内の研究組織はどうあればよいかという課題に対して，課題解決の方向性を示したものである。

道徳教育の研究部の校務分掌への位置づけについて，担当者の適材適所について，職員会議を活用した共通理解について，などが示されている。

また，学校における道徳教育の全体計画が必要であるといわれるのはなぜかとの問いに対して，その必要性を道徳教育の組織的で効果的な推進を基に説明

している。具体的には，道徳教育の効果は，道徳の時間の指導だけにこれを期待することはできず，学校教育のすべてにわたる道徳教育のあり方が吟味されること，すなわち，それぞれの教育活動が，学校における道徳教育の目標実現に対して，どのような位置にあり，どのような役割を担っているかが吟味され，学校における道徳教育の目標との関連が明らかにされているのでなければ道徳教育の組織的で効果的な推進は望めない。そこで全体計画が必要になるということである。

　そして，全体計画の意義として，全教師の共通理解を深め一貫性のある指導を可能にすることをあげている。つまり，教師の存在が児童に多大の影響を与えることはいうまでもなく，教師の教育理想，性格，生活態度，行動様式などが，学校や学級の雰囲気をつくる根源となり，学校や学級の施設・設備などの充実，整備なども含むすべての教育活動に反映されるとしている。仮に，全教師の指導原理についての共通理解と教育活動における一貫性とが欠けているならば，対象である児童にとっては，同一の行為や行動についてある時は是認され，ある時は否認されるといったことが生じ，教師の指導に対して不安感や不信感をいだくことになり，指導効果に差が生じ，道徳教育を進めるために望ましくない結果を生むことにもなりかねないとしている。

　これらは，道徳教育の全体計画について述べたものであるが，学校の教育活動全体を通じて行う道徳教育を考えた時に，教師間の共通理解，共通実践に伴う組織的な推進が必要になることはいうまでもない。

(4)　全教師による，一貫性のある道徳教育の推進を可能にする全体計画

　昭和52 (1977) 年7月に告示された学習指導要領に対応する指導書が翌年3月に出された。この指導書においては，道徳教育の全体計画の意義として全教師による，一貫性のある道徳教育の推進を可能にすることが示された。これは，昭和42年の道徳指導の諸問題における全体計画の基本的な考え方を引き継いだものであるが，全体計画が一貫性のある道徳教育，言い換えれば学校の組織的

な道徳教育の推進の基盤となることをその意義として示したものであるといえる。

　ここでは，組織的な道徳教育を進める基盤となる全体計画が，道徳教育の目標に基づくとともに，児童，学校，家庭，地域社会などの実態あるいは要望に即して，全教師の協力によって作成されなければならないものであることが記されている。そして，個々の教師がもつ道徳教育の指導理念には違いがあるにせよ，切実な問題意識に支えられた虚心な討議が各教師の共通理解を促す契機になり，全教師の討議に基づいて作成された全体計画は，学校としての一貫した道徳教育推進の基礎ともなるとしている。

　これに基づいて，全体計画作成上の留意事項においても，道徳教育は，すべての教育活動を通して行われることは，学校の全教師が道徳教育に関わり合うことを意味しており，全体計画は，全教師の参加と協力のもとに衆知を集めて作成されることが必要であるとしている。そして，そのように作成された全体計画でなければ，全教育活動の中に効果的に生かされることにはならず，その意味で，全体計画の作成過程が特に重視されなければならないとしている。

　平成元年の学習指導要領の改訂では，道徳教育の全体計画と道徳の時間の年間指導計画を作成するものとすると明記され，その中で記載すべき基本的な事項が示されたが，全体計画が全教師による一貫性のある道徳教育の推進の礎となる考え方は，またそれ以降の「学習指導要領解説　道徳編」にも受け継がれているものである。

(5)　校長の指導力と推進体制の充実

　平成10年の学習指導要領の改訂では，道徳教育の指導計画の作成において校長の指導力と指導体制の充実が強調された。道徳教育は，人格の基盤である道徳性を養うため，学校全体で取り組むものであり，家庭や地域社会との緊密な連携を必要とすることから，特に校長の指導力と指導体制の充実を求めたものである。校長は，学校の教育課程の管理者であり，道徳教育に限らず学校の教

育目標に向かって，校長の経営方針に基づいて適正な教育課程を実施することが重要な役割であり，道徳教育の推進に向けて，校長がリーダーシップを発揮し，学校全体で道徳教育の充実を目指すことが求められている。このことは学習指導要領に示されるか否かは別にして当然のことではあるが，校長の道徳教育推進上の自覚を促す上で意義深いことである。

(6) 「道徳教育推進教師」の役割と指導体制づくり

① 道徳の時間を「要」とした意味

平成20年の学習指導要領は，平成18年の教育基本法の改正後，初めて改訂されたものであり，教育基本法をはじめ，これに伴って改正された学校教育法の理念等を存分に反映したものになっている。具体的には，道徳教育の目標について，「伝統と文化を尊重し，それらをはぐくんできた我が国と郷土を愛し」，「公共の精神を尊び」，「他国を尊重し，国際社会の平和と発展や環境の保全に貢献し」を加えたことがあげられる。

そして，学校における道徳教育は教育活動全体を通じて行うことに変わりはないが，「第1章　総則」の道徳教育の教育課程編成における方針として，道徳の時間の役割を「道徳の時間を要として学校の教育活動全体を通じて行うもの」であるとし，「要」という表現を用いて道徳の時間の道徳教育における中核的な役割や性格を明確にした。これは，道徳の時間の重要性を示したと同時に，学校における道徳教育は道徳の時間だけではないことを確認したものでもある。

これを受けて，これまで学習指導要領における道徳に関わる記述は，「第1章　総則」と「第3章　道徳」に示されていたが，各教科や総合的な学習の時間，特別活動，小学校に新設された外国語活動のすべてに以下のような記述が加えられた。小学校の国語科を例示する。

> 第1章総則の第1の2及び第3章道徳の第1に示す道徳教育の目標に基づき，道徳の時間などとの関連を考慮しながら，第3章道徳の第2に示す内容について，国語科の特質に応じて適切な指導をすること。

　さらに，このことに対応して，「第3章　道徳」の「第2　内容」の冒頭に，「道徳の時間を要として学校の教育活動全体を通じて行う道徳教育の内容は，次のとおりとする」という一文を加えた。
　これにより，道徳の時間以外の授業においても，各教科等の特質に応じて道徳の内容について適切な指導を行うことが明確になったのである。
②　学校の組織力と校長のリーダーシップ
　中央教育審議会答申（平成20年1月）には，教師が子どもたちと向き合う時間の確保のための諸方策の中で，学校の組織力の向上を取り上げている。
　学校における校長を中心としたマネジメントを確立し，学校の組織力を高めることは，校内の役割分担と責任が明確になり，教師が子どもたちと向き合う時間が確保されるだけではなく，地域や保護者などへの対応を学校として組織的に行い，これらとの連携により学校教育活動を充実させたり，個々の教師が個別に子どもたちに対応するだけではなく，教師同士の連携と協力を強化したりする上でも極めて重要であるとしている。そして，校長がリーダーとしての高い資質や能力をもち，その一層の向上を図ることが不可欠であることを確認している。
　学校教育が組織的，継続的に実施されるためには，学校教育の目的や目標を設定し，その達成を図るための教育課程が編成されなければならない。このことを道徳教育に当てはめると，学校としての道徳教育の重点目標を設定し，具体的な指導を行うための全体計画や道徳の時間の年間指導計画を作成することである。学校において教育課程を編成するということは，校長が責任者となって編成するということであり，学校は組織体であるから，教育課程の編成作業は，当然ながら全教職員の協力の下に行わなければならない。道徳教育においても，校長が明確な方針を示し，全教職員が協力して諸計画を作成し，具体的

な指導を行うことが求められる。

　道徳教育は，学校の教育活動全体で取り組むものであり，校長は学校の道徳教育の基本的な方針を全教師に明確に示すことが求められる。校長は道徳教育の充実・改善の方向を視野におきながら，児童の道徳性にかかわる実態，学校の道徳教育推進上の課題，社会的な要請や家庭や地域の期待などを踏まえ，学校の教育目標との関わりにおいて，道徳教育の基本的な方針等を明示する必要がある。

　このことにより，全教師が道徳教育の重要性についての認識を深めるとともに，学校の道徳教育の重点や推進すべき方向について共通に理解することができる。また，示されたその方針が，全教師が協力して学校の道徳教育の諸計画を作成し，展開し，その不断の充実・改善を図っていく上での拠り所にもなる。

③　協力体制の充実

　道徳教育の指導計画の作成について，今次の学習指導要領の改訂では，「校長の方針の下に，道徳教育の推進を主に担当する教師（以下「道徳教育推進教師」という。）を中心に」ということが示された。これは，校長が道徳教育の方針を明確に示し，諸計画に学校として取り組むべき重点や特色を明確にする必要があることを示すとともに，道徳教育の推進を中心となって担う教師を位置づけ，学校として一体的な推進体制をつくることの重要性を示したものである。道徳教育は，校長の方針のもと，学校の教育活動全体でそれぞれの教育活動の特質を生かした指導が行われるが，実際の指導は個々の教師の責任ある実践に託されている。そこで必要となるものが，学校が組織体として一体となって道徳教育を進めるための，かつ全教師が指導力を発揮できるようにするための体制整備である。具体的には，道徳主任などの道徳教育推進教師の役割を明確にするとともに，機能的な協力体制のもと，道徳教育を充実させていく必要がある。

　協力体制の構築に際しては，まず，全教師が道徳教育の推進に参画する体制を具体化するとともに，そこでの道徳教育の推進を中心となって担う教師を位置づけるようにする。協力体制を整える際に留意すべきことは，学校としてどのように道徳教育を行うのかその方向性を明らかにすることである。

例えば，道徳の時間の指導を特に重視するのか，各教科等における道徳教育を推進するのか，学校の課題や推進したい方向性によって体制や組織は異なる。組織体としての学校が道徳教育の推進方針を明確にし，それぞれの教師が主体的に関わることが重要である。

④ 道徳教育推進教師の役割

各学校には，校長，教頭の他に教務主任をはじめとして各主任等が置かれ，それらの担当者を中心として全教職員がそれぞれ校務を分担処理している。各学校の教育課程は，これらの学校の運営組織を生かし，各教職員がそれぞれの分担に応じて十分研究を重ねるとともに教育課程全体のバランスに配慮しながら，創意工夫を加えて編成することが大切である。

道徳教育における機能的な協力体制を構築するためには，このような体制における道徳教育推進教師の役割を明確にしておく必要がある。「学習指導要領解説」には道徳教育推進教師の役割として，以下の事柄が例示されている。

ア　道徳教育の指導計画の作成に関すること
イ　全教育活動における道徳教育の推進，充実に関すること
ウ　道徳の時間の充実と指導体制に関すること
エ　道徳用教材の整備・充実・活用に関すること
オ　道徳教育の情報提供や情報交換に関すること
カ　授業の公開など家庭や地域社会との連携に関すること
キ　道徳教育の研修の充実に関すること
ク　道徳教育における評価に関すること　　など

上記の事項は，いわば学校における道徳教育のすべてである。つまり，各学校には，その実態や課題等に応じて，学校として推進すべき事項を明らかにした上でどのような事項を中心に道徳教育を進めるのかを定め，そのための道徳教育推進教師の役割について押さえておくことが重要になる。当然ながら，上記の事項のすべてを道徳教育推進教師が行うことではない。道徳教育推進教師が全体を掌握しながら，全教師の参画，分担，協力のもとに道徳教育が推進さ

れ，充実していくように働きかけていくことが求められるのである。

　なお，これまで道徳主任というと，道徳の時間の授業を円滑に進めることがその役割であると解釈されることもあったが，道徳教育推進教師は前述の通り，学校の教育活動全体を通じて行う道徳教育も含めた学校における道徳教育全般を調整する役割があるということであり，道徳教育に関わる識見も求められることになる。

　道徳の時間の授業公開が学習指導要領に明示されたこともあり，各学校における道徳の時間の授業の質も問われることが予想される。学習指導要領には，「校長や教頭などの参加，他の教師との協力的な指導などについて工夫し，道徳教育推進教師を中心とした指導体制を充実すること」が示された。道徳教育推進教師は，道徳の時間の特質を理解し，授業のよさや課題を見極めることも求められる。校長が学校の組織の中に，どのように道徳教育推進教師を位置づけるのか，校長の学校経営能力も大いに問われるところである。　　（赤堀博行）

9. 道徳教育と地域社会の連携
——保護者への対応を中心として——

(1) 問われる大人の道徳

① 大人が変われば子どもも変わる

　連日，メディアによる，殺人や傷害事件を含む凶悪な犯罪や振込み詐欺のような知的犯罪，政治家，企業，医療，福祉関係者等の不正，偽装，不祥事や青少年による非行や問題行動等の報道が取り上げられ，頻発する事件に国民の感覚は麻痺しつつある。身近に起こる不祥事や犯罪・事件に対して，なぜ未然に防止できなかったのか，これは当事者のみならず，国民一人ひとりのモラルが問われる事態となっている。今こそ，国民一人ひとりが道徳の問題を真剣に考えねばならない時期にきているのである。

　ところが，道徳の問題になると，対象が学校の道徳教育が中心となり，子どもの道徳に限定されがちである。しかし，道徳は決して子どもだけの問題ではなく，大人も含めた国民すべての問題である。中央教育審議会や生涯学習審議会等の答申などにも述べられている通り，最近の社会においては利益至上主義や企業モラルの欠如による相次ぐ企業の不祥事や，高齢者等を狙った詐欺事件の横行などに見られるように，社会を構成する大人側の論理，価値観や行動のありよう等が深く関わっているのである。つまり，大人のあり方に問題があるといわざるをえない状況にあるのである。

　社会の構造的な変化の中で大人自身が変化に対応する能力を求められている。生涯学習社会の到来は，徳・知・体の面からでも人間形成に終わりのないことを示している。こうしたことから，道徳は子どもの問題として片づけるのではなく，大人も含めた社会全体の問題としてとらえなければならないのである。

ところで，大人は，青少年の自立への意欲を高めるためにこれまで何をしてきたのか，あるいはしてこなかったのか，それぞれの立場で今一度反省する必要がある。すなわち，青少年への自立への意欲という社会的期待に対して，家庭でこれに応えるような子育てを行ってきたのか，学校で子どもに自立を目指す教育を行ってきたのか，地域社会は青少年の成長を促し支えるような教育機能を果たしてきたのか。大人が家庭や地域社会で子どもの教育に十分役割を果たしてきたのか，今まさに問われているのは大人の側である。

　子どもの道徳性を育成する前に，現在は保護者や大人の道徳性が求められている時代なのである。大人を変えずして子どもは変わらない。子どもと一緒に大人も道徳を学習する必要がある。そのためにも家庭や地域社会で，子どもと大人がともに学ぶ機会をもつことが求められるのである。家庭や地域社会は人間形成の一翼を担っている重要な教育機能をもっていることを保護者や地域住民に啓発し，「地域の子は地域で育てる」という意識の醸成を図るとともに，子どもが成長するためには，大人も人間的に成長することが必要であることを自覚することが大切である。

② 保護者の役割

　学校教育における子どもたちの豊かな心や健やかな体の育成について，社会の大きな変化の中で家庭や地域社会の教育力が低下したことを踏まえた対応が，これまで十分ではなかった。こうしたことから，豊かな心や健やかな体の育成にあたっては，学校，家庭及び地域社会の役割分担と協力・連携が重要となってくるのである。子どもたちは，学校だけではなく家庭や地域社会における教育によってはぐくまれるほか，社会の変化や風潮から大きな影響を受ける。こうしたことが，大人になることへの嫌悪感や不安感といった青少年の反応・感じ方に大きな影響を及ぼしていると考えられることを踏まえると，保護者や大人には，自立への意欲に課題がある青少年に対して，成長する過程で何らかの困難に直面しているととらえ，手を差しのべる責務がある。

　最近の子どもの問題行動の背景には，子どもを取り巻く社会環境の低俗化の影響や子どもの意識や行動の質的変化が加わり，学校や教師の情熱だけでは対

応しきれない新たな問題が増えてきている。今後，学校や教師は，学校内ですべての問題を解決しようとする「抱え込み」意識を捨て，家庭や地域社会と協力して，問題解決に当たる姿勢に転換することが求められるとともに，家庭や地域社会がそれにどう応えていくかが課題となってくる。

現実には，世間は必ずしも学校に協力的ではなく，何か事があれば，個々の事情にかかわらず，学校や教師を非難する風潮がある。しかし，子どもの健全育成は，学校だけが担うのではなく，家庭や地域社会を含むすべての関係機関が役割を負っているのである。保護者をはじめ地域社会の住民こそ，子どもは社会全体で育てていくのが必要不可欠であることを理解し，学校万能主義から脱却する意識変革が必要である。

特に，家庭教育の果たすべき役割は大きく，社会がどのように変化してもいささかも変わりがない。本来，家庭や地域社会が果たすべき機能を学校にもち込むのではなく，家庭や地域社会がその責任を果たすことが必要である。家庭や地域社会の教育力が低下しているからといって学校の役割を拡大しても，子どもの心の満足は得られず，家庭や地域社会の教育力は学校で代替できるものではないことを認識すべきである。

こうしたことからも，学校，家庭，地域社会の相互の協力・連携を図るためには，まず，互いを知り合うことが大切である。そのためには，学校は家庭や地域住民に学校の道徳教育の意義とねらいについて十分な理解を求めるよう努力をするとともに，家庭や地域社会における道徳教育に対する活動や希望を学校の教師が十分に理解し，取り入れるよう努力する必要がある。また，学校やPTAなどの広報活動や学校と家庭・地域社会の相互交流の場を設けるなど，そのためのさまざまな試みを積極的に行う必要がある。

さらに協力・連携を深めるためには，互いに役に立つ活動が大切である。これからの学校教育は，家庭や地域社会に開かれた教育が積極的に推進される必要がある。学校における教育活動においても，地域社会に出て行っての勤労体験学習や奉仕活動など地域社会と関わるさまざまな活動を積極的に推進することが求められている。他方，保護者や地域住民の協力を得る教育活動も当然増

えてくることになる。このような活動を，道徳教育の充実という立場からも十分に位置づけて協力・連携を深めていく必要がある。

(2) 家庭や地域社会への啓発

① 家庭における道徳教育

　子どもを取り巻く環境の変化として，家庭や地域社会の教育力の低下が指摘されて久しい。過去，幾度も家庭の教育力の回復に対する提言が出されたが，一向に改善した気配をうかがうことはできない。さらに保護者の価値観が多様化していることなどにより学校の教育活動がますます難しくなっている。

　今や，子どもたちの問題行動には，学ぶ意欲や基本的な生活習慣の未確立，規範意識や体力の低下など，家庭における養育に起因する問題など，学校での指導の範囲を超え，もはや学校や教師だけでは対応できない限界に来ている。にもかかわらず，学校のみが子どもの問題行動に対して必死に取り組んでいるのが現状であることを，校長や教師は保護者や地域住民に対して十分に説明し，必要な情報を提供したり，意見の交換を行うなどして，問題行動への対応について共通認識をもつことが大切である。

　道徳教育にとって家庭の果たす役割は重要であり，さまざまな学校教育活動について学校と家庭が相互に結びつきを深める中で，道徳教育については，例えば，生活習慣や礼儀，マナーを身につけるための取組などが家庭において積極的に行われるように，その促進を図ることが重要である。子どもたちに決まりを守ることの意義や大切さを指導することは，本来，家庭の役割である。家庭では，叱るべきは叱り，悪いことは悪いと教えるなど，人として身につけるべき基礎・基本をしっかりしつけることである。まず家庭が責任を果たすことが重要である。

　家庭は教育の原点であり，基本的な生活習慣や感性などの基礎は家庭で培われるものである。家庭の教育力は，子どもに対する愛情の上に，保護者がその責任を自覚することから始まる。保護者は教育を学校任せにせず，厳しさと愛

情をもって子どもとしっかり向き合わなければならない。その上で，学校と家庭との連携を密にして，子どもに対して，「早寝早起き朝ごはん」など正しい生活リズムをもたせるなど，基本的な生活習慣を確立するとともに，社会生活を送る上で人間としてもつべき最低限の規範意識を青少年期に確実に身につけることが重要である。

　子どもの健やかな成長を促すためには，家庭でのしつけが重要である。睡眠時間の確保，食生活の改善，家族のふれ合いの時間の確保などである。こうした家庭での生活を通して子どもは基本的な生活習慣や価値観を身につけていくのである。そうした意味で，家庭は人格の基礎を形成する重要な場であり，子どもが価値観を形成していく場として極めて大きな役割を果たしているのである。子どもの育成の第一義的責任は家庭にありといわれるのは当然のことである。家庭教育における責任を保護者はもっていることを強く自覚する必要がある。

　ところで，食生活は，子どもの身体的発達のみならず精神や社会性の発達にも深く関わっていることが指摘されている。にもかかわらず，家族がともに食事をし団欒のときを過ごす機会が減少し，朝食を一人で食べる子どもや朝食抜きの子どもが増加している。保護者は，家庭における食事のあり方を見直し，栄養バランスのとれた食事や，家族が一緒に食事をとることの重要性を十分理解することが大切である。子どもに食事の機会を通じて，礼儀や基本的な生活態度を身につけさせることも重要であり，さらに食物ができるまでには多くの人々が汗を流して働いていることを理解させることによって，働く人々への感謝の心を育てることも有意義である。

　② 地域社会における道徳教育
　家庭においても近所の家族の動向に無関心，冠婚葬祭に関しても近所付き合いを嫌がる傾向が増えている。町内での一斉清掃や共同作業にも不参加の家庭が増えている。こうした「コミュニティ意識」が後退して，「マイホーム主義」が台頭し，狭い「わが家意識」に拍車をかけている。こうした状況の中で，「地域の子は地域で育てる」ということは大変な困難を伴うのである。しかし，

子どもの健全な育成のためには，地域社会との関わりはとても大切なことなのである。

現代の子どものさまざまな問題行動は，子どもの成長の過程で，多様な他者との度重なる交流とさまざまな状況での共同体験が絶対的に不足していることが原因の一つにあげられる。他者との交流や共同体験なくして，他者をわが心のうちに取り込み，他者とモノの意味を共有できるということはありえないといわれている。人間は多様な他者との交流と共同体験の過程で初めて人間になれるのである。こうした他者との交流や共同体験の不足は家庭が地域社会から遊離してしまったことが原因である。そこで，大人は子どもにできるだけいろいろな人と交流できる機会をつくってやる必要がある。子どもにとって一番身近で他者と交流し体験できるのは地域社会である。

地域の人たちとのふれ合いが多い子どもほど，地域活動への関心や日常生活への充足感が高い傾向が見られると同時に，生活体験や自然体験の豊富な子どもほど，道徳観や正義感が身についているという調査結果が出ている。こうした結果を保護者や地域住民に情報として周知させることによって，地域社会での子育ての重要性を理解してもらい，地域社会での子育ての機運を醸成することが大切である。そうすることによって，地域では，子どもたちにさまざまな活動の機会や場を提供したり，地域住民が指導者やボランティアとして，積極的に子どもたちと関わりながら地域ぐるみで子どもを育てていく意識を高めることができるのである。

地域社会の中で，子どもたちが豊かな人間性や社会性などを培っていくためには，多くの人とのふれ合いや自然体験・社会体験をすることが必要なのである。そのためには，子どもたちが地域の行事等に積極的に参加し，地域の人たちとともに自然体験や社会奉仕体験，子どもだけで活動できるさまざまな体験活動の機会や場を整備する必要がある。こうした環境を整備するためには，まず，大人一人ひとりが地域社会の一員であるとの自覚をもち，豊かな人間関係をつくっていくことが望まれるとともに，心豊かで住みやすい地域社会をつくるために，そこでの活動や行事に自主的に参加するなど，積極的にその役割を

担っていくことが大切である。

　だが，人を育てるには，地域づくりが大切であることは了解しても，実際に地域社会のために活動する人は篤志家か意識の高い奉仕家くらいにすぎないのである。本当に地域社会の教育力を高めるためには，一部の善意ある人だけに頼るのではなく，住民同士の連帯感ある地域づくりをすることが求められる。

　しかし，現実の問題として地域社会との関わりを敬遠する大人たちが増え，地域行事さえ参加者が減少している現状である。そうした地域の現状を変えるためには，地域で活動している社会教育関係諸団体と連携し，それぞれの特色を生かしながら，その活動をより多くの人たちに知ってもらうとともに，こうした活動に対して地域住民の理解と協力を求める必要がある。地域での活動がごく自然に行われるように，地域全体で取り組みやすい環境づくりを進めていくことが求められるのである。

　また，長年地域で活躍した人のもっている豊富な知識や技能を活用して，地域行事や地域活動の継承や盛り上がりを図る工夫が求められるのである。こうした地域行事や地域活動へ子どもの時から参加することによって，郷土の文化や伝統にふれ，伝統文化の保存・伝承の担い手としての自覚も生まれ，将来の地域のリーダーとして活躍することが期待されるのである。

(3)　学校と家庭・地域社会との連携

　① 　学校と家庭・地域社会との協力体制

　子どもたちの健全育成のためには，家庭もさることながら，地域社会との協力，連携なくしては成り立たなくなってきている。だが，地域社会との協力，連携といっても，学校は地域社会に対して治外法権的なところがあり，地域社会は学校に対して遠慮がちなところがある。したがって，学校は地域社会に開かれた学校として，積極的に働きかけていかないと，地域社会から孤立して，地域社会との協力，連携はうまくいかないことになる。

　地域に開かれ信頼される学校を実現するためには，保護者や地域住民の意見

や要望を的確に反映させ，それぞれの地域の創意工夫を生かした特色ある学校づくりを進めることが不可欠である。それと同時に，保護者や地域住民が，学校に要求するばかりではなく，学校とともに地域の教育に責任を負うとの認識のもと，学校運営に積極的に協力していくことも求められる。子どもの健全な成長のために学校教育では十分に手が届かない部分，それを家庭や地域社会で補充をし，家庭や地域社会では十分に満たしえない部分を学校が重点的にその担い手となっていくのである。学校教育で習得された知識・技能が子どもたちの生活する家庭や地域社会で実際に経験し生かされ，その経験されたものがさらに学校教育において理論的に体系化されていく，といった相互関係を効果的に高めていくためには学校，家庭，地域社会の協力・連携がどうしても必要になってくるのである。

　それにはまず，学校，家庭，地域社会のそれぞれの役割と責任を明確にし，それに基づいて教育のあり方と相互の関わり方を見直す必要がある。子どもは日常生活の中で，学校，家庭，地域社会という三つの生活の場をもっており，それぞれの場でいろいろの教育的な影響を受けて成長している。決して学校だけ，あるいは家庭，地域社会だけで育っているのではない。だから，子どもの生活の場である学校，家庭，地域社会の特質とねらいを明らかにして，その三者を総合的にとらえる視点から，子どもの人間形成が考えられなければならない。学校，家庭，地域社会の協力・連携を図るということは，決して学校の責任を回避したり軽減することではなく，子どもの全人的な人間形成の視点から相互に補完し合うということであることを保護者に理解してもらう必要がある。

　子どもたちは学校だけではなく，家庭や地域社会における教育によってはぐくまれるほか，社会の変化や風潮からも影響を受ける。このため，道徳教育の充実にあたっては，学校・家庭・地域社会の協力・連携が不可欠であり，三者が一体となった取組を進めていくことが重要である。最も根源的な課題を学校・家庭・地域社会を含めた社会全体で考えていくことが大切である。

　学校と家庭，地域社会との協力・連携による指導においては，学校における道徳教育の成果を高めるとともに，家庭や地域社会における道徳教育の推進に

役立つものでなければならない。そのためには，学校が中心となって相互の連携や交流を図るための協力体制をつくることが望まれるのである。今日，学校がそのきっかけづくりをすることが求められているのである。

② 学校と家庭や地域社会の相互理解を深める

　学校から情報を流し，学校の教育活動に理解を示し，協力してくれる意欲ある人を募ることも必要である。また，過去に教師等の経験をもっている人への協力を呼びかけ，長年培ってきた豊かな経験と知識を学校教育の場において，積極的に活用することも必要である。さらに，地域社会においては，そうした人材のリスト「学校支援ボランティア」などを作成して，学校に情報を提供し，必要な人材をいつでも派遣できるよう積極的に働きかけていくことが望まれる。

　こうした教師や保護者の協力を通じ，学校，家庭，地域が連携した子育てを推進するとともに，保護者の学びの場も提供しているPTAが果たしてきた役割は非常に大きく，今後とも，PTA活動の一層の充実が求められる。例えば，PTAや地域の人々の協力のもとに道徳教育の推進委員会などを組織することも考えられる。そのことによって，家庭や地域の人々の意識の高揚が図られると同時に，実効性の高い計画を立てることができるのである。

　とかく保護者にとって，子どもの教育は一切学校に任せておけば何とかなるという学校依存の体質がある。家庭や地域社会の教育機能の重要性が十分に認識されていないのである。そこでまず，保護者に対して学校，家庭，地域社会の連携の重要性を理解してもらうよう教師は努力することが求められるのである。保護者は自分たちの子どもの教育について学校にすべてを任せるのではなく，子どもたちの自立を支援するためにPTAをはじめとする学校活動に積極的に参加し，子どもの健全な育成を図るためには教師とともに歩む時代を迎えていることを認識する必要がある。

　だが，保護者にとって学校は敷居が高いという意識がある。ましてや学齢期の子どものいない地域の人にとっては学校は寄りつきがたい別世界である。そこで，気軽に学校へ足が向くようにするための工夫を学校もしなければならない。地域ぐるみで行う運動会はもちろんのこと，学校の教育活動に地域の自然

や産業などの素材を教材として取り入れたり，地域の人材を活用したり，道徳の授業参観日を平日から日曜日に振り替えて，親子一緒に道徳を勉強することも大いに意義あることである。いっそのこと，道徳の時間は保護者や地域の人にいつでも自由に授業が参観できるよう公開して，親子で道徳を学ぶことができるようにするといった，思い切った発想が求められるのである。

　かつて子どもたちは地域社会から社会規範と生き方を学んで成長した。現代社会で失われたこの仕組みの大切さを，あらためて生徒たちの職場体験活動が教えている。全国各地で実施されている中学生の職場体験活動が，それなりの成果を上げているという報告がなされている。その一例に，不登校傾向にあった生徒のうち，半数以上が体験活動に参加し，その８割近くは活動が終わった後で登校し始め，不登校傾向の生徒によい影響を与えたという報告もある。こうした体験活動を数日間の行事で終わらせず，平素の学校の教育活動を通して，生徒にいつも社会参加の意識をもたせる工夫が求められるのである。

　子どもたちはさまざまな体験活動を通して，社会の変化に対応する力を身につけようとしているのである。子どもを変えようと思うならば，保護者や教師が変わらなければならないのである。そのためにも，保護者や教師自らが，社会の変化に対応する力をつけなければならないのである。　　　　　（竹内善一）

〈参考文献〉
中央教育審議会答申（1998）「新しい時代を拓く心を育てるために」
伊藤俊夫編（2001）『学校と地域の教育力を結ぶ』財団法人全日本社会教育連合会

10. 生命に対する畏敬の念をどう指導するか
―― 他の諸価値との関連をどう考えるか ――

(1) 生命に対する畏敬の念とは何か

『小学校学習指導要領解説　道徳編』(平成20年8月) 第1章「総説」の第1節「道徳教育改訂の要点」の中の2「道徳教育改訂の趣旨」の(2)「改善の基本方針」のなかで次のように述べられている (中学校も同じ)。

「道徳教育については，その課題を踏まえ，小・中・高等学校の道徳教育を通じ，人間尊重の精神と生命に対する畏敬の念を培い，自立し，健全な自尊感情をもち，主体的，自律的に生きるとともに，他者とかかわり，社会の一員としてその発展に貢献することができる力を育成するために，その基盤となる道徳性を養うことを重視する。」

この中の「生命に対する畏敬の念」と「道徳」の内容の視点3の「人間の力を超えたものに対する畏敬」とは同じ意味に考えられ，「人間を超えたもの」は「生命」を意味すると理解することができる。人間の力も生命の現われではあるが，「人間の」という限定語句の中には利己的意識や自分中心の衝動の意味も含まれていると考えることができる。「人間の力」は，したがって，悪や不正に味方する力を含んでいると見なければならない。このような力は生命を破壊する可能性を含んでいる。他方，人間のうちには「人間の力を超えたものに対する畏敬の念」が内在する。この「念」が起こる背景には以下の点が考えられる。第一は人間の生命は一度限りの生命であるということである。生命が「かけがえのない」ものといわれるのはそのためである。第二は人間にとって

生命は与えられたものであるということである。それは人間が自由に選び取ることのできないものである。第三は自分の生命も他人の生命も同じように与えられたものであるから，等しく「かけがえのない」ものであるということである。生命は本来その細胞のレベルにおいてすでに助けたり，助けられたりする連帯性の絆によって結ばれているというのはシュヴァイツァーである。

　彼が「生命への畏敬」の念に気づいたのは，周知のように，アフリカのオゴーウェ河を往診のため蒸気船で遡っていた時，河の中で四頭の子連れの河馬が浮いたり沈んだりして遊んでいるのを見た時であった[1]。彼が河馬の光景を見て感じたものは，親子ともに生きようとする意志（あるいは衝動）であった。それは河馬に対する彼の深い思いやりであった。シュヴァイツァーはランバレネの病院の敷地内でペリカンや猫などを可愛がり，育てた。動物の方が彼に近づいていたといわれる。「生命への畏敬」は黒人の患者の一人ひとりに対する治療にも現れる。回復した黒人の患者の中には病院に居残って，病院の仕事を手伝う者も少なくなかった。シュヴァイツァーの人類愛が彼らの心を引きつけたためであろう。彼の哲学の中心をなす「生命への畏敬」は人種を問わず，黒人白人の差別なく注がれる博愛であった。それは生あるすべてのものが生き続けてほしいという念願である。「生命に対する畏敬の念」とは，シュヴァイツァーの博愛から考えると，生あるものがいつまでも生き続けてほしい願い（念願）であったと考えることができる。人間は本来この念願を心の深いところにおいて秘めていると見ることができる。それは特定の人の念願ではなくて，誰にも宿る普遍的愛である。人間が動物をペットとして可愛がるのは，その現れであろう。

　「生命に対する畏敬の念」は，以上の点から考えると，人間，動物に対してのみならず，植物に対しても広がるであろう。こうした博愛・仁愛が起こるのは，人間が自分の力のみによって生きているのではなくて，自然によって生かされていることへの感謝の現れであると見ることができる。博愛はこの感謝の表現であると考えることができる。

(2) 「生命に対する畏敬の念」が起こる条件は何か

　「人間の力を超えたものに対する畏敬の念」はどのようにして生ずるであろうか。シュヴァイツァーは河の中で遊ぶ河馬の親子を見て一種のインスピレーションが浮かんだが，誰もが同じ経験をするわけではない。彼は医師としての仕事をする使命感の源泉は何かということを常に問題として考えていた。彼には真理や真実を探究する熱意がその根底にあった。こうした探究心を日夜を通して必ずしももっていないわれわれは動物の動きや人間の生死に出会っても，生きることについてのインスピレーションをもつことは少ない。ただ一過性のものとして見逃しやすい。人間や自然を「生命に対する畏敬の念」の対象として注目し，そこから生きることのすばらしさや感動が起こる条件は何であろうか。これに対する答えとして西田幾多郎の「純粋経験」とマスローの「至高経験」とを取り上げ，簡単に説明してみたい。
　「純粋経験」とは事実をありのままに見たり，聞いたりすることができる心の状態である。それは主観と客観とが分離していない状態であって，これは主客未分の状態である。純粋経験は意識の統一力が現れたものである。意識は普通には知，情，意の三つの作用に分かれ，これらは矛盾し，あるいは対立するが，西田によれば意識の根底には統一力がある。この統一力は人格とも呼ばれる。人格は知，情，意の統一力であるともいわれる。この統一力の顕現である純粋経験においては我と物とは一体として経験される。そこにおいては自己と他者とは合一する。見るものと見られるものとは一つの実在として経験される。主観と客観，自己と他者との間に「一點の間隙」，すなわち意識のギャップが全くない経験が純粋経験である。これは事実をありのままに受容することであるから直接経験である。そこでは見た瞬間，聞いた瞬間において他の観念や感情が入ることなく直ちに物即我が経験される。生命と生命とが一つになることができるのはこのような一体感においてであり，この時はすでに「生命に対する畏敬の念」が起こっていると見ることができよう。

次にマスローの「至高経験」の特徴を紹介してみよう。この経験は多くの特徴をもつが，その中から三つをあげてみたい。第一は人や事物をそれぞれ全体としてあるがままに受容することである。たとえそれが悪であっても，それは全体の一部分として適切な位置が与えられる。病気や死に直面しても，それらは全面的に受容され，和解される。第二は至高経験においては自己は没我的であり，非利己的であるということである。それは自己が全く忘れられている状態であるから，すべての対象はあるがままに受容され，美しく見え，また善く見える。至高経験は人や事物を利用手段として見るのではなくて，客観的存在をそれぞれ唯一の価値ある独立性と見る。第三は至高経験においては無邪気であること，自由自在であること，活動的であることが見られるということである。それは子どもの遊びに見られるが，大人においても自発性と自由な表現力とが発揮されるとマスローはいう。

　「純粋経験」と「至高経験」とを比較する時，三つの共通点がある。第一はいずれの経験も事実をありのままに全体として受容することである。そこには躊躇や逡巡は見られない。直ちに決断ができ，実行ができる。この意味においてそれは直接経験である。それは見たまま，聞いたままが直接的に受容され，思惟や感情の媒介なしの素朴な経験である。したがって，明朗快活さがあり，笑顔が自然に起こる。第二はいずれの経験も没我的であるということである。自己中心的意味における自我が全く忘れられているから，主観と客観との自己同一性が維持されており，世界はこの同一性の表現として見られる。客観が自己の中へストレートに入り，自己の経験はそのまま対象の経験である。第三はいずれの経験も非利己的であるということである。それは我意がないということである。我意は意識において働き，利己性と結びつくが，我意を意識しない我意もある。気づかない我意がこれである。純粋経験は瞬間の直接経験であり，意識が各動作と一つになった経験であるから，我意といった自己へのとらわれの感情が起こる余地のない注意の集中である。至高経験においては「自我中心的というよりもむしろ対象中心的となる」といわれるのは，それが「何も求めず何も願わぬ」状態であるからである[2]。

純粋経験と至高経験とを比較する時，以下の問題点がある。西田は純粋経験を禅の体験から発想しているが，マスローは至高経験が成立する根拠については明確に示していない。純粋経験は「純一無雑の作用」である。この表現は禅の体験に基づく知見である[3]。「純一」とは「雑念」にとらわれることなく常に心と身体，心と動作とが瞬間ごとに一つであることを意味する。このようにして自他同一性が実現される。他方，マスローは心理学の方法によって多くの人物について調査し，そのデータによって至高経験を体験している人々の共通点を摘出する。彼が至高経験の「宗教的側面」を25項目にわたってあげているのはそのためである。彼は至高経験者がどのような基礎的トレーニングによって至高経験を得たかについては述べていない。被実験者が体験した至高経験の根拠は多様であると考えられる。それは西田の「統一力」とは違っていると見なければならない。

(3) 「生命に対する畏敬の念」は他の視点の諸価値とどのような関係にあるか

　すでに見たように，道徳教育の「改善の基本方針」は「人間尊重の精神と生命に対する畏敬の念」を目的としている以上，生命への畏敬は四つの視点に示される諸価値と不可分の関係にあると見なければならない。生命への畏敬と他の諸価値とを分離し，価値を単独に指導するだけでは，道徳教育の全体を体系的にとらえているとはいえない。子どもの成長はこれらの価値が有機的に結合し，相互に関係し合い，意味をもつことによって可能である。これが事実であることをわれわれは十分認識する必要がある。

　さて，「生命に対する畏敬の念」は各視点の実現にどう現れ，どう関連しているかを以下説明してみたい。

　視点1の(2)，(3)，(4)，(5)の内容を見る時，そこには高い目標の実現に向かって個性を伸ばし，理想を実現することによって自己の人生を開拓しようとする活動が貫いている。これらの活動は資料に登場する主人公が困難な問題を解決しようとする時に見られる。視点1において実現される諸価値の中で注目され

る重要な価値は「自律の精神」である。この精神は他人に安易に頼ることなく自分の力で意志を決定し，行動する力である。この力は強い意志によって支えられ，どんな困難をも乗り越える活動の源泉である。われわれはこのような生きる力を見て「生命に対する畏敬の念」を覚えるに違いない。

　視点2の(2)，(3)，(4)，(5)，(6)の各価値にふさわしい資料を発見するならば，その主人公の活動の中に「生命に対する畏敬の念」を心に呼び起こすに違いない。例えば，チリの落盤事故のビデオやその図を見せることによって，坑道の中の労働者はどのような思いで生きたか，死と戦う限界状況の中で耐えられたのはなぜかを考えさせることができる。子どもたちは労働者たちの団結の大切さ，いつかは助かるという希望を「互いの励まし合い」，「他の人に対し思いやりの心をもつ」ことを学びながら，「生命に対する畏敬の念」を感じ取ることができよう。食べ物は坑道の中では二日に一度配分され，スプーン2杯のツナ缶と一口の牛乳，半分のビスケットで生きた労働者から，子どもたちは「生命に対する畏敬の念」を強く感じ取ることができよう[4]。視点2のキーワードは協力，信頼，相互尊重である。これらの価値は「生命に対する畏敬の念」の現れである。

　視点3の中の「自他の生命の尊重」，「自然を愛護し，美しいものに感動する豊かな心」は，根本的には「生命に対する畏敬の念」から生まれる。シュヴァイツァーの場合でいえば，四頭の親子連れの河馬を見て突然ひらめいた「生命への畏敬」は河馬への「生命尊重」として現れる。それは転じて「自然を愛護」する思いやりの心として現れよう。それは人間の社会では生きようとする意志の成長・発展を促進する愛として現れる。愛は他者を生かそうとする力である。視点3の(3)「弱さや醜さを克服する強さ」は，自分自身の弱さや醜さにせよ，他人のそれにせよ，生きようとする力への共感から生まれる。この共感は他者への愛として現れる。この他者の概念は人間，動物，植物を含む。愛の源泉は，シュヴァイツァーの動物愛や黒人に対する愛に見られるように，「生命に対する畏敬の念」である。ここで補足しておきたいことは，他者を愛する態度の中には，フロムが言ったように，自己を愛する態度が含まれているとい

うことである。逆に言えば真の自己愛は他者への愛を含むということである。

　視点4の(1)から(10)までの価値内容も，よく考えれば，「生命に対する畏敬の念」の特殊的現れであると見ることができる。まず，(1)〜(3)の内容を見るならば，法，公徳心，正義は自他の「生命に対する畏敬の念」の現れである。これらの三つの規範・規則を守ることは，自他の生命を守る道徳的義務であり，その源泉は自他の「生命に対する畏敬の念」から発する「人間尊重の精神」である。法の遵守，公徳心，正義は生命を尊重する手段的価値である。それらは社会の成員が互いにその生命の安全のために考えられたルールであり，マナーである。次に，(4)〜(8)の内容に共通する点は，各集団の中での自己の役割・義務と奉仕・協力の価値である。これらの価値と「生命に対する畏敬の念」とは，一見して，直接的関係はないように見えるが，これらの価値は家庭，学校，地域社会その他の集団の中で要求される。それらは相互の尊敬と感謝の念と深く結びついている。人間は社会の諸集団の中でそれぞれ助けたり，助けられたりする相互扶助によって生きている。シュヴァイツァーはこの連帯性は細胞と細胞との相互依存の中にすでに現れているという。人間はこの世に誕生してからはもっとはっきりとこの相互依存関係の中で生きる。これが意識される時，尊敬や感謝の感情が自然に生まれる。他の動物の親子関係を見ても相互の連帯性は十分認められる。人間は社会の諸集団の一員としてもっと積極的にかつ意識的に各自の役割と義務，協力と奉仕，尊敬と感謝の念をもつ。これらの価値は生きようとする意志の現れであり，その源泉は「生命に対する畏敬の念」であると説明することができる。視点4の(9)〜(10)は愛国心及び世界の平和と人類の幸福を内容とする価値である。すでに説明したように，人間愛及び正義は「生命に対する畏敬の念」から起こる。愛国心は日本人の幸福と安全とを念願する心である。それは同胞の生命の安全と繁栄とを祈る心であり，その源泉は「生命に対する畏敬の念」にあることは明らかである。また，世界の平和は世界の人々の生命の安全と生活の安定にあることを考える時，これらを守る根拠は人種や民族を問わずその「生命に対する畏敬の念」にあることは明らかである。この信念から生まれる人類愛が世界の人々のコミュニケーションを可能にし，

相互の理解と信頼を築くことによって人類の幸福が達成されると考えることができる。世界の人々の不幸は根本的にはコミュニケーションの不足からくる不十分な知識・偏見・不信感にあるということができよう。

(4) 「生命に対する畏敬の念」を「道徳の時間」において
　　どのように指導するか

　「道徳の時間」において「生命に対する畏敬の念」をどう指導したらよいであろうか。まず，どのような資料がよいか，資料の調査研究が着手すべき第一歩である。歴史上の人物が思い浮かぶが，どのような人物が資料として適切であるかを判断することが求められる。過去の人物についての伝記その他の資料を基に教師が自作資料を作成することも考えられる[5]。
　① 取り上げられる人物としては，例えば，ナイチンゲール，シュヴァイツァー，マザー・テレサ，野口英世などが考えられる。これらに共通する点は，病気の治療や研究のために全生涯にわたって献身的活動をしたことである。患者が黒人であろうと白人であろうと，西洋人であろうと東洋人であろうと，その差別なく，医療活動をした彼らの使命感は「生命に対する畏敬の念」から生まれる博愛である。最近，ハイチの震災復興のため看護師として一人の日本人女性（80歳代）が現地に赴き，医療活動をしていることが注目されている。この女性は現代の「マザー・テレサ」といってもよい人である。この日本人の看護師に会い，自作資料を作成することもこれからの課題であろう。さらに，シュヴァイツァーの「生命の畏敬」の再評価のために彼の伝記を読み，自作資料を作成することもこれからの課題であろう。
　② 芸術作品の中にも「生命の畏敬」に関連する作品がある。例えば，ミレーの「晩鐘」を子どもに見せ，描かれている二人の農夫婦の思いについて感想を発表させることは，生命への畏敬の念にふれることになろう。夕日を背景にした二人の農夫婦が一日を感謝しているかのように，地面に向き，頭をたれている様子を眺める時，二人は「今日も一日働かせてもらってありがとうございます」と静かに祈っているように見える。近くの教会から時刻を告げる鐘の音

に合わせ，二人はそのように祈ったと見える。それは生かされていることへの感謝の静かな言葉の表現ではあるが，明日に向かって生きる希望と勇気とを与えるに違いない。ミレーの「晩鐘」以外にもすばらしい作品はあるであろうから，これらの中から「道徳の時間」に使うのに適切な作品の発見とその研究とはこれからの課題である。

　③　身体障害者の中にパラリンピック大会に選手として出場し，見事に金メダルを獲得した新田選手にインタビューし，自作資料を作成することも考えられる。彼は岡山県北の農家の出身であり，幼い時，祖父が運転する農業機械によって片方の腕の一部分を切断したが，彼はその後スキーを始め，多くの困難を克服し，小・中・高校時代を通してスキーを続けた。そして20歳代の後半にパラリンピックの選手として世界大会に出場し，欠損の片方の腕をもう一方の正常な腕の力によってかばいながら力強く前進する姿をテレビで見る時，おそらく誰もが彼の内に秘められている生命力に対して畏敬の念に似た崇高な感情がこみ上げてくるのを禁じ得なかったに違いない。同じような熱い共感は乙武洋匡やレーナ・マリア・ヨハンソンの積極的活動を見た人には抱かれたことであろう。「生命に対する畏敬の念」は相手が「全力投球」によって何かに打ち込んでいる活動と見る人とが一体になることによって自然に起こる。

　④　ホスピスでがんのために余命あとわずかしか残されていない患者が，英会話その他の学習に我を忘れて打ち込んでいる場合，死ぬことと生きることとが完全に一致しているという報告がある[6]。その患者は死がさし迫っているにもかかわらず死を忘れてしまっているかのように，今の瞬間瞬間の学習と一つになって生きる。この患者が今をひたすら生きようとしている姿をわれわれが見る時，彼の没我的活動から「生命に対する畏敬の念」が内から起こるのを抑えることはできないだろうと思われる。翻って，われわれが何か生命に関わる病気の手術のために入院し，いよいよ手術が始まろうとする時，われわれは「心身が平静のままで手術が無事終了するように」と祈るが，これは「生命に対する畏敬の念」に似たものであるように見える。

　⑤　平成23年3月11日（金），東日本大震災が東北地方（青森，岩手，宮城，

福島の各県)を中心として起こった。その後の報道で三つのことが印象深く記憶に残っている。第一は内科の医師が避難所で被災者の診察中,家では妻が今にも出産が近い状況にあったことである。彼はこのことを知りながら診察をし続け,夜にやっと帰宅して,無事出産した赤ちゃんに面会することができた。医師は被災者の「生命に対する畏敬の念」と妻や体内の赤ちゃんの「生命に対する畏敬の念」との二つの思いに包まれていたことであろう。二つの畏敬の念によって手や足は乱れがちであったかもしれないが,その医師は終始冷静に対応することができた。畏敬の念は平静な心と一体であると考えることができる。第二は津波発生から確か9日後であったかと思われるが,救助隊員が倒壊した家々を回って声を掛けていた時,家屋の上に15歳くらいの少年が立って救助を求めていたことである。倒れた家には祖母がいると少年は言う。二人とも救助された。二人は冷蔵庫の中の残飯や水によって9日間くらい生きることができたという。救助隊員が大震災の行方不明者を捜索する汗と油の努力の源泉は行方不明者の「生命に対する畏敬の念」以外の何ものでもなかったと考えられる。少年が祖母を必死で助けたいという思いも他ならぬ「生命に対する畏敬の念」からくる切実な叫びであろう。第三は陸前高田市であったかと思われるが,津波で家や樹木などが倒され,流された時,「一本松」が傾くことなく,葉をつけたまま立っていたことが報道され,市民の熱い眼差しが注目されたことである。これらの出来事を見る時,東日本大震災の復興の原点は「生命に対する畏敬の念」であることを再確認することができる。この悲願は政治,経済,教育,医療,福祉等の原点である。今後,東日本大震災の復興の中で「生命の畏敬」に関わる感動的な物語が紹介されてくることであろう。道徳教育の観点からこれらに注目する必要がある。

(行安 茂)

(註)
1) 高橋 功『さらばランバレネ―ジュバイツァー博士との八年間』朝日新聞社 p.15
2) A.H.マスロー/佐藤三郎・佐藤全弘訳 (1982)『創造的人間』誠心書房 p.83
3) 白隠は「純一無雑打或一片の眞理現前」(『遠羅天釜』)という。西田は19歳の時,白隠のこの本を北条時敬からすすめられた。

4) 日本道徳教育学会第77回長崎大会（2011年7月2日～3日）『発表要旨集』pp.14～15
5) 林　敦司の優れた自作資料三編がある。(『第17回上廣道徳教育賞受賞論文集』，上廣倫理財団，2009年，pp.63～65)
6) 永　六輔（1995）『大往生』岩波新書 p.177

〈参考文献〉
西田幾多郎（1959）『善の研究』岩波文庫
上山春平責任編集（1979）『日本の名著　47』（西田幾多郎）中央公論社
A.H.マスロー／佐藤三郎・佐藤全弘訳（1982）『創造的人間』誠心書房
上田吉一（1983）『自己実現の心理』誠心書房
永六輔（1995）『大往生』岩波新書

あとがき

戦後の日本道徳教育のたどった歩みを，いわゆる系譜的に整理してみれば，
- 反省期の道徳教育時代→全面主義期の道徳教育時代→特設主義期の道徳教育時代

とたどることができる。
また道徳授業の歩みは，
- 生徒指導主義的道徳授業→生活主義的（問題主義的）道徳授業→価値主義的道徳授業→新価値主義的（新生活主義的）道徳授業

とたどることができよう。
　道徳教育は，こうして論争，対立，そして葛藤を繰り返し，紆余曲折しながら変遷して今日に至っている。
　このように，戦後の道徳教育が歩んだ道は文字通り"いばらの道"であったといえる。道徳の時間を特設することの当否については，賛否両論があり，今なお教育学的に多くの問題を残しているが，その実践の営みは多くの先人の研究や実践の努力によって軌道に乗り，小学校や中学校の教育現場では定着しつつあり，教科としての取り扱いが論議されるまでに至っている。また高等学校でも道徳の授業を積極的に推進する都道府県が出つつあり，今後に大きな期待が寄せられている。
　一方，現今の道徳教育の営みは「一応の軌道」というにとどまり，それが真に地についた実り豊かなものであるというには，なお一層の研究と実践が必要であり，今後の理論的，実践的な研究への努力と積み上げが必要である。
　本書は，日本道徳教育が戦後論争，葛藤した"いばらの道"をたどった軌跡から先人の努力やその業績など，人物像を通して道徳教育の真髄を学ぼうという意図で企画したものである。
　さて，本書編集の契機は，日本道徳教育学会広報紙の連載「日本の道徳教育

を築き上げた人々」に負うところが大きい。この広報紙に登場する先人の業績と人物像は，日本の道徳教育研究の潮流をたどる資料である。この貴重な情報を単なる情報提供に終わらせるのは大変惜しいことで，これからの道徳教育の研究に是非生かしていきたいと考えたからである。

　日本道徳教育学会では，年3～4回，会員向けの情報提供に広報を発行している。その紙面にシリーズとして，道徳教育に大きな足跡を残した先達，例えば，日本人として「期待される人間像」の実践要領を作成した高坂正顕等「日本の道徳教育を築き上げた人々」を連載してきた。現在のところ，20数名の先人の業績や人物像を紹介している。

　戦後，"いばらの道"といわれた道徳教育の歩みをたどると，すばらしい先人たちの活躍，貴重な研究，名人芸とも思われる達人的な実践家などが数多く浮かび上がる。

　編集の過程で人物や研究業績をあれこれ探ろうとすると，道徳教育に情熱をもって取り組み，熱心に活動している人たちがたくさんいたように思われたが，いざ具体的にまとめることになるとなかなか難しいことに気づかされる。

　それは，わが国に道徳教育に関わる貴重な研究業績や有能な研究者がいなかったのではなく，ただそれらについてのまとまった資料や著書など研究書が見当たらないからである。

　戦前，戦後を通じて道徳教育に関わる先達は数多くおり，今日の道徳教育の基礎を築き上げてきたのは間違いのない事実である。しかし，戦前の修身教育への抵抗，アレルギー等時代背景もあり，戦後70年ほどを経た今に至ってもこの分野の研究を体系的にまとめてこなかったという事情がある。道徳教育の実践史的な研究は今，やっと始まったばかりだといっても過言ではないだろう。

　巷では，教育者としての先達等歴史に上がる人物は，一般にもよく知られ，テレビ等のマスコミをにぎわしている。教育者という視点で見た場合，先人，先哲は歴史ブームも反映して，世間一般に広く知れわたりつつある。

　しかし，残念ながら道徳教育という視点から見ると，教育界に多くの業績を残した人々は数多いけれど，彼らへの評価もいま一つ限られた人のみが知ると

いうにとどまっている。したがって，道徳教育の実践や歴史などに関わる研究は，未だ一般的な理解にまで高まっているとはいえない。

過去の歴史や文化を抜きにして，人間の精神を語ることはできないだろうし，先哲，先達の業績を知らずして，これからの日本の道徳教育を構想することはできないだろう。

これからの新しい道徳教育の進路を切り開くためには，まず未整理のままの先人の業績や活躍をした実践家の事例をしっかりとらえ，その上でわが国の道徳教育がたどった歩みやその時々の理論，主張など，道徳教育の歴史の潮流を示すことから始めることが必要である。

この際，若干不揃いではあるが，学会の広報連載の資料を基に，戦後の心に残る先人たちの研究業績，人物像，研究の成果，あるいは研究会や学会等を「企画趣旨」に沿って本書で整理したいと考えた。過去の先達の経験や業績を通して道徳教育を理解することは，単なる知的に理解するだけでなく，人や文化，歴史を通して道徳教育を人間的な理解にまで高めていくことができるであろう。

本書が，これからの道徳教育の研究や実践へのよき足がかりとなることを切に願っている。

本書の出版に，この分野に多くの研究者や実践家が関心を寄せ，道徳教育の研究への気風が高まることを期待する。そしてわが国の学校や研究団体などに，本テーマに関心と期待が出てくることを切に願うのである。

また，本書に掲げた人物以外にも多くの方々がおられるが，紙数の関係で掲載できず，次の機会に譲ることをお詫びする。なお，戦前に活躍された人々の研究も貴重であるが，この度は戦後に限定し，編集することとした。お忙しい中，執筆の労をとっていただいた方々にあらためて記して謝意を示したい。

本書全般にわたってご指導いただいた日本道徳教育学会の横山利弘会長はじめ理事の皆様，執筆を快く引き受け，ご協力いただいた執筆者の方々に心よりお礼申し上げる次第である。そして本書の編集にあたって，連絡や調整等，事務全般にわたって誠心誠意協力していただいた関係各位に対して厚く謝意を示

したい。

本書が時宜を得て，多くの道徳教育の研究者や実践家たちのよき伴侶となることができれば幸甚である。

　　　　　　　　　　　　　　　　　　　　　編者　廣川正昭

関連・参考図書

相川充・津村俊充編（1996）『社会的スキルと対人関係』誠信書房
青木孝頼編著（1979）『道徳資料の活用類型』明治図書
青木孝頼編著（1980）『道徳授業の指導過程と基本発問』明治図書
青木孝頼（1985）『道徳・特別活動の特質と指導』明治図書
天野貞祐（1970～1972）『天野貞祐全集』全9巻　栗田出版会
天野貞祐（1974）『教育五十年』南窓社
天野貞祐（1979）『わが人生』自由学園出版部
伊藤俊夫編（2001）『学校と地域の教育力を結ぶ』財団法人全日本社会教育連合会
井上治郎編著（1973）『中学校道徳の授業と学級集団』明治図書
井上治郎・宇佐美寛（1977）『論争・道徳授業』明治図書
井上治郎編著（1978）『多時間扱いの道徳授業の再構想』明治図書
岩佐信道・北川治男監修（2011）『2009年モラルサイエンス国際会議報告　廣池千九郎の思想と業績』モラロジー研究所
岡本春雄（1997）『心理教育』金子書房
押谷由夫（2001）『「道徳の時間」成立過程に関する研究』東洋館出版社
押谷由夫（2001）『「道徳の時間」成立過程に関する総合的研究』東洋館出版社
押谷由夫編著（2010）『道徳で学校・学級を変える』日本文教出版
押谷由夫編著（2011）『道徳性形成・徳育論』NHK出版
貝塚茂樹（2001）『戦後道徳教育改革と道徳教育問題』日本図書センター
貝塚茂樹（2008）『戦後教育は変わるのか』学術出版社
貝塚茂樹（2009）『道徳教育の教科書』学術出版社
霞信三郎（1970）『道徳・宗教的情操・愛国心』高陵社書店
片山清一（1963）『資料・道徳の教育』高陵社書店
片山清一（1974）『資料・教育基本法』高陵社書店
片山清一（1974）『資料・教育勅語』高陵社書店
片山清一（1982）『要説・道徳教育』高陵社書店
片山清一（1984）『私学行政と建学精神』高陵社書店
勝部真長（1984）『道徳教育の歴史』玉川大学出版部
金井肇（1996）『道徳授業の基本構造理論』明治図書
金井肇（2007）「学習指導要領に即した道徳教育"学"のすすめ」日本道徳教育学会『道徳と教育』No.325
金子孫市監修（1981）『現代教育理論のエッセンス―20世紀教育理論の展開―』ぺりかん社
工藤文三（2001）「社会体験・自然体験の指導テクニックとプラン」（『教職研修』1月増刊）教育開発研究所

現代道徳教育研究会編著（1981）『道徳教育の授業理論』明治図書
高坂正顕（1963）『人間像の分裂とその回復』理想社（後に，貝塚茂樹監修（2004）『戦後道徳教育文献資料集』第33巻，日本図書センターに収載）
高坂正顕（1964～1970）『高坂正顕著作集』全8巻　理想社
高坂正顕（1966）『私見　期待される人間像〈増補版〉』筑摩書房（後に，貝塚茂樹監修（2004）『戦後道徳教育文献資料集』第33巻，日本図書センターに収載）
高坂正顕（1968）『大学問題と学生運動』南窓社
高山岩男（1946）『文化国家の理念』秋田屋
高山岩男（1947）『所の倫理』弘文堂書房
高山岩男（1952）『道徳の危機と新倫理』創文社
高山岩男（1958）『道徳とは何か』創文社
高山岩男（1968）『教育と倫理』創文社
高山岩男（1976）『教育哲学』玉川大学出版部
財団法人日本女子社会教育会（1992）『家族と子ども』財団法人日本女子社会教育会
財団法人日本女子社会教育会（1993）『変わる家族と小・中学生』財団法人日本女子社会教育会
生涯学習審議会答申（1999）「生活体験・自然体験が日本の子どもの心をはぐくむ」
杉浦　宏編（1998）『日本の戦後教育とデューイ』教育開発研究所
杉谷雅文（1953）『学習指導法の原理』柳原書店
杉谷雅文（1963）『教育原理』柳原書店
杉谷雅文（1970）『現代教育学の動向と課題』福村出版
杉谷雅文・村田昇編著（1979）『教育学原論』ミネルヴァ書房
中央教育審議会（1998）「新しい時代を拓く心を育てるために」（「幼児期からの心の教育の在り方について」答申）
中央教育審議会答申（1998）「新しい時代を拓く心を育てるために」
テオドール・リット　柴谷久雄・杉谷雅文共訳（1960）『生けるペスタロッチー─三つの社会教育学的省察─』理想社
獨協学園百年史編纂委員会（1987）『回想　天野貞祐』獨協学園
長岡市道徳教育研究会（1970）『道徳指導の改造』新光閣書店
日本教育文化研究所編（2007）『心にしみ込む道徳授業の実践』日本教育文化研究所
日本道徳教育研究学会編著（2008）『道徳教育入門』教育開発研究所
林泰成編（2008）『小学校道徳授業でクラスづくり・仲間づくり　モラルスキルトレーニングプログラム』明治図書
平野武夫（1959）『価値葛藤に生きる道徳の時間の指導原理』関西道徳教育研究会
平野武夫（1960）『価値葛藤の場と道徳教育』黎明書房
平野武夫（1971）『道徳の指導過程』関西道徳教育研究会
平野武夫（1974）『道徳教育における軌道修正15の分岐点─大会集録─』関西道徳教育研究

会
平野武夫編（1979）『第30回道徳教育研究全国大会［大会記録］　道徳授業の指導過程の再検討─道徳的自覚の深化の過程を踏まえて─』全国道徳教育研究者連盟
平野武夫（1985）『道徳教育は教師中心か生徒中心か─大会集録─』関西道徳教育研究会
廣池千九郎（1986，初版1928）『新科学モラロジーを確立するための最初の試みとしての道徳科学の論文』廣池学園出版部
廣川正昭（1984）『道徳授業の理論と実践』ぎょうせい
廣川正昭（1992）『これからの道徳教育』ぎょうせい
廣川正昭（1996）『子供と教師の迷路』恒文社
古川哲史（1974）『日本的求道心』理想社
間瀬正次（1966）『道徳教育　公共心・公徳心』東洋館出版社
間瀬正次（1978）『実践的道徳教育』明治図書
間瀬正次（1982）『戦後日本道徳教育実践史』明治図書
間瀬正次（1986）『道徳教育に関する総合的研究』第一法規
間瀬正次（1989）『今後の道徳教育を考える』教育開発研究所
宮田丈夫（1961）『実践教育学』明治図書
宮田丈夫（1964）『学級経営と実践』明治図書
宮田丈夫（1971）『新指導要領と学級教育』第一法規出版
宮田丈夫（1975）『宮田丈夫著作選集Ⅰ・Ⅱ・Ⅲ』ぎょうせい
村田昇（2011）『道徳教育の本質と実践原理』　玉川大学出版部
モラロジー研究所編（2001）『伝記廣池千九郎』モラロジー研究所
モラロジー研究所編（2007）『総合人間学モラロジー概論─互敬の世紀をひらく道徳原理』モラロジー研究所
森　昭（1948）『教育理想の哲学的探求』黎明書房
森　昭（1955）『教育の実践性と内面性─道徳教育の反省』黎明書房
森　昭（1961）『教育人間学─人間生成としての教育』黎明書房
森　昭（1966）『未来からの教育─現代教育の成立と課題』黎明書房
森　昭（1976）『改訂二版　現代教育学原論』国土社
諸富祥彦他編（2002）『エンカウンターで道徳』（小学校低学年編，中学年編，高学年編，中学校編）明治図書
文部科学省（2002）『中学校　心に響き，共に未来を拓く道徳教育の展開』
文部科学省（2008）『小学校学習指導要領解説　道徳編』東洋館出版社
文部科学省（2008）『中学校学習指導要領解説　道徳編』日本文教出版
文部科学省（2009）『高等学校学習指導要領解説　総則編』東山書房
文部科学省（2009）『心のノート　中学校（平成21年度改訂版）』
文部科学省教育課程課（2009）「特集　体験活動の充実」（『中等教育資料』2月号No.873）ぎょうせい

文部省（1967）『小学校　道徳指導の諸問題』
文部省（1970）『中学校指導書　道徳編』大蔵省印刷局
文部省（1978）『中学校指導書　道徳編』大蔵省印刷局
文部省（1979）『小学校　道徳指導上の諸問題』
文部省（1990）『小学校　道徳指導上の諸問題』
文部省（1998）「子どもの体験活動に関するアンケート」
行安　茂（2008）「日本道徳教育学会創立以後50年の回顧―その成果と課題―」（日本道徳教育学会『道徳と教育』No.326）
WHO（1997）『WHO・ライフスキル教育プログラム』大修館書店

編者・執筆者一覧

【編　者】
行安　　茂　　岡山大学名誉教授
廣川　正昭　　前 開志学園高等学校校長

【執筆者】（五十音順）
赤堀　博行　　国立教育政策研究所教育課程調査官
板倉　栄一郎　開志学園高等学校教頭
岩佐　信道　　麗澤大学特任教授
押谷　慶昭　　元 上越教育大学教授
押谷　由夫　　昭和女子大学教授
貝塚　茂樹　　武蔵野大学教授
加藤　一雄　　元 神奈川大学教授
金井　　肇　　元 文部省教科調査官
笹井　和郎　　日本大学教授
七條　正典　　香川大学教授
田井　康雄　　京都女子大学教授
髙島　元洋　　お茶の水女子大学教授
竹内　善一　　元 鳥取大学教授
谷田　増幸　　兵庫教育大学教授
田沼　茂紀　　國學院大學教授
永田　繁雄　　東京学芸大学教授
花澤　秀文　　元 岡山県立西大寺高等学校教諭
林　　泰成　　上越教育大学教授
廣川　正昭　　上掲
森岡　卓也　　大阪教育大学名誉教授
行安　　茂　　上掲
横山　利弘　　関西学院大学教授
渡部　　武　　元 跡見学園女子大学教授

戦後道徳教育を築いた人々と21世紀の課題

2012年6月23日　初版第1刷発行

編　者　行 安　　茂
　　　　廣 川　正 昭

発行者　小 林　一 光

発行所　教 育 出 版 株 式 会 社
　　　　〒101-0051　東京都千代田区神田神保町2-10
　　　　電話 03-3238-6965　振替 00190-1-107340

©S.Yukiyasu／M.Hirokawa 2012　　　組版　ピーアンドエー
Printed in Japan　　　　　　　　　　印刷・製本　大日本印刷
落丁・乱丁はお取替いたします。

ISBN978-4-316-80346-3　C3037